Fachlexikon für das
Human Resource Management

PRAXIUM-Verlag
Kalchbühlstr. 50
CH-8038 Zürich
Tel. + 41 44 481 14 64
Fax. + 41 44 481 14 65
www.praxium.ch
mail@praxium.ch

Manfred Keller

Fachlexikon für das Human Resource Management

Wichtige Fachbegriffe zum Personalwesen mit Hintergrundwissen, Umsetzungshilfen, Arbeitsrechts-Informationen, Mustervorlagen und einem umfassenden HR-Know-how-Quellen-Kompendium.

PRAXIUM-Verlag, Zürich

Der Autor
Manfred Keller hat viele Jahre als Personal-Seminarleiter, HR-Consultant und Personalleiter in grösseren und mittelgrossen Schweizer Unternehmen gearbeitet – national und international. Mit dem vorliegenden Fachglossar bringt er sein umfangreiches Wissen in Form eines Lexikons zu Papier.

ISBN: 978-3-9523246-7-7
1. Auflage 2009

Copyright © PRAXIUM Verlag, Zürich, 2009
Alle Rechte vorbehalten
Umschlaggestaltung: Wilbers Grafik- und Druckservices, www.wilber.ch
Lektorat: Doris Gampp
Druck: Rank Service, D-Wernau

Die Definitionen, Empfehlungen und rechtlichen Informationen sind vom Autorenteam und Verlag auf deren Korrektheit in jeder Beziehung sorgfältig recherchiert und geprüft worden. Trotz aller Sorgfalt kann eine Garantie nicht übernommen werden. Eine Haftung der Autoren bzw. des Verlags ist daher ausgeschlossen.

Inhalt und Fachbegriffe

Inhalt und Fachbegriffe	5
Editorial	15
Nutzung der CD-ROM	17

Abfindung	18
Abgangsinterview	18
Abmahnung	19
Abrufarbeit	19
Absageschreiben	20
Abschlussgespräch	20
Absentismus	21
Abwerbung	21
Akkordlohn	21
Aktives Zuhören	22
AKV	23
Alkohol am Arbeitsplatz	23
Altersstrategie	24
Alters- und Hinterlassenenversicherung	24
Altersguthaben	25
Altersrente	25
Altersstruktur	26
Altersteilzeit	26
Änderungskündigung	27
Anerkennung	27
Anforderungsprofil	28
Anlagestiftung	29
Anreize	29
Anschlussvertrag	29
Anspruchsniveau	30
Anstellungsgespräch	30
Arbeit auf Abruf	30
Arbeitgeber-Bewertungsplattform	31
Arbeitgeberverbände	31
Arbeitsbedingungen	32
Arbeitsbestätigung	32
Arbeitsbewertung	32

Arbeitsethik	33
Arbeitsgericht	33
Arbeitsgruppen	33
Arbeitsklima	34
Arbeitslosenentschädigung (ALE)	34
Arbeitslosenkassen (ALK)	35
Arbeitslosenversicherung (ALV)	35
Arbeitsmarkt	36
Arbeitsmethodik	36
Arbeitsmittel	37
Arbeitsmoral	37
Arbeitsplatzanalyse	37
Arbeitsplatzbeschreibung	37
Arbeitsprobe	38
Arbeitsproduktivität	38
Arbeitspsychologie	38
Arbeitsrecht	39
Arbeitssicherheit	39
Arbeitsteilung	40
Arbeitsunfall	40
Arbeitsverhältnis	40
Arbeitsvertrag	41
Arbeitsverweigerung	41
Arbeitszeit	42
Arbeitszeit à la carte	42
Arbeitszeit während Schwangerschaft	42
Arbeitszeitflexibilisierung	43
Arbeitszeitkonten	43
Arbeitszeitmodelle	43
Arbeitszeugnis	44
Arbeitszufriedenheit	45
Arztzeugnis	45
Assessment-Center	45
Audit	46
Aufenthaltsbewilligung	46
Auffangeinrichtung	46
Aufgabenanalyse	47

Inhalt und Fachbegriffe

Aufgabenbereicherung	47	Bewerber-Interviews	63
Aufgabenerweiterung	47	Bewerberprofil	63
Aufhebungsvertrag	47	Bewerbungsanalyse	64
Aufwärtsqualifikation	48	Bewerbungsschreiben	64
Ausbildung	48	Bewerbungsunterlagen	64
Ausbildungsplan	49	Bildschirmarbeitsplätze	65
Ausbildungszuschüsse	49	Bildung am Arbeitsplatz	65
Aushilfsarbeit	49	Bildungscontrolling	66
Auslagenersatz	50	Bildungsziel	66
Auslandsentsendung	50	Blended Learning	66
Ausländerrecht	50	Blindbewerbung	66
Auslandsvergütung	51	Blockzeit	67
Ausserordentliche Kündigung	51	Botschaft	67
Austrittsleistung	52	Brainstorming	67
Auswahlverfahren	52	Boreout-Syndrom	67
Autoritärer Führungsstil	52	Burnout-Syndrom	68
		Burnoutsymptome	69
		Business Reengineering	69
		Business to Employee	69
Balanced Scorecard	53		
Basler Skala	53		
Bedürfnishierarchie	54		
Bedürfnisse	54	Cafeteria System	70
Befristetes Arbeitsverhältnis	55	Case Management	70
Behaviorismus	55	Change Management	70
Beitragspflicht	56	Charisma	71
Beitragsprimat	56	Chief Executive Officer (CEO)	71
Benchmarking	56	Coaching	71
Berufliche Vorsorge	57	Codierungen	72
Berufsausbildung	57	Collaborative Learning	72
Berufsberatung	57	Commitment	72
Berufspädagogik	58	Compensation Management	73
Berufspraktikum	58	Corporate Identity	73
Berufung	58	Corporate Volunteering	74
Beschäftigungsgrad	59	Curriculum Vitae	74
Best Practice	59		
Beteiligungsmodelle	59		
Betriebliches Vorschlagswesen	60	Datenschutz	75
Betriebsblindheit	60	Datenschutzgesetz (DSG)	75
Betriebsferien	60	Deckungsgrad	76
Betriebsordnung	61	Delegation	76
Betriebspsychologie	61	Delphimethode	77
Betriebsrecht	62	Dezentralisierung	77
Beurteilungsfehler	62	Didaktik	77
Beurteilungsgespräch	62	Dienstweg	77

Inhalt und Fachbegriffe

Diskriminierung	78
Distance Learning	78
Diversity	78
Diversity Management	79
Dreihundertsechzig Grad-Beurteilung	79
Dreisäulenprinzip	79

E-Assessment	80
E-Business	80
eduQua	80
E-Human Resources Management	81
E-Recruiting	81
E-Recruiting-Prozess	82
Eidg. Versicherungsgericht (EVG)	82
Eigenkündigungsquote	82
Eignung	82
Eignungsdiagnostik	83
Eignungstests	83
Einarbeitungszuschuss	84
Einführung	84
Einkaufsgeld	84
Einstellung	85
Einstellungsstopp	85
Einzelarbeitsvertrag	85
Einzelassessment	86
E-Learning	86
Emotionale Intelligenz (EI)	86
Empathie	87
Employability	87
Employee Self Service	88
Employer Branding	88
Empowerment	88
Entgeltsystem	89
Entscheidungsstärke	89
E-Recruiting	89
E-Recruitment	89
Erfolgsbeteiligung	90
Erfolgskontrolle	90
Erfolgsprinzip	91
Ergonomie	91
Erkenntnisinteresse	91
Ermahnung	92
Erwachsenenbildung	92

Erwerbsersatzordnung	92
Erwerbsunfähigkeit	93
Erziehungsgutschriften	93
Evaluierung	93
E-Workplace	94
Executive Search	94
Expatriates	94
Extrinsische Motivation	95

Fachkompetenz	96
Fachkraft	96
Fachlaufbahn	96
Fähigkeiten	97
Familienausgleichskasse	97
Familienzulagen	97
Feedback	98
Feedbackgespräche	98
Fehlzeiten	98
Fehlzeitengespräch	99
Ferienanspruch	99
Ferienbezug	100
Ferienlohn-Berechnung	100
Ferienvertretung	101
Flexibilisierung der Arbeitszeit	101
Flexible Pensionierung	102
Flexicurity	102
Flow	102
Fluktuation	103
Fluktuationsquote	103
Förderprogramme	104
Förderrunde	104
Fortbildung	105
Fragetechniken	105
Freelancer	105
Freisetzung	106
Freistellung	106
Freizügigkeitspolice	106
Freizügigkeitsstiftung	107
Fringe Benefits	107
Fristlose Kündigung	107
Frühpensionierung	108
Frustrationstoleranz	108
Führungseigenschaften	109

Inhalt und Fachbegriffe

Führungsgrundsätze	109
Führungsstil	109
Führungsstilanalyse	110
Führungstest	110
Funktionendiagramm	110
Fürsorgepflicht	111

Genfer Schema	112
Geschäftsführung	112
Gesundheitsförderung	112
Gesundheitsmanagement	113
Gewinnbeteiligung	113
Gleichstellungsgesetz	113
Gleitende Arbeitszeit (GLAZ)	114
Gleitender Ruhestand	114
Gleitzeitarbeit	115
Googeln	115
Götti	115
Graphologisches Gutachten	115
Gratifikationen	116
Gruppendruck	116
Gruppendynamik	117
Gutachten	117

Hard Skills	118
Harzburger Führungsmodell	118
Headhunting	118
Heimarbeit	119
Hierarchie	119
High Potentials	120
HR Ausbildungen	120
HRM-Software	120
HR Portal	120
HR Shared Services	121
Human Relations	121
Humanisierung der Arbeit	121
Humankapital	122
Humanvermögensrechnung	122
Hygienefaktoren	122

Image	124

Imitationslernen	124
Incentives	124
Individualarbeitsrecht	125
Individualplanung	125
Informationsgespräche	125
Informationsmittel	126
Initiativbewerbung	126
Innere Kündigung	127
Inplacement	127
Institut für Organisation und Personal	128
Intelligenztests	128
Internet	128
Internet Based Learning	129
Intranet	129
Intrinsische Motivation	129
Intuitive Führung	129
Invalidenversicherung (IV)	130
Investivlohn	130
Ist-Aufnahme	131

Jahresarbeitszeit	132
Jahresferienverteilung	132
Job Enlargement	132
Job Enrichment	133
Job Rotation	133
Job Sharing	133

Kaizen	135
Kapitalbeteiligung	135
Kennzahlen	135
Kennzahlen-Cockpit	136
Kernkompetenz	136
Kinderzulage	136
Knowledge Management	137
Kognitive Dissonanz	137
Kollektives Arbeitsrecht	137
Kollektivplanung	137
Kommunikation	138
Kompetenzen	138
Kompetenzmanagement	138
Konditioniertes Lernen	139
Konfliktmanagement	139

Inhalt und Fachbegriffe

Konfliktsymptome	140
Konkurrenzklausel	140
Konkurrenzverbot	140
Kooperativer Führungsstil	141
Koordinationsabzug	141
Körpersprache	141
Krankenversicherung	142
Krankheit	142
Kritikgespräch	142
Kündigung	143
Kündigung während Schwangerschaft	143
Kündigung zur Unzeit	143
Kündigungsfreiheit	144
Kündigungsfristen	144
Kündigungsgründe	145
Kündigungsschutz	146
Kurzarbeit	147
Kurzarbeitsentschädigung	147

Laufbahnplanung	149
Leadership	149
Lean Management	150
Lebensarbeitszeitmodell	150
Lebenslauf	150
Lebenslaufanalyse	151
Lehrlingszeugnis	151
Lehrverhältnis	152
Leistungsbeurteilung	152
Leistungsprimat	152
Leistungstests	153
Leitbild	153
Leitbildentwicklung	154
Leitungsspanne	154
Lernfähigkeit	154
Lernstufen	155
Lerntechnik	155
Lerntyp	155
Lernverpflichtung	156
Lernziele	156
Linie	156
Lohn bei Krankheit	156
Lohnfestlegung	157
Lohnfortzahlungspflicht	157

Lohn bei Schwangerschaft	158
Lohnformenstruktur	158
Lohnfortzahlungsskalen	158
Lohngespräch	159
Lohngleichheit	159
Lohnnachgenuss	159
Lohnpflicht AHV	160
Lohnpolitik	160
Lohnrückbehalt	161

Management auf Zeit	162
Management Buyout	162
Management by Delegation	162
Management by Objectives	163
Management by Results	163
Managementqualitäten	163
Marktwert	163
Massenentlassung	164
Master of Business Administration	164
Matching	164
Matrix-Organisation	165
Mediation	165
Medienselektion	165
Medienverbund	166
Mehrfachqualifikation	166
Menschenbild	166
Mentaltraining	167
Mentoring	167
Militärdienst	167
Militärversicherung (MV)	168
Millimeterpreis	168
Mindestversicherungsdauer	168
Mindmapping	169
Missbräuchliche Kündigung	169
Mitarbeiterbefragung	170
Mitarbeiterbeteiligung	171
Mitarbeiterbeurteilung	171
Mitarbeiterbindung	172
Mitarbeitereinführung	172
Mitarbeiterführung	173
Mitarbeitergespräch	173
Mitarbeiterportal	174
Mitarbeiterzeitschrift	174

Inhalt und Fachbegriffe

Mitarbeiterzufriedenheits-Index	175
Mitteilungs- und Auskunftspflicht	175
Mobbing	175
Mobilität	176
Motivation	177
Motivationsgespräche	177
Motivationspsychologie	177
Motivatoren	178
Motivpyramide	178
Multimedia	178
Multimediales Lernen	178
Mutterschaftsurlaub	179
Mutterschaftsversicherung	179
Nachfolgeplanung	180
Nachtarbeit	180
Netto-Personalbedarfsermittlung	181
Networking	181
Neuro-Linguistisches Programmieren	182
New Public Management	182
Newplacement	182
Öffentliches Arbeitsrecht	184
Onlinebefragung	184
Online-Learning	185
Open door policy	185
Ordentliche Kündigung	185
Organigramm	185
Organisation	186
Organisationsentwicklung	186
Organisationsmittel	186
Organisationsplan	186
Outplacement	187
Outsourcing	187
Pareto-Prinzip	189
Pausen	189
Pegulan-Modell	190
Pensionierung	190
Pensionsversicherungsexperte	190
Performance Management	190

Personalabbau	191
Personalakte	192
Personalarbeit	192
Personalaufwand	193
Personalaufwandsquote	193
Personalauswahl	193
Personalauswahlverfahren	194
Personalbedarf	194
Personalbedarfsbestimmung	195
Personalbedarfsermittlung	195
Personalbedarfsplanung	195
Personalberatung	196
Personalbeschaffung	196
Personalbestand	197
Personalbeurteilung	197
Personalcontrolling	197
Personaldatenbank	198
Personaldiagnostik	199
Personaleinsatz	199
Personaleinsatzplanung	199
Personalentwicklung	200
Personalfachfrau/–mann	200
Personalfragebogen	200
Personalführung	201
Personalgewinnung	201
Personalinformationssystem	202
Personalkosten	202
Personalkostenplanung	202
Personalleasing	203
Personalmanagement	203
Personalmarketing	203
Personalplanung	204
Personalpolitik	204
Personalportfolio	205
Personal-Standardkosten	205
Personalstatistik	205
Personalstrategie	206
Personalstruktur	206
Personalverwaltung	207
Personalzusatzkosten	207
Personenfreizügigkeit	207
Persönlichkeitsentwicklung	208
Persönlichkeitstests	208
Peter-Prinzip	209
Pflichtenheft	209

Inhalt und Fachbegriffe

Pieroth-Modell	209
Pikettdienst	210
Planungszeitraum	210
Portfolio Worker	210
Potenzialanalyse	211
Potenzial	211
Potenzialbeurteilung	212
Praktikum	212
Prämien	212
Prämienlohn	213
Probezeit	213
Probezeitzeugnis	213
Process Reengineering	213
Profildatenbank	214
Profit Center	214
Projektmanagement	214
Provision	214

Qualifikation	216
Qualifikationsgespräch	216
Qualifikationspotenzial	217
Qualifikationsprofil	217
Qualifikationsstruktur	217
Qualitätsmanagement (QM)	217
Qualitätszirkel	218

Ranking	219
Rapport	219
Rationalisierung	219
REFA-System	220
Referenzen	220
Regionale Arbeitsvermittlungszentren	221
Rekrutierungsmethoden	221
Rekrutierungsveranstaltung	222
Rentenalter	222
Retention Management	223
Rentenwert-Umlageverfahren	223
Rollenspiele	223
Ruhezeit	224

Sabbatical	225

Sammelstiftung	225
Schichtarbeit	225
Schlechtwetterentschädigung	226
Schlüsselqualifikationen	227
Schnittstellen	227
Schnupperlehre	228
Schriftprobe	228
Schwangerschaft	228
Schwarzarbeit	229
Schweiz. Arbeitgeberverband	230
Schweiz. Konferenz für Sozialhilfe	230
Schweiz. Unfallversicherungsanstalt	231
Seco	231
Selbstbeurteilung	232
Selbstkoordination	232
Selbstmanagement	232
Selbstverwirklichung	233
Selbstwertgefühl	233
Seminare	233
Sexuelle Belästigung	234
Situative Führung	235
Sofortarbeit	235
Soft skills	235
Sonntagsarbeit	236
Sorgfaltspflicht	236
Sozialkompetenz	236
Sozialplan	237
Sperrfristen	237
Sperrklauseln	238
Sprachencoaching	238
St. Gallener Führungsmodell	238
Stabsmitarbeiter	239
Stafettenmodell	239
Stakeholder	239
Statusgespräch	239
Stelle	240
Stellenanzeige	240
Stellenausschreibung	241
Stellenbeschreibung	241
Stellenbesetzung	241
Stellenbezeichnung	242
Stellenplan	242
Stellenziel	242
Stellvertretung	242
Stock Option Plan (SOP)	243

Inhalt und Fachbegriffe

Strategie	243	Umsatzbeteiligung	258
Stressforschung	243	Umschulung	259
Stressinterview	243	Unfall	259
Strukturierte Interviews	244	Unfallverhütung	259
SWOT-Analyse	244	Unfallversicherung (UV)	260
Suchtproblem	244	Unfallversicherungsgesetz (UVG)	260
Supervision	245	Unterforderung	261
Szenario-Technik	245	Unternehmenskultur	261
		Unternehmenspolitik	262

Tages- und Abendarbeit	246		
Tageslohn	246	Variable Arbeitszeit	263
Taggeldversicherung	247	Verband Schweiz. Arbeitsämter	263
Talent Review Process	247	Verdiensterhöhungsbeitrag	263
Talentmanagement	247	Vergütung	264
Tandeminterview	248	Vergütungspolitik	264
Tantieme	248	Verhaltenstherapie	264
Tätigkeitsanalyse	248	Versetzung	265
Teamarbeit	249	Versicherter Verdienst	265
Team-Coaching	249	Versicherungsausweis AHV	265
Teamentwicklung	249	Versicherungsgericht	265
Teamorganisation	250	Versicherungspflicht	266
Teilzeit à la carte	250	Vertrauensarbeitszeit	266
Teilzeitarbeit	251	Vertrauensarzt	266
Telearbeit	251	Verwarnung	267
Temporärarbeit	251	Video-Recruiting	267
Testimonial	252	Virtuelle Unternehmen	268
Todesfallkapital	252	Vision	268
Tonalität	252	Vollmachten	268
Total-Compensation	253	Vollzeugnis	268
Total Quality Management (TQM)	253	Volontariat	269
Trainee	253	Vorgesetzte	269
Trainee-Programm	253	Vorgesetztenbeurteilung	270
Training-near-the-job	254	Vorschlagswesen	270
Training-off-the-job	254	Vorstellungsgespräch	270
Training-on-the-Job	254		
Transaktionsanalyse	255		
		Wahlarbeitszeit	272
		Wahrheitspflicht	272
Überforderung	256	War for Talents	272
Überstunden	256	Weiterbildung	273
Überstundentwicklung	256	Welcome Package	273
Überzeit	257	Wertewandel	273
Überzeitarbeit	257	Wertschöpfungskette	274

Wissensmanagement	274	Bücher	286
Wissenstransfer	275	Seminare und Kongresse	288
Wohlwollen	275	Verbände und Vereine	290
Workflow Management	276	Websites und Online-Services	293
Working poor	276	HR-Fachzeitschriften	296
Work-Life-Balance	276	Fachmessen	299
Workshop	277	Arbeitshilfen und Vorlagen	301
Wunsch-Soll	277	Formular Anforderungsprofil	302
		Interview-Notizblatt	304
		Fragearten für Interviews	305
Zeitsouveränität	278	Qualitätsbeurteilung Stellenplattform	307
Zentrale Ausgleichsstelle (ZAS)	278	Muster-Kennzahlenmodell	308
Zentrales Personalmanagement	278	Wichtiges zu Kündigungen in Kürze	309
Zentrum für berufliche Abklärung	279	Mustervorlage Kurzbeurteilung	310
Zeugnisanalyse	279	Überprüfung motivierender Führung	311
Zeugniscodes	279	Übersicht von Testmöglichkeiten und –	
Zeugnisinterpretation	280	bereichen	312
Zeugnispflicht	280	Kurzformular Erfassung von Referenzen	313
Zeugnissprache	280	Qualitätsprüfung von Stellenanzeigen	314
Zielgruppenselektion	281	Muster eines Vorgesetzten-	
Zielvereinbarung	281	Beurteilungsbogens	315
Zielvereinbarungsgespräch	282	Konkrete Möglichkeiten der Work-Life-	
Zürcher Skala	282	Balance	317
Zusatzbeitrag	283	Massnahmenplan Zielerreichungen	318
Zweifaktorentheorie	283	Formular zur Zeugniserstellung	319
Zwischenbescheid	283	Wichtiges zu Arbeitszeugnissen	322
Zwischenzeugnis	284		
HR-Know-how-Quellen	285		

Editorial

Was ist ein Case Management, was versteht man unter einem Cafeteria-System, was beinhaltet das Diversity Management genau, was ist und bezweckt die Flexicurity und was umfasst eigentlich betriebliches Gesundheitsmanagement alles?

Fragen über Fragen, die sich heute in der HR-Welt stellen können. Wie andere Managementbereiche ist auch das Personalwesen in der Verwendung des Fachvokabulars einem starken Wandel unterworfen. Der Einfluss des Englischen, neue Einflüsse und der wachsende Stellenwert des Human Resource Managements, Wandel in Arbeitsethik und Lebenswerten, Internationalisierung der Arbeitsmärkte und interkulturelle Teamzusammensetzungen sind nur einige Beispiele der Gründe und Einflussfaktoren.

Mehr Sicherheit im Umgang mit solchen Fachbegriffen ist für viele Situationen wünschenswert: Ob es um das Verfassen eines Konzeptes, die Kommunikation mit Mitarbeitern, der Geschäftsleitung oder mit Beratern geht, das Erkunden neuer Trends und Entwicklungen oder arbeitsrechtliche Informationen – ein Glossar und Lexikon der vorliegenden Art soll zuverlässige und praxisbezogene Hilfestellung bieten. Besonders geachtet haben wir auf

PRAXISRELEVANZ UND SCHWEIZ-BEZUG

Konzentration auf für Ihre HR-Praxis wichtige Informationen und Definitionen. Ob Arbeitsrecht, Sozialversicherung, Verbände oder gesetzliche Bestimmungen – dieses Lexikon ist auf Schweizer Verhältnisse ausgerichtet und für Schweizer Betriebe geschrieben.

UMSETZUNGSHILFEN FÜR DIE HR-PRAXIS

Ein Zusatzwert, der über Definitionen und Erklärungen hinausgeht und umsetzbares Praxiswissen in Kürze miteinbezieht. Dies können Kriterien, Praxiserfahrungen, Abläufe, Relevanzangaben, Vorgehensweisen, Praxisbeispiele usw. sein. Beispiel: Begriffe wie Mitarbeiterbindung oder Mitarbeitereinführung werden nicht nur einfach definiert und beschrieben, sondern mit Praxisinstrumenten und Methoden zur Realisierung oder Optimierung ergänzt. Dieses Fachglossar geht also in seinem Nutzwert und seinen Zusatzleistungen weit über ein klassisches Lexikon hinaus.

Verständlichkeit und Aktualität

Weder kompliziertes Management-Neudeutsch noch akademische Betrachtungsweise, die Verständlichkeit hat klaren Vorrang. Wir haben uns bemüht, der Aktualität z.B. mit der Selektion und Relevanz der Begriffe, durch Miteinbezug von Trends und neuen Entwicklungen und modernem Sprachgebrauch besonders Rechnung zu tragen.

Weiterführende Webadressen

Wo von der Relevanz und vor allem auch Qualität und Substanz her gegeben, findet man Websitequellen, die das Gesagte vertiefen, erweitern oder aktuell halten. Von Websitebetreibern geänderte Adressen können leider allerdings relativ schnell ungültig werden. Wir bitten Sie diesbezüglich um Verständnis.

Arbeitshilfen und Mustervorlagen

Zu rund einem Dutzend wichtigen Fachbegriffen erleichtern im Anhang und auf CD-ROM Formulare, Vorlagen, Arbeitshilfen, Checklisten und dergleichen die Arbeit und Umsetzung in der HR-Praxis.

HR-Know-How-Quellen

Zu den verschiedensten Medien, Informationsträgern und Informationsbedürfnissen sind im Anhang Know-how-Angebote und Wissensquellen enthalten, die einen breiten Überblick über das HR-Wissen im schweizerischen und deutschsprachigen Raum geben. Es handelt sich um

- Zeitschriften
- Messen
- Websites
- Online-Services
- Bücher
- Newsletter
- Seminare
- Kongresse
- Verbände
- Artikelarchive

und mehr zum Human Resource Management. Nun bleibt uns nur noch, Ihnen mit diesem HR-Fachglossar viel Erfolg und Erleichterung in Ihrer täglichen HR-Arbeit zu wünschen – und Ihnen für den Kauf dieses Buches und das Vertrauen in unseren Verlag zu danken.

Verlag und Autor

Nutzung der CD-ROM

Auf der beiliegenden CD-ROM finden Sie alle Arbeitshilfen und Mustervorlagen zu über einem Dutzend Fachbegriffen.

Das Fachlexikon von A-Z

Auch das Fachglossar ist auf der CD-ROM enthalten. Dies eröffnet Ihnen interessante Möglichkeiten, die Informationen zu personalisieren, und zwar auf unterschiedliche Weise:

▶ **Exakte, lückenlose und schnelle Suche**

Bei Recherchen oder aktuellen Themen ermöglicht Ihnen die digitale Vorlage des Lexikons eine lückenlose, schnelle und einfache Suche nach x-beliebigen Stichwörtern im gesamten Glossar.

▶ **Eigene Erfahrungswerte und Beispiele**

Sie können zu den für Sie wichtigen Begriffen Ihre Erfahrungen, Zahlen und Werte hinzufügen und die für Sie wichtigen Fachausdrücke hinzunehmen, die je nach HR-Philosophie und Branche vom bestehenden Selektionskonzept abweichen. Dies kann auch für HR-Weiterbildungen von Interesse sein.

▶ **Übernahme in Konzepte und Reports**

Sie können Definitionen, Abläufe, Rechtsinformationen und mehr einfach und schnell in Konzepte, Berichte und andere Schriftstücke kopieren und so viel Zeit sparen und Sicherheit in der Verwendung von Termini gewinnen.

▶ **Personalisierung der Informationen**

Sie können Ihre persönliche Sicht der Dinge einbringen und die Informationen mit Kommentaren oder Fliesstext ergänzen. Dies können persönliche Meinungen und abweichende Einschätzungen sein.

▶ **HR-Glossar für den Betrieb und das HRM**

Die Begriffe können in einem eigenen HR-Glossar auch für den eigenen Betrieb übernommen und angepasst werden. Hier sind dann Quellenhinweise, Dokumentbezüge, Realisierungsarten und Konzepte zu den Themenbereichen und mehr interessant. Dies kann die Grundlage für ein eigenes HR-Leitbild sein.

Abfindung

Eine Entschädigung oder eine Zahlung zur Ablösung von Rechtsansprüchen, die der Arbeitnehmer als Ausgleich für den Arbeitsplatzverlust erhält. Die Zahlung muss jedoch in einem Zusammenhang mit der Auflösung stehen. Der Empfänger der Abfindung verzichtet als Gegenleistung in den meisten Fällen auf weitere Forderungen. Ein Anspruch auf Abfindung besteht bei einer Kündigung, entgegen weit verbreiteter Auffassung, grundsätzlich nicht. Die Vereinbarung einer Abfindung ist in der Praxis oft viel mehr Verhandlungssache. Kündigungsschutzprozesse, die grundsätzlich auf die Feststellung, dass das Arbeitsverhältnis fortbesteht, gerichtet sind, enden aber in der Praxis häufig damit, dass die Parteien sich auf eine Beendigung des Arbeitsverhältnisses gegen Zahlung einer Abfindung einigen. Abfindungen können auf verschiedenen Grundlagen basieren, wie einem Aufhebungsvertrag, einem → Sozialplan, einem gerichtlichen Vergleich oder einem gerichtlichen Auflösungsurteil.

Abgangsinterview

Ein Abgangsinterview (zuweilen auch Exit-Interview genannt) ist ein Gespräch zwischen einem austretenden Mitarbeiter und einem Personalverantwortlichen. Zielsetzung ist ein detailliertes und kritisches Feedback zu Austrittsgründen und Informationen über Probleme und Schwachstellen des Unternehmens. Dies kann zum Beispiel das Arbeitsklima, die Entlohnung oder die Sozialleistungen betreffen. Mit Vorteil setzt man dabei einen Fragebogen ein, der eine systematische und vergleichbare Auswertung und Analyse zulässt. Aus einem Austrittsgespräch (→ Abschlussgespräch) sollen für die weiteren personalpolitischen Massnahmen verschiedene Ergebnisse abgeleitet und Schwachstellen eruiert werden, die zukünftige Fluktuationen reduzieren helfen. Der besondere Wert von Abgangsinterviews liegt darin, dass sich Mitarbeiter in einer solchen Situation offener und kritischer äussern und deren Aussagen daher entsprechendes Gewicht beigemessen werden kann. Zudem bietet ein gut geführtes Abgangsinterview bzw. Austrittsgespräch auch die Chance, beim das Unternehmen verlassenden Mitarbeiter einen letzten positiven Eindruck zu hinterlassen – was ja nur schon mit der Tatsache gezeigt wird, dass man an den Gründen seines Ausscheidens überhaupt interessiert ist.

Abmahnung

Ein mündlicher oder schriftlicher Hinweis des Arbeitgebers wegen eines pflicht-, treue- oder vertragswidrigen Verhaltens, oft mit Aufforderung zu ordnungsgemässer Vertragserfüllung, eventuell mit Androhung von arbeitsrechtlichen Sanktionen (z.B. Versetzung oder Kündigung) für den Wiederholungsfall. Eine Abmahnung hält den entsprechenden Vorfall einerseits schriftlich fest und ist für den Arbeitnehmer andererseits eine Vorwarnung für eine erst dann rechtlich zulässige Kündigung. Der Arbeitnehmer hat grundsätzlich das Recht einer Gegendarstellung.

Abrufarbeit

Im Rahmen der Abrufarbeit wird dem Arbeitgeber aufgrund von Einzelarbeitsverträgen das Recht eingeräumt, die Arbeitsleistung des Arbeitnehmers entsprechend den gegebenen betrieblichen Anforderungen festzusetzen. Das bedeutet, dass der Arbeitnehmer nur dann arbeitet, wenn im Betrieb für ihn Arbeit anfällt. In der restlichen Zeit kann der Arbeitnehmer frei über seine Zeit verfügen und ist nicht im Betrieb anwesend. Siehe auch → Arbeit auf Abruf.

Rechtsinformation: Arbeitseinsätze auf Abruf werden vertraglich festgelegt. Fehlt eine solche Vereinbarung, ist es den Arbeitnehmenden nicht erlaubt, jedes Arbeitsangebot abzulehnen. Auf der anderen Seite muss der Arbeitgeber regelmässig Arbeit anbieten. Es gilt der Grundsatz von Treu und Glauben. Arbeit auf einseitigen Abruf: Zeitpunkt und Dauer der einzelnen Arbeitseinsätze werden vom Arbeitgeber einseitig bestimmt. Zur Entschädigung meint das Bundesgericht: Die Zeit, während der der Arbeitnehmende im Betrieb auf Arbeit wartet (Bereitschaftszeit), gilt als normale Arbeitszeit und ist gleich wie diese zu entlöhnen.

Absageschreiben

Alle jene Bewerber, die schon in einer ersten Vorselektion oder nach dem Einstellungsentscheid für einen anderen Kandidaten nicht in Frage kommen, erhalten ein Absageschreiben. Dieses Schreiben sollte so abgefasst sein, dass es nicht den Eindruck einer persönlichen Disqualifizierung erweckt und, wenn immer möglich, auch keine automatisierte Standardantwort ist. Eine möglichst nachvollziehbare Begründung für die Ablehnung , z.B. geringere Branchenerfahrung oder fehlende Fachkenntnisse, ist empfehlenswert. Bei Bewerbern, mit denen ein persönliches Vorstellungsgespräch geführt wurde, sollten für Rückfragen einen Namen und eine Telefonnummer haben.

Abschlussgespräch

Dieses wird mit einem das Unternehmen verlassenden Mitarbeiter geführt und bietet die Möglichkeit, objektive Aussagen über das Unternehmen zu erhalten. Dabei sind positive wie negative Tatbestände gleich wichtig. Ein ausscheidender Mitarbeiter ist zu einer Teilnahme an einem Abschlussgespräch nicht verpflichtet. Obwohl das Unternehmen auch aus subjektiven Äusserungen Informationen erhält, wird man umso mehr objektive Äusserungen erhalten, wenn der Mitarbeitende selbst gekündigt hat. Es können zum Beispiel Informationen gewonnen werden zu: 1. Arbeitsplatz 2. Vorgesetzten und Kollegen 3. Entwicklungsmöglichkeiten 4. Betriebsklima 5. Vergütungsregelungen 6. Kommunikation und Kommunikationswegen 7. Unternehmensführung 8. Unternehmensimage.

Absentismus

In der Regel eine klar motivationsbedingte Verhaltensweise von Arbeitnehmern im Zusammenhang mit Fehlzeiten, die nicht auf medizinische Gründe wie z.b. Krankheit, Mutterschutz oder auf vertragliche Regelungen (z.b. Ferien) zurückzuführen sind, sondern aus fehlender Arbeitsmotivation der Mitarbeiter entstehen. Absentismus kann als Warnzeichen für eine innere Kündigung betrachtet werden, vor allem wenn er im Betrieb gehäuft auftritt. Die Gründe können auch in reiner Arbeitsunlust oder einem schlechten Betriebsklima zu suchen sein. Fehlzeiten repräsentieren einen beträchtlichen Kostenfaktor für die Unternehmen. Sie verursachen zusätzliche Personalkosten durch Überstunden, Minderarbeit oder notwendig werdendes Personalleasing und sollten ernst genommen und analysiert werden. Mit geeigneten Massnahmen wie → Fehlzeitengesprächen und verbesserten Führungsleistungen können motivationsbedingte Gründe behoben werden.

Abwerbung

Ein vor allem bei wichtigen Managementpositionen ab und zu angewandte Vorgehensweise, bereits in einem Arbeitsverhältnis stehende Mitarbeiter in den eigenen Betrieb zu holen. Unlauter ist Abwerbung, wenn das abwerbende Unternehmen den Arbeitnehmer zu vertragswidrigem Verhalten verleitet (z.B. Nichteinhaltung von Kündigungsfristen) oder Verstösse gegen das Wettbewerbsrecht vorliegen. Abwerbung gilt – obwohl häufig praktiziert – als unseriös, aggressiv und moralisch fragwürdig. Teilweise wird durch stillschweigende Abmachungen von Betrieben der gleichen Region oder Branche ein Vorgehen unterlassen.

Akkordlohn

Der Akkordlohn ist eine Form des Leistungslohnes mit dem Ziel einer höheren Arbeitsleistung und Produktivität. Im Gegensatz zum Zeitlohn wird beim Akkordlohn auf Basis des Arbeitsergebnisses vergütet. Bei der Berechnung wird von einem vordefinierten Stundenlohn ausgegangen. Hierbei wird eine Normalleistung mit einem bestimmten

Akkordrichtsatz bewertet. Beim Akkordlohn unterscheidet man zwischen Einzelakkord (Bewertung auf die erbrachte Leistung des einzelnen Arbeitnehmers), Gruppenakkord (Bewertung der Arbeitsleistung einer gesamten Gruppe als Team), Geldakkord (Bezahlung für eine bestimmte Leistungseinheit, z.b. Verputzfläche im Baugewerbe) und der Zeitakkord (eine bestimmte Zeiteinheit wird als Verrechnungsfaktor für eine erbrachte Arbeitsleistung zugrunde gelegt).

Aktives Zuhören

Aktives Zuhören bedeutet, dass Sprechende vermitteln, dass man Ausführungen von Gesprächspartnern versteht und diese mit Interesse verfolgt. Man wendet sich offen dem Gesprächspartner zu und bestätigt seinem Gegenüber, dass man ihm folgt. Mit zusammenfassenden Zwischenfragen stellt man gleichzeitig sicher, das Gesagte richtig verstanden zu haben. Der Eindruck des Interesses wird vertieft, wenn Notizen zu den Erörterungen eines Gesprächspartners gemacht werden. Das Gesprächs- und Kommunikationsverhalten des aktiven Zuhörens ist – vor allem auch in der Praxis von Mitarbeitergesprächen – deshalb so hilfreich und bedeutend, weil dadurch ein persönlicher Kontakt hergestellt wird, sich die Gesprächsatmosphäre entspannt und bei verhärteten Standpunkten leichter eine emotionale Übereinstimmung erzielt werden kann.

Aktives Zuhören hat eine Reihe von wesentlichen Konsequenzen im Gesprächsverhalten und äussert sich in der Praxis konkret vor allem in folgenden Punkten: a) Zusammenfassungen und Nachfragen, ob man verstanden wird b) Zurückhaltend bleiben und Blickkontakt haben c) sich auf den Gesprächspartner konzentrieren und auf zugewandte Körperhaltung achten d) mit eigener Meinung zurückhalten und nachfragen bei Unklarheiten e) auf eigene Gefühle achten und Gefühle des Partners erkennen und allenfalls ansprechen f) verbale und nonverbale Signale der Zustimmung und des Verstehens senden g) durch Gestik wie Kopfnicken und verbale Ermutigungen („Ihre Sicht der Dinge verstehe ich, Ihre Meinung finde ich interessant...") signalisieren, dass Gesagtes mit Interesse aufgenommen, verstanden und respektiert wird.

AKV

Aufgaben – Kompetenz – Verantwortung. Dies gilt für die Zuordnung/Delegation von Aufgaben und ist oft in Stellenbeschreibungen enthalten. Das Verhältnis von Aufgaben, Kompetenzen und Verantwortung gibt auf Fragen der Führungspraxis zentrale Antworten. a) Aufgabe: Welche Ergebnisse werden mit welchen Aufgabenstellungen erzielt b) Kompetenz: Welche Befugnisse werden benötigt, um das Ergebnis zu erreichen? (Beispiel: Zeichnungsberechtigungen; Weisungsbefugnisse c) Verantwortung: Welche Verantwortung ist mit der Erfüllung der Aufgabe verbunden? (Beispiel: Budget- oder Ergebnisverantwortung).

Alkohol am Arbeitsplatz

Alkohol am Arbeitsplatz bewirkt für Arbeitnehmer, Arbeitgeber, Kunden, Lieferanten und Aussenstehende generell erhebliche Gefahren, z.B. erhöhte Unfallrisiken an Maschinen oder im Umgang mit Arbeitskollegen. Gesundheitsschäden, nicht mehr kontrollierbare Ausfälle durch Krankheit sowie eine kontinuierlich abnehmende Arbeitsleistung. Die unmittelbaren Berufskollegen eines alkoholgefährdeten Mitarbeiters haben oft einen wirkungsvolleren Einfluss auf dessen Probleme und Umfeld. Der Einbezug solcher Arbeitskollegen ist oft wirkungsvoller und erfolgreicher als reine disziplinarische Massnahmen.

Die Symptome von Alkoholismus sind vielfältig: Es sollte auf Häufigkeit, Intensität und Kombination geachtet werden. Wird beobachtet, dass jemand in der Mittagspause eher trinkt statt isst, vermehrt "Atemreiniger" wie Sprays verwendet, häufig seinen Arbeitsplatz verlässt, Führungskräften aus dem Weg geht, häufig Kurzerkrankungen hat, wiederholt ohne Voranmeldung Kurzferien nimmt, am Wochenanfang häufig fehlt, sich über Dritte entschuldigen lässt, kann dies auf Alkoholismus hindeuten.

Rechtsinformation: In jedem Fall sollte der Mitarbeiter schriftlich verwarnt werden, unter Umständen mit Androhung möglicher Konsequenzen wie einer Kündigung im Wiederholungsfall. In sehr schweren Fällen mit hohem Gefahrenrisiko, wie z. B. Alkohol am Steuer bei Chauffeuren im Personenverkehr oder Lebensgefährdung von Arbeitskollegen, ist unter Umständen eine fristlose Kündigung ohne vorherige Verwarnung möglich. Weiterführende und hilfreiche Informationen findet man zu diesem leider wichtigen und aktuellen Themenkreis im Internet unter folgender Webadresse bei der Schweizerischen Fachstelle für Alkohol- und andere Drogenprobleme:

www.sfa-ispa.ch

Altersstrategie

Im Zuge des demografischen Wandels sehen sich Unternehmen immer stärker mit den Herausforderungen einer immer älter werdenden Belegschaft konfrontiert. Die vorausschauende, altersgerechte Gestaltung der Personalarbeit wird daher immer wichtiger und sollte in einer Altersstrategie ihren Niederschlag finden, in der Unternehmen und HRM sich auf diesen demografischen Wandel vorbereiten und ihn für das Unternehmen und seine Mitarbeitenden mit kontinuierlichen Verbesserungsprozessen positiv gestalten und entsprechende Angebote entwickeln. Konkrete Möglichkeiten sind: 1) Die Thematisierung des Alterns der Mitarbeitenden und der Umgang damit 2) Analyse und Auswertung Altersstrukturen mit Simulationen auf langfristige Entwicklungen 3) Zurückhaltung mit Altersangaben in Stellenanzeigen 4) Alter bei Kennzahlen berücksichtigen nach Altersgruppen (z.B. Weiterbildungskosten nach Altersgruppen) 5) Qualifizierungsmodule (z.B. für Kader), die sich mit der Thematik des Alterns im Unternehmen auseinandersetzen 6) flexible Pensionierungsmodelle 7) Institutionalisierung des Informationsaustauschs 8) Anpassungen in Lernmethoden und Personalentwicklungsmassnahmen.

Alters- und Hinterlassenenversicherung

Die AHV ist der bedeutendste Pfeiler der sozialen Vorsorge in der Schweiz. Die AHV soll den wegen Alter und Tod zurückgehenden oder wegfallenden Arbeitsverdienst wenigstens teilweise ersetzen. Mit den Altersrenten trägt sie dazu bei, den Versicherten im Alter den Rückzug aus dem

Berufsleben zu ermöglichen und einen materiell gesicherten Ruhestand zu gewährleisten.

Die AHV ist ein Teil des eidgenössischen Sozialversicherungsnetzes, das auf der sogenannten Dreisäulenkonzeption basiert: Die AHV und die → Invalidenversicherung (IV) bilden in Verbindung mit den Ergänzungsleistungen (EL) die erste Säule. Sie soll den Existenzbedarf decken und ist obligatorisch. Die ebenfalls obligatorische berufliche Vorsorge (Pensionskasse) bildet die zweite Säule, und die freiwillige Selbstvorsorge, das Sparen, stellt die dritte Säule dar. Weiterführende und hilfreiche Informationen findet man zu diesem wichtigen Themenkreis im Internet unter folgender Webadresse:

www.ahv.ch

Altersguthaben

Dieser Begriff wird mehrheitlich im Zusammenhang mit der beruflichen Vorsorge und der Pensionskasse verwendet. Darunter versteht man das vom Gesetz vorgegebene Altersguthaben (Obligatorium). Es wird fortlaufend nachgeführt und beim Austritt der neuen Vorsorgeeinrichtung gemeldet. Es ergibt sich durch die Summierung und Verzinsung der gesetzlichen Altersgutschriften. Bei der Pensionierung sowie im Freizügigkeits- und Schadenfall dient das BVG-Altersguthaben zur Ermittlung der minimalen gesetzlichen Leistungen.

Altersrente

Die Altersrente wird fällig, wenn eine versicherte Person pensioniert wird bzw. das Rentenalter erreicht. Die Höhe der Altersrente wird berechnet, indem das vorhandene Altersguthaben mit dem reglementarischen Umwandlungssatz multipliziert wird. Die auf dem persönlichen Leistungsausweis ausgewiesene, voraussichtliche Altersrente entspricht einer Hochrechnung auf das ordentliche Rentenalter mittels der gesetzlich vorgegebenen Annahmen über die Entwicklung der Zinsen.

Altersstruktur

Die Aufteilung der Mitarbeiter in verschiedene Altersgruppen ist für die Analyse und Prognose des Personalbestandes und die Personalbedarfsermittlung von Vorteil. Die Altersstatistik dient dabei einerseits der Ermittlung von Abgängen aus Altersgründen und andererseits der Entwicklung und Analyse der betrieblichen Altersstruktur. Die Altersstruktur sollte ein möglichst ausgewogenes Verhältnis zwischen älteren und jüngeren Arbeitnehmern aufweisen, hängt aber stark von den Besonderheiten einer Branche und weiteren Faktoren ab. Eine ausgewogene Altersstruktur beeinflusst ferner zusätzlich die Personalkosten und die Produktivität. Im Zuge des demografischen Wandels ist die Entwicklung einer → Alternsstrategie empfehlenswert.

Altersteilzeit

Eine Altersteilzeit ermöglicht einen gleitenden Übergang von der Erwerbsphase in die Pensionierung. Dem Arbeitgeber ergeben sich mit einer Altersteilzeit erhebliche Vorteile: Motivationssteigerung älterer Mitarbeiter – Kein schlagartiger Verlust von Wissen und Erfahrung – Verbesserung des Arbeitsklimas – gesundheitlich und altersbedingte Leistungsreduktion im Interesse von Arbeitnehmer und Arbeitgeber – Stufenweiser Abbau lässt sich organisatorisch und unter Einbezug der Produktivitätsanforderungen wesentlich besser planen und durchführen.

Es gibt verschiedene Alterszeitmodelle: Klassische Teilzeitarbeit – Beschränkung der Arbeitszeit auf ausgewählte Arbeitstage auf Wochenbasis – Wechsel zwischen einer Woche oder einem Monat Beschäftigung mit darauf folgender Freistellungsphase – Blockmodell. In der Praxis bewährt hat sich das Blockmodell: Der Arbeitnehmer ist hier in der ersten Hälfte der Altersteilzeit zwar normal vollbeschäftigt, erhält aber nur einen reduzierten Altersteilzeitlohn. In der zweiten Hälfte wird der Arbeitnehmer dann freigestellt, bezieht aber weiterhin den vorher auch erbrachten Altersteilzeitlohn. Zu bedenken ist allerdings, dass Blockmodelle mit einem erheblichen Finanzierungsaufwand verbunden sind.

Änderungskündigung

Damit wird die Weiterführung des Arbeitsverhältnisses unter neuen und vertraglich veränderten Bedingungen und Vereinbarungen verstanden. Es betrifft also keine Beendigung des Arbeitsverhältnisses, sondern dessen neue Ausrichtung in wesentlichen Punkten wie zum Beispiel völlig neue Verantwortungs- oder Aufgabenbereiche.

Rechtsinformation: Eine Abänderung der Verträge ist jederzeit möglich - selbstverständlich auch unter Berücksichtigung der gesetzlich vorgeschriebenen oder vertraglich abgemachten Kündigungsfristen. Im gemeinsamen Einvernehmen kann eine Vertragsänderung auch von heute auf morgen erfolgen. Verweigern Angestellte ihre Zustimmung zu einer Abänderung des Vertrages, weil sie damit schlechter fahren, kann der Vertrag vom Betrieb unter Berücksichtigung der vertraglichen Fristen gekündigt werden. In der Regel werden die Angestellten vorher nochmals aufgefordert, die neuen, ungünstigeren Arbeitsbedingungen zu akzeptieren, weil sonst eine Kündigung des Arbeitsverhältnisses ausgesprochen werde. Grenzen bei der Durchsetzung von Abänderungen werden den Arbeitgebern über das Institut der missbräuchlichen Kündigung gesetzt. Unbillige Verschlechterungen für den Arbeitnehmer, welche weder betrieblich noch marktbedingt notwendig sind, kann der Arbeitnehmer zurückweisen. Wird ihm daraufhin gekündigt, kann er diese als missbräuchlich erfolgt dem Richter anzeigen. Der Richter ist befugt, dem Arbeitgeber je nach Ausmass des Missbrauches bis zu 6 Monatslöhnen Strafzahlung aufzuerlegen.

Anerkennung

Ein wichtiges Führungsmittel und Motivationsinstrument zur ehrlichen Wertschätzung guter und lobenswerter Leistungen. Die Anerkennung wird vom direkten Vorgesetzten, z.B. anlässlich eines Mitarbeitergesprächs, ausgesprochen. Je nach Unternehmen und Anlass kann dies auch mit einem Brief oder gar von der Geschäftsleitung erfolgen, evtl. mit einer finanziellen Zuwendung. Untersuchungen und die Meinung von Fachleuten belegen eindeutig, dass sich Anerkennung positiv auf die Arbeitsmoral und die Arbeitsqualität auswirkt und das Verantwortungs- und Selbstwertgefühl entscheidend stärkt und festigt.

Es gibt einige wichtige Regeln wirksamer Anerkennung: a) Anerkennung immer persönlich und in einem adäquaten Umfeld vornehmen b) Konkrete Leistungen anerkennen, die eine Stärke des Mitarbeiters zum Ausdruck bringt und diese und den Wert für das Unternehmen oder Team in die Anerkennung einbeziehen c) Aufrichtig und ehrlich anerkennen d) Anerkennung nicht mit Kritik oder anderen Einschränkungen verbinden e) Anerkennung nicht in Gegenwart Dritter aussprechen f) Nicht nur Spitzenleistungen und Stars loben g) Zielkonform und relevante Leistungen loben, mit denen sich der Mitarbeiter identifizieren kann und die für das Unternehmen oder die Arbeit von Bedeutung sind g) in Worten, Gefühlen, Aussagen und Beispielen immer so Anerkennung aussprechen, dass diese auch das Selbstvertrauen von Mitarbeitern fördert und stärkt h) joviale und allgemein gehaltene Anerkennung zwischen Tür und Angel vermeiden.

Anforderungsprofil

Eine systematisch gegliederte Zusammenstellung der wesentlichen Arbeits- Qualifikationsanforderungen, die ein bestimmter Arbeitsplatz an die Person stellt, die Aufgaben optimal erfüllen soll. Das Anforderungsprofil ist das Ergebnis einer Anforderungsanalyse (→ Arbeitsplatzanalyse), wobei die einzelnen Anforderungen analytisch differenziert in einzelne, für wichtig erachtete Kriterien definiert und eingeteilt werden. Bei der Auswahl der Anforderungskriterien ist zu beachten, dass nur eine begrenzte Anzahl Kriterien festgelegt wird, dass diese sich nicht überschneiden und dass sie überprüfbar sind. Die wichtigsten Bestandteile eines Anforderungsprofils sind Kenntnisse (Ausbildung, berufliche Erfahrung), Fähigkeiten sowie deren Ausprägungsgrade, Berufserfahrung und Persönlichkeitsmerkmale (Arbeits-, Sozial- und Führungsverhalten). Siehe → Matching.

Zu diesem Thema finden Sie im Kapitel „Arbeitshilfen und Vorlagen" das Muster eines Anforderungsprofils.

Anlagestiftung

Dieser Begriff wird mehrheitlich im Zusammenhang mit der beruflichen Vorsorge und der Pensionskasse verwendet. Darunter versteht man die gewinnbringende Vermögensanlage und -verwaltung gemäss Gesetz und Anlagerichtlinien.

Anreize

Eine Anregung und eine Belohnungsform, die bei Menschen bestehende Motive und → Motivationen aktivieren, einen Vorteil verspricht und dann ein erwünschtes Verhalten bewirkt. Voraussetzung ist die Kompatibilität der wahrgenommenen Anreize und die persönlichen Motive. Man unterscheidet zwischen materiellen und immateriellen Anreizen, die sich durch die Arbeit selbst (Autonomie, Identität, Anforderung, Sinn usw.) oder durch soziale Faktoren (Kollegen- und Vorgesetztenverhalten) und durch Einflüsse des inner- und ausserbetrieblichen Umfeldes (Image, Prestige, Anerkennung usw.) zeigen.

Anschlussvertrag

Dieser Begriff wird mehrheitlich im Zusammenhang mit der beruflichen Vorsorge und der Pensionskasse verwendet. Dies kann in der Praxis ein allenfalls festgelegter Mindest- oder Maximallohn, ein Koordinationsabzug für Teilzeitangestellte oder die Aufteilung der Prämienbeiträge zwischen ArbeitnehmerIn und Arbeitgeber betreffen. Ebenfalls festgehalten werden abgeschlossene Zusatzversicherungen und ob die Altersversicherung bereits ab vollendetem 17. Altersjahr zur Anwendung kommt. Weiterführende und hilfreiche Informationen findet man zu diesem wichtigen Themenkreis im Internet unter folgender Webadresse:

www.vorsorgeforum.ch/

Anspruchsniveau

Es beschreibt die Erwartungen der Mitarbeiter und damit auch die konkreten Zielsetzungen. Deren Erreichen führt zu Zufriedenheit, deren Verfehlung zu Unzufriedenheit. Von daher wird das Anspruchsniveau im Rahmen der Selbstbewertung der erreichten Leistungsergebnisse, des gezeigten Leistungsverhaltens sowie der Lohnhöhe gemessen und betrachtet. Die Höhe des jeweiligen Anspruchsniveaus wird durch vorhergehende Erfahrungen festgelegt. Es steigt bei Zielerreichungen und es sinkt bei Misserfolgen.

Anstellungsgespräch

Anstellungsgespräche sind ein Instrument der Personalrekrutierung. Zur Sprache kommen: a) Allgemeines: Probezeitdauer, Kündigungsfristen, Arbeitszeit, Teamgrösse, Teamzusammensetzung, Organigramm, Aufstiegsmöglichkeiten, Berufshaftpflicht, Konkurrenzverbot, Bewilligungsstatus b) Fachspezifisches: Funktionsbeschreibung, Anforderungsprofil, Aufgabenbereich, fachliche Anforderungen c) Administratives: Kinderzulage, Unfall, Krankenversicherung, Lohnfortzahlung, Lohnabzüge, Ferien, Feiertage d) Infrastruktur: Begünstigungen, Arbeitsrichtlinien, Arbeitsplanung, Arbeitsplatzgestaltung e) Weiterbildung: Häufigkeit, Freiwilligkeit, Finanzierung, Verpflichtungen gegenüber Arbeitgeber f) Verdienst: wöchentliche Stundenzahl, Arbeit im Stundenlohn, Zulagen und Lohnanpassungen, Entschädigung für Schichtdienst, Umsatzbeteiligung, Gratifikation.

Arbeit auf Abruf

Wenn sich Phasen aktiver Arbeit mit Phasen abwechseln, in denen Arbeitnehmende in Rufbereitschaft stehen und nicht effektiv arbeiten, spricht man von Arbeit auf Abruf. Dabei werden zwei Arten unterschieden: a) Gegenseitiges Einverständnis: Die Arbeitseinsätze werden vertraglich festgelegt. Fehlt eine solche Vereinbarung, ist es den Arbeitnehmenden nicht erlaubt, jedes Arbeitsangebot abzulehnen. Auf der anderen Seite muss der Arbeitgeber regelmässig Arbeit anbieten, wobei der Grundsatz von Treu und Glauben gilt. b) Arbeit auf einseitigen Abruf: Zeitpunkt und Dauer der einzelnen Arbeitseinsätze werden vom Arbeitgeber einseitig bestimmt. Siehe auch → Abrufarbeit.

Rechtsinformation: Zur Entschädigung meint das Bundesgericht: Die Zeit, während der Arbeitnehmende im Betrieb auf Arbeit wartet (Bereitschaftszeit), gilt als normale Arbeitszeit und ist gleich wie diese zu entlöhnen. Im Gegensatz dazu steht die sogenannte Rufbereitschaft, in welcher Arbeitnehmende ausserhalb des Betriebes auf einen Einsatz warten. Auch diese Arbeitszeit muss entlöhnt werden. Es ist jedoch ein geringerer Lohn zu zahlen, da das betriebswirtschaftliche Interesse des Arbeitgebers kleiner ist als an der eigentlichen Arbeit.

Arbeitgeber-Bewertungsplattform

Auf diesen Online-Plattformen bewerten ehemalige Mitarbeiter den Arbeitgeber, bei dem sie gearbeitet haben mit skalierten Fragebögen und vorgegebenen Kriterien oder in einer freien Beurteilung. Dies geschieht bei seriösen Anbietern nach festen Regeln, nach denen beispielsweise Namen und Internas wie Reglemente oder Gehälter nicht genannt werden dürfen. Professionell ausgebaute Plattformen dieser Art bieten meistens noch Zusatzleistungen wie redaktionelle Inhalte, Foren für den Meinungsaustausch, Jobsuch-Möglichkeiten, Weblogs und dergleichen. Es kann angenommen werden, dass diese vor allem in den USA bekannte Form der Arbeitgeberbeurteilung auch in Europa und in der Schweiz Fuss fassen wird. Zwei Praxisbeispiele, das grösste aus den USA und eine deutsche Plattform sind:

www.kununu.com
www.jobvoting.de

Arbeitgeberverbände

Bei Arbeitgeberverbänden handelt es sich um Zusammenschlüsse von Unternehmen mit dem Ziel, ihre Interessen als Arbeitgeber wirkungsvoll vertreten zu können. Sie äussern sich zu aktuellen politischen Fragen rund um Arbeit und Wirtschaft und sind wie die Gewerkschaften und andere Arbeitnehmerverbände Gesprächspartner des Staates und politischer Parteien. Siehe → Schweiz. Arbeitgeberverband.

www.arbeitgeber.ch

Arbeitsbedingungen

Faktoren welche die Leistung eines Mitarbeiters oder des Betriebes positiv oder negativ beeinflussen, z.B. eingesetzte sachliche Arbeitsmittel (Betriebseinrichtungen, Büroausstattung), finanzielle Ressourcen (Budgets), die Arbeitsorganisation (Insel- oder Fliessbandfertigung, flache Hierarchien), die Arbeitsplatzgestaltung (Einzelbüro, Grossraumbüro, Beleuchtung, usw.), betriebs- und personalpolitische Faktoren (Entlohnungsformen, Arbeitszeit, Erfolgs- oder Leistungsprinzip, organisatorische Richtlinien).

Arbeitsbestätigung

Ein sogenanntes einfaches Arbeitszeugnis, welches nur Auskunft über die Dauer des Arbeitsverhältnisses, die Tätigkeiten und Aufgaben gibt. Über Leistung und Verhalten wird nichts ausgesagt. Eine Arbeitsbestätigung kann so aufgefasst werden, dass die Leistung ungenügend war. Es kann aber auch eine zu kurze Anstellungsdauer der Grund sein, was dann durchaus erwähnt werden darf.

Rechtsinformation: Der Grund für die Auflösung des Arbeitsverhältnisses darf in einer Arbeitsbestätigung ebenfalls nicht erwähnt werden.

Arbeitsbewertung

Ein bewertendes Vergleichsverfahren. Mit der Arbeitsbewertung sollen die Schwierigkeiten der einzelnen Arbeitsplätze oder Arbeitsabläufe erfasst und gemessen werden. Massstab für die Bewertung ist nicht der Arbeitsumfang, der zur Erreichung eines bestimmten Arbeitsergebnisses erforderlich ist, sondern der Arbeitsinhalt, die Arbeitsschwierigkeit und die Arbeitsanforderungen. Die persönliche Leistung des Arbeitnehmers wird nicht berücksichtigt. Danach sollen Mitarbeiter, die an Arbeitsplätzen mit höheren Anforderungen beschäftigt sind, besser entschädigt werden als die Mitarbeiter an Arbeitsplätzen mit geringeren Anforderungen.

Arbeitsethik

Darunter versteht man die Einstellung eines Einzelnen oder der Gesellschaft gegenüber der Arbeit. Die Arbeitsethik wird von religiösen, geschichtlichen und wirtschaftlichen Entwicklungen und Grundhaltungen beeinflusst. So herrscht heute in Europa noch immer die Überzeugung der Leistungserbringung und Selbstentfaltung vor. In aktuellen Beobachtungen und Entwicklungen sind aber gewisse Wertverschiebungen im Gange, die den Stellenwert der Arbeit relativieren und mindestens einen Ausgleich privater und beruflicher Bereiche (→ Worklife Balance) anstreben.

Arbeitsgericht

Arbeitsgerichte sind für arbeitsrechtliche Streitfälle zuständig und sind bis zu einem Streitwert von Fr. 20'000.- kostenlos. Als Gerichtsstand gilt wahlweise der Wohnsitz des Beklagten oder der Arbeitsort.

Rechtsinformation: Beim Arbeitsgericht kann ein Klageformular verlangt werden, das einem die Einreichung der Klage durch die Vorgabe einiger Fragen erleichtert. Sofern keine speziellen Fristen eingehalten werden müssen (z.B. bei → missbräuchlicher Kündigung) gilt für Forderungen aus dem Arbeitsverhältnis eine Verjährungsfrist von 5 Jahren (OR 128 Zif. 3).

Arbeitsgruppen

Bei Arbeits- oder Mitarbeitergruppen wird oft zwischen formellen und informellen Gruppen unterschieden. Erstere sind Organisationseinheiten mit mehreren Mitarbeitern, die vom Betrieb geschaffen werden. Sie unterstehen jeweils einer Führungskraft, die sie in der Zielsetzung führt und steuert. Informelle Gruppen hingegen setzen sich oft aus spontan gebildeten Gruppierungen von Mitarbeitern zusammen und unterstehen keiner organisatorischen Stelle. Insgesamt gesehen unterliegen Arbeitsgruppen psychologischen Mechanismen wie → Gruppendruck, → Gruppendynamik, Gruppennormen und mehr, die eine professionelle Führung erfordern.

Arbeitsklima

Mit Arbeitsklima bezeichnet man die erlebten und sozialen Beziehungen eines Arbeitnehmers an seinem Arbeitsort, einer Abteilung oder im Unternehmen selber, z.B. das Verhältnis zu den nächsten Arbeitskollegen und zum eigenen Vorgesetzten. Ein die sozialen Bedürfnisse berücksichtigendes und gutes Arbeitsklima trägt, gemäss vielen Untersuchungen, wesentlich zur Bindung des Mitarbeiters an das Unternehmen und zur Arbeitszufriedenheit und Motivation bei. Ein gutes Arbeitsklima zeichnet sich unter anderem aus durch a) offene Kommunikation b) gegenseitiges Füreinandereinstehen c) Ausgeprägtes Team- und Wir-Gefühl d) gegenseitigen Respekt vor Leistungen, unterschiedlichen Arbeitsstilen und Persönlichkeiten e) Überdurchschnittliche Identifikation mit Zielen, Aufgaben und Unternehmen f) Fähige Führungskräfte mit ausgeprägten Sozialkompetenzen und einem positiven Menschenbild g) Unternehmenskulturen und Führungsphilosophien, die das Arbeitsklima fördern und aktiv gestalten.

Arbeitslosenentschädigung (ALE)

Monetäre Leistungen der Arbeitslosenkasse an bislang beschäftigte Arbeitnehmer. Als Basis für die Auszahlung gilt der sogenannte versicherte Verdienst. Dieser wird von der Arbeitslosenkasse normalerweise aufgrund des letzten erzielten Einkommens festgesetzt. Bei Lohnschwankungen kann der Durchschnittswert der letzten 12 Arbeitsmonate berücksichtigt werden.

Anspruch auf Arbeitslosenentschädigung haben nach dem Gesetz Personen mit einer unselbständigen Tätigkeit (Angestellte). Diese sind in der Regel ALV-beitragspflichtig und somit auch gegen Arbeitslosigkeit versichert.

Arbeitslosenkassen (ALK)

Die Arbeitslosenkassen sind seit der Einführung der Arbeitslosenversicherung mit der Durchführung beauftragt, dies in den Bereichen "Prüfen der Anspruchsvoraussetzungen" und "Auszahlung von Leistungen und Entschädigungen". Die Kassen sind die eigentlichen Zahlstellen der Arbeitslosenversicherung. Die Arbeitslosenkassen richten einerseits die Arbeitslosen-, Insolvenz-, Kurzarbeits- und Schlechtwetterentschädigungen aus und vergüten andererseits Ausbildungs- und Einarbeitungszuschüsse. Sie können sowohl durch die Arbeitslosen als auch durch die Arbeitgeber für den Leistungsbezug frei ausgewählt bzw. "berücksichtigt" werden. Die Arbeitslosenkassen müssen gesetzlichen Auflagen folgen, es bestehen öffentliche und kantonale Kassen und Verbandskassen, welche entweder von Arbeitnehmer- oder Arbeitgeberorganisationen gegründet wurden.

Arbeitslosenversicherung (ALV)

Die ALV gehört zu den Sozialversicherungen, die die wirtschaftlichen und materiellen Folgen einer Arbeitslosigkeit versichern und einen gewissen Prozentsatz des letzten Lohnes während einer beschränkten Periode auszahlt. Personen mit einer unselbständigen Tätigkeit (Angestellte) sind in der Regel ALV-beitragspflichtig und somit auch gegen Arbeitslosigkeit versichert. Die ALV wird nur an Angestellte ausbezahlt, nicht aber den Gründer(n)innen von Personengesellschaften, weil sie in diesem Fall als Selbständigerwerbende/r gelten. Die ALV wird von Arbeitgebern und Arbeitnehmern je zur Hälfte finanziert. Der Arbeitgeber zieht den Beitrag des Arbeitnehmers direkt vom Lohn ab und entrichtet ihn der AHV-Ausgleichskasse. Das Gesetz sieht zudem vor, dass Personen, die keine Beiträge leisten, unter gewissen Umständen trotzdem versichert sind (sogenannte von der Erfüllung der Beitragszeit befreite Personen). Weiterführende und hilfreiche Informationen findet man zu diesem wichtigen Themenkreis im Internet unter folgender Webadresse:

www.arbeitslosenkasse.ch

Arbeitsmarkt

Der Bereich, in dem sich Arbeitnehmer und Arbeitgeber wie in einem klassischen Markt treffen. Er wird vom Angebot und der Nachfrage an Arbeit zum einen und zum anderen an Arbeitnehmern bzw. deren Qualifikation beeinflusst. Die Lage am Arbeitsmarkt wird von der Zahl der vorhandenen besetzten und offenen Stellen auf der einen und der Zahl der beschäftigten und arbeitslosen Personen auf der anderen Seite bestimmt. Strukturen und Tätigkeiten verändern sich, Arbeitsplätze fallen weg, neue kommen hinzu, Arbeitnehmer bzw. Qualifikationen verändern sich – ein Arbeitsmarkt ist zahlreichen Einflüssen ausgesetzt. Vollbeschäftigung zeigt einen ausgewogenen Arbeitsmarkt, dies gilt als erreicht, wenn die durchschnittliche Jahres-Arbeitslosenquote bei nur ca. 1,5 Prozent liegt. Wird diese Quote unterschritten, wird dies als Überbeschäftigung bezeichnet.

Arbeitsmethodik

Bei der Arbeitsmethodik geht es um eine nach bestimmten Regeln und individuellen Anforderungen ausgerichtete Art der effizienten, zielorientierten und optimalen Art und Organisation des Arbeitens. Es stehen meistens die folgenden Themen im Mittelpunkt: a) Zeitmanagement b) Kommunikationsbewältigung c) Dokumenten- und Informationsmanagement d) Wissensmanagement und -verarbeitung e) Routinearbeiten-Bewältigung f) optimale Nutzung von Arbeitshilfsmitteln und –instrumenten g) Ablage und Wiederauffinden von Informationen.

Arbeitsmittel

Arbeitsmittel sind Gegenstände, die der Arbeitnehmer zur Ausübung oder Erledigung seiner Arbeiten einsetzt. Der Begriff Arbeitsmittel ist weit auszulegen und begrenzt sich nicht nur auf Werkzeuge und typische Arbeitskleidung. Arbeitsmittel sind auch Arbeitsgeräte, z.b. Laptop und Geschäftsunterlagen, die der Arbeitnehmer für seine Arbeit benötigt.

Arbeitsmoral

Psychisch und gesellschaftlich beeinflusste Einstellung und Haltung von Mitarbeitern gegenüber Arbeit und ihrem Stellenwert. Die Arbeitsmoral schlägt sich in konkreten Arbeitsverhalten, insbesondere z.B. im verantwortungsvollen Umgang mit Arbeits- und Betriebsmitteln, in der Arbeitssorgfalt, im Verhalten gegenüber Kollegen und Mitarbeitern nieder. Ein positives Arbeitsverhalten liegt gewöhnlich auch einer guten Arbeitsmoral zugrunde. Die Arbeitsmoral wird beeinflusst von der Motivation, den jeweiligen Arbeitsbedingungen, vom Arbeitsklima, dem Führungsstil, und von sozialen Wertvorstellungen.

Arbeitsplatzanalyse

Die Analyse von Aufgaben und Tätigkeiten eines Mitarbeiters, welche Anforderungsprofile und Stellenbeschreibungen beeinflussen oder deren Grundlage sind. Sie besteht aus einzelnen Aufgaben sowie Arbeitsbedingungen und können Grundlage zur Optimierung der Arbeitsqualität sein.

Arbeitsplatzbeschreibung

Wird vielfach als Synonym zur Stellenbeschreibung verwendet, was aber nicht korrekt ist, da hier kein organisatorisches Hilfsmittel gemeint ist, sondern eine arbeitswissenschaftliche Untersuchung eines Arbeitsplatzes als Grundlage für die Arbeitsbewertung. Organisatorische oder tätigkeitsbezogene Aspekte sind hier also nicht zu finden oder werden nur am Rande erwähnt.

Arbeitsprobe

Ein oft von Bewerbern zusätzlich angefordertes Dokument zur Beurteilung der Qualifikation, Fachkompetenz und Berufserfahrung. Arbeitsproben können journalistische Texte, Diplomarbeiten, Skizzen oder Publikationen sein. Sie geben einen authentischen Einblick in die Fähigkeiten und Fertigkeiten des Bewerbers. Negativ zu beurteilen ist es, wenn ein Bewerber Arbeitsproben verwendet, die vertraulich sind. Arbeitsproben können auch eine gewisse Bedeutung bei der Berufswahl und Beratung von Schülern haben, z.B. um handwerklich-gewerbliche Begabungen zu ermitteln.

Arbeitsproduktivität

Die Arbeitsproduktivität wird als eine Schlüsselgrösse für die Wettbewerbsfähigkeit und Qualität einer Volkswirtschaft betrachtet. Als volkswirtschaftliche Grösse ist die Arbeitsproduktivität ein Indikator, wie gross der produktive Beitrag von Beschäftigten ist. Ein Anstieg der Arbeitsproduktivität bedeutet, dass sich die Wertschöpfung in Bezug auf den Arbeitseinsatz erhöht hat bzw. das angestrebte Produktionsergebnis mit einer geringeren Menge von Arbeitsstunden erreicht wird.

Arbeitspsychologie

Die Arbeitspsychologie beschäftigt sich mit Fragestellungen, die mit der rasanten technologischen Entwicklung oft in enger Verbindung stehen und einen starken Einfluss auf die Arbeitswelt sowie das darin agierende Individuum haben. Die Arbeitspsychologie untersucht grundsätzlich die psychologischen Bedingungen menschlicher Arbeitsleistungen mit dem Ziel der Optimierung. Es geht dabei um a) Anpassung des Menschen an die Arbeit b) Anpassung der Arbeit an den Menschen durch zweckmässige Gestaltung von Arbeitsbewegungen, Arbeitsräumen, Arbeitsplätzen, u.a. c) Auswirkung von Umgebungseinflüssen und Störfaktoren d) Einfluss von Arbeitszeiten, Pausen, Mechanisierung, Automatisierung auf die Arbeitsleistung und

Ermüdung e) Ursachen von Unfällen bei der Arbeit und Mittel, um diese zukünftig zu vermeiden.

Arbeitsrecht

Das Arbeitsrecht umfasst Rechte und Pflichten von Arbeitnehmern und Arbeitgebern im Anstellungsverhältnis. Das Arbeitsrecht wird unterteilt in Individual- und Kollektivrecht und Privat- und öffentliches Recht. Das Individualrecht regelt die Beziehung von einzelnen Arbeitnehmenden mit dem Arbeitgeber (z.B. Arbeitsgesetz, Arbeitsverordnungen und weitere Rechtsgrundlagen), das Kollektivrecht zwischen Arbeitnehmergruppen/-verbänden und Arbeitgeberverbänden. Das Arbeitsschutzrecht als weiterer Teil bezweckt die Reduktion von Gefahren und Risiken, die aus dem Arbeitsverhältnis für Arbeitnehmende/Arbeitgebende entstehen.

Arbeitssicherheit

Arbeitssicherheit will gesundheitsschädigende Auswirkungen und Risiken auf Mitarbeiter, wann immer möglich, vermeiden oder reduzieren. Aufgrund zahlreicher Bestimmungen ist der Arbeitgeber verpflichtet, um die Gesundheit seiner Mitarbeiter besorgt zu sein und Unfälle oder gesundheitliche Schäden mit Arbeitssicherheitsmassnahmen zu verhüten. Betriebsbesuche der Kantonalen Arbeitsinspektorate zeigen: Die gesetzlichen Arbeitszeitvorschriften sind bei Kader und Mitarbeitenden vielfach unbekannt, Stempeluhren und Stempelkarten verschwinden immer mehr, Arbeitszeiten werden "flexibilisiert". Eine Vermutung aber bleibt: Übermüdete Mitarbeitende "produzieren" mehr Arbeitsunfälle als erholte, deshalb ist die Einhaltung der Arbeitszeitvorschriften nicht nur gesetzliche Pflicht, sondern ein präventives Element eines Betriebskonzepts für effiziente Arbeitssicherheit und nachhaltigen Gesundheitsschutz (ASA-System gemäss EKAS-Richtlinie 6508). Weiterführende und hilfreiche Informationen findet man zu diesem wichtigen Themenkreis im Internet unter folgender Webadresse:

www.ekas.ch/

Arbeitsteilung

Die Zerlegung einer Gesamtaufgabe in einzelne Arbeitsaufgaben (Teilaufgaben) oder die Art der Stellenbildung. Die Philosophie einer arbeitsteiligen Wirtschaft geht davon aus, dass die Unternehmen zur Produktion von Waren und zur Dienstleistungserbringung mittels Zukauf einzelner Leistungen zusammenarbeiten. Man unterscheidet zwei Formen von Arbeitsteilung: a) Bei der horizontalen Arbeitsteilung wird die gesamte Arbeitsmenge auf mehrere Personen verteilt. Jede Person fertigt aber immer noch ein ganzes Produkt. B) Bei der vertikalen Arbeitsteilung wird der Arbeitsprozess zerlegt. Dabei erfolgt häufig die Zerlegung in Planungs- und Entscheidungsaufgaben einerseits und in Durchführungsaufgaben andererseits.

Arbeitsunfall

Dies ist ein während einer beruflichen Tätigkeit stattfindender Unfall, welcher sich von einem privaten Unfall in einigen wesentlichen Punkten stark unterscheidet. Die Abgrenzung spielt deshalb eine grosse Rolle, weil Arbeitsunfälle wie Berufskrankheiten Leistungen der Betriebsversicherung nach sich ziehen, wie zum Beispiel Rehabilitation oder Rentenleistungen bei völliger oder teilweiser Erwerbsunfähigkeit. Ein nur zeitlich bestehender Zusammenhang zwischen einem privat oder beruflich erlittenen Unfall und der Berufstätigkeit genügt als Voraussetzung für einen Arbeitsunfall nicht. Weiterführende und hilfreiche Informationen findet man zu diesem wichtigen Themenkreis im Internet unter folgender Webadresse:

www.suva.ch

Arbeitsverhältnis

Ein das Arbeitsverhältnis regelnder Arbeitsvertrag kann formlos abgeschlossen werden und gilt daher auch bei mündlicher Abmachung oder durch konkludentes Verhalten (dies bedeutet: die Parteien verhalten sich einander gegenüber wie Arbeitgeber und Arbeitnehmer, ohne dass man darüber gesprochen hätte, ist ein Arbeitsvertrag geschlossen, also ein faktisches Arbeitsverhältnis worden).

Es handelt sich beim Arbeitsvertrag um ein Dauerschuldverhältnis mit vier Merkmalen: 1.) Arbeitsleistung 2.) Abhängigkeitsverhältnis und Weisungsgebundenheit des Arbeitnehmers 3.) Eine gewisse Dauer 4.) Lohnanspruch (bei Unentgeltlichkeit liegt ein Auftragsverhältnis vor). Es sind zusätzlich zahlreiche Modalitäten denkbar (Arbeit auf Abruf, im Stundenlohn, im Akkord, mit Teilzeitpensum, mit Gewinnbeteiligung, auf befristete Dauer, etc.) Es gilt im allgemeinen grundsätzlich Vertragsfreiheit und die Abmachungen sollten den praktischen Bedürfnissen der Parteien entsprechen. Das gelebte Arbeitsverhältnis sollte dem Abbild der getroffenen Vereinbarung entsprechen. Die Parteien sind hierbei durch die zwingenden und nicht verzichtbaren Arbeitnehmerschutzbestimmungen eingeschränkt.

Arbeitsvertrag

Der Arbeitsvertrag regelt die beruflichen Aufgaben des Arbeitnehmers und die vom Arbeitgeber gebotenen Arbeitsbedingungen, Sozialleistungen und Entschädigungen. Die wichtigsten Punkte eines Arbeitsvertrags: Arbeitsplatz, Stellenantritt, Probezeit und Kündigung, Arbeitszeit, Überstunden, Lohn, und Spesen, 13. Monatslohn oder Gratifikation, Ferien, Freizeit, Feiertage, Krankheit, Militärdienst, Pensionskasse. Die Bestimmungen des Obligationenrechts und des jeweiligen Gesamtarbeitsvertrages gelten grundsätzlich auch für Teilzeitarbeitende.

Rechtsinformation: Beim Lehr- und Handelsreisendenvertrag ist die schriftliche Form gesetzlich vorgeschrieben. Der Arbeitsvertrag kann – mit Ausnahme der zwingenden gesetzlichen Vorschriften – jederzeit abgeändert oder erweitert werden, sofern beide Parteien damit einverstanden sind.

Arbeitsverweigerung

Von einer Arbeitsverweigerung des Arbeitnehmers spricht man, wenn er seine Pflichten aus dem Arbeitsvertrag nicht erfüllen will und seine Arbeit nicht aufnimmt oder nicht zu Ende bringt. Dabei genügt es, wenn er Nebenpflichten aus dem Vertrag nicht erbringt. Die Arbeitsverweigerung kann unter Umständen eine Kündigung rechtfertigen, und zwar sowohl eine ausserordentliche als auch eine ordentliche.

Arbeitszeit

Als Arbeitszeit gilt die Zeit, während der sich Arbeitnehmer zur Verfügung des Arbeitgebers zu halten haben, wobei der Weg zu und von der Arbeit nicht als Arbeitszeit gilt.

Rechtsinformation: Durch die Rückreise von einem auswärtigen Arbeitsort darf der Zeitraum der täglichen Arbeitszeit oder die wöchentliche Höchstarbeitszeit überschritten werden. In diesem Fall beginnt aber die tägliche Ruhezeit von 11 Stunden erst nach dem Eintreffen des Arbeitnehmers an seinem Wohnort.

Arbeitszeit à la carte

Von der Normalarbeitszeit abweichende Verteilung der täglichen Arbeitszeit; z.B. 4-10 Stunden pro Woche oder viermal 9 Stunden plus ein Einsatz von vier Stunden pro Woche. Eine Arbeitszeitenform, die eher nur für Arbeitsplätze geeignet ist, die nicht während den üblichen Büroarbeitszeiten besetzt sein müssen.

Arbeitszeit während Schwangerschaft

Bezüglich der Arbeitszeit von schwangeren Frauen und stillenden Müttern ist zu beachten, dass Überstunden generell nicht gestattet sind. Prinzipiell darf die maximale tägliche Arbeitszeit neun Stunden nicht überschreiten. Während der letzten acht Wochen der Schwangerschaft ist das Arbeiten zwischen 20 Uhr und 06 Uhr ganz allgemein untersagt (ArG Art. 35a Abs.4). Bei vorwiegend stehend verrichteter Arbeit muss zudem ab dem vierten Schwangerschaftsmonat eine minimale Tagesruhezeit von zwölf Stunden eingehalten werden. Zudem muss nach jeder zweiten Arbeitsstunde zusätzlich zu den gesetzlich vorgeschriebenen Pausen eine Kurzpause von zehn Minuten gestattet werden. Ab dem sechsten Schwangerschaftsmonat darf grundsätzlich nicht länger als vier Stunden pro Tag stehend gearbeitet werden (ArGV1 Art. 61). Schwangere Frauen und stillende Mütter müssen sich jederzeit und in einem passenden Umfeld während der Arbeit ausruhen können (ArGV3 Art. 34).

Arbeitszeitflexibilisierung

Arbeitszeitgestaltung mit veränderlicher Dauer und Lage. Die bekanntesten Formen der Arbeitszeitflexibilisierung sind die Gleitzeit und → Teilzeitarbeit. Bei der Einführung flexibler Arbeitszeiten ist zu berücksichtigen: a) Zeiteinteilung b) Trennung von Betriebs- und Arbeitszeit c) Trennung von Entgelt und Arbeitszeit d) Ausgleich der Überstunden e) Verbesserung der Produktivität von Anlagen. Als innovativ gelten Arbeitszeitflexibilisierungen, die mehrere Merkmale miteinander verbinden wie Gleitzeit, → Job-Sharing, → Telearbeit, → Teilzeit à la carte, Gleitender Ruhestand. Vorteile: a) Schaffung neuer Arbeitsplätze b) Verlängerung der Öffnungszeiten c) Steigerung der Mitarbeitermotivation d) bessere Leistungsbedingungen e) bessere Auslastung der Anlagen f) Kundengerechtere Serviceleistungen.

Arbeitszeitkonten

Dies ist eines von zahlreichen möglichen Arbeitszeitmodellen. Arbeitszeitkonten ersetzen das traditionelle und starre Muster der gleichmässig über die Arbeitswoche verteilten Vertragsarbeitszeit und eröffnen sowohl Arbeitnehmern als auch Arbeitgebern die Möglichkeit, die individuelle Arbeitszeit flexibel zu gestalten. Auf einem persönlichen Zeitkonto des Mitarbeiters werden tagesbezogene Abweichungen zwischen der vereinbarten und der tatsächlich geleisteten Arbeitszeit saldiert.

Arbeitszeitmodelle

Die Arbeitszeit ist die Zeit vom Beginn bis zum Ende der Arbeit, ohne die Ruhepausen. Ihre Gestaltung ist neben der Gestaltung des Arbeitsinhaltes und des Arbeitsortes eine wichtige Säule des Personaleinsatzes. In den letzten

Jahren ist eine zunehmende Flexibilisierung und Individualisierung der Arbeitszeit festzustellen, die sich aus zwei Gründen weiter fortsetzen wird: 1) Die Flexibilisierung der Arbeitszeit sichert und fördert die Wettbewerbsfähigkeit von Unternehmen. 2) Produktionsschwankungen werden einfacher ausgeglichen und die Produktivität unterstützt. 3) Die Mitarbeiter erwarten immer mehr, dass die Unternehmen ihnen flexible und individuelle Arbeitszeiten einräumen. Beispiele von Arbeitszeitmodellen sind: a) Aufgabenorientierte variable Arbeitszeit: Anwesenheit aufgrund von Blockzeiten, hier wird der Arbeitseinsatz durch die Erledigung der Aufgaben oder die Anforderungen gesteuert. b) Bandbreitenmodell: die Beschäftigen können ihre individuelle Arbeitszeit innerhalb einer bestimmten Bandbreite frei wählen) c) Baukastensystem: Im Vordergrund stehen Zeitmodule. Möglich sind tägliche, wöchentliche, monatliche und jährliche frei wählbare Module. Diese Form ermöglicht eine Entkoppelung der Arbeits- von der Betriebszeit) c) Zeitkonten: Diese zeigen die Differenz zwischen der vertraglichen und geleisteten Arbeitszeit und werden gewöhnlich innerhalb eines Jahres ausgeglichen, sofern keine Zeitsparmöglichkeiten vorgesehen sind. d) Job-Pairing: Gemeinsame Planung und Ausführung der Arbeit. mit weittestgehender gemeinsamer Verantwortung. e) Split-Level-Sharing: Aufgaben und Pflichten werden auf Personen mit unterschiedlichem Qualifikationsniveau aufgeteilt. Flexible Wochenarbeitszeiten, Jahresarbeitszeit, Jobsharing, Nachtarbeit, Schichtarbeit, Teilzeit und mehr sind weitere bekannte Formen.

Arbeitszeugnis

Diese Zeugnisart, welche auch als qualifizierendes Zeugnis bezeichnet wird, enthält alle Tatsachen und Bewertungen, die für die Gesamtbeurteilung der Arbeit eines Arbeitgebers wichtig sind, insbesondere Aussagen zu Leistung und Verhalten. Der Aufbau eines qualifizierenden Zeugnisses: a) Personaldaten, Arbeitsdauer b) Aufgaben, Tätigkeiten c) Arbeitsbereitschaft, Arbeitsbefähigung d) Qualifikation der Leistung, Arbeitsweise, Arbeitserfolg e) Verhalten f) Zusammenfassende Gesamtbeurteilung g) Kündigungsgrund h) Schlussformel.

Arbeitszufriedenheit

Arbeitszufriedenheit entsteht zur Hauptsache aus der Bewertung und Einschätzung der Arbeitsqualität und der subjektiv empfundenen Arbeitsbedingungen. Arbeitszufriedenheit richtet sich nach verschiedenen Kriterien wie Familienverhältnissen, Lebensalter, Bedürfnisprioritäten, Motivation und der wirtschaftlichen Konjunktur.

Arztzeugnis

Ein Arztzeugnis wird von einem Arzt ausgestellt und bescheinigt dem Arbeitnehmer teilweise oder volle Arbeitsunfähigkeit.

Rechtsinformation: Bei Anzweiflung der Glaubwürdigkeit sind folgende Möglichkeiten der Überprüfung zulässig: a) Vereinbarung eines Termins beim Vertrauens- oder Hausarzt. Dabei muss die Konsultation vom Arbeitgeber bezahlt werden. b) Überprüfung der Zeugnisse durch den Vertrauensarzt der entsprechenden Versicherung.

Assessment-Center

Eine etablierte Methode der Qualifikations- und Eignungsermittlung der Potentialbeurteilung und der Personalauswahl im Rahmen der Führungskräfteentwicklung. Mit Hilfe von praxisnahen Problemlösungs- und Entscheidungsaufgaben werden Situationen simuliert, die von den Kandidaten verschiedene Fähigkeiten und Verhaltensweisen erfordern, z.B. analytisches Denken, Einsatzwille, Organisationsvermögen, Kooperationsbereitschaft, Kommunikations- und Argumentationsstärke. In der Regel werden Aufgaben gestellt, die bei den Teilnehmern eine gewisse Arbeitsweise provozieren, welche von Experten beobachtbar ist und bei einer zu besetzenden Vakanz als Voraussetzung für eine erfolgreiche Aufgabenerfüllung gilt. Hilfsmittel sind Beobachtungsbögen und Checklisten, mit denen die relevanten Verhaltensweisen und Reaktionen erhoben und die Eindrücke festgehalten werden. Am Ende des AC's erfolgen Auswertung, Vergleich, Kommentierung und Bewertung der Beobachtungen als Grundlage für Empfehlungen zur Einstellung oder Förderung der entsprechenden Kandidaten.

Audit

Ein Audit ist eine systematische, unabhängige Untersuchung, um festzustellen, ob die qualitätsbezogenen Tätigkeiten und damit zusammenhängenden Ergebnisse den geplanten Anforderungen entsprechen, und ob diese Anforderungen tatsächlich verwirklicht werden können und geeignet sind, die Ziele zu erreichen.

Aufenthaltsbewilligung

Aufenthaltsbewilligungen werden von den kantonalen Fremdenpolizeibehörden erteilt. Normalerweise wird diese Bewilligung vom künftigen Arbeitgeber eingeholt und dem Antragsteller an seine ausländische Wohnadresse zugeschickt. Sie ist auf jeweils ein Jahr befristet und gilt nur für die Arbeitsaufnahme bei einem Arbeitgeber. Ein Arbeitsantritt ohne Aufenthaltsbewilligung kann die Ausweisung und strafrechtliche Konsequenzen haben. Die Aufenthaltsbewilligung schliesst das Recht zur Arbeitsaufnahme grundsätzlich ein. Nach einem rechtlich zulässigen Weiterführende Informationen findet man unter folgender Webadresse:

www.auslaender.ch

Auffangeinrichtung

Begriff aus der beruflichen Vorsorge. Die Auffangeinrichtung ist eine Vorsorgeeinrichtung. Sie versichert zwangsweise jene Arbeitgeber, die ihrer Pflicht zum Anschluss an eine Vorsorgeeinrichtung nicht nachkommen. Ein freiwilliger Anschluss an die Auffangeinrichtung ist ebenfalls möglich. Es müssen zudem jene Freizügigkeitsleistungen überwiesen werden, die nicht anderweitig überwiesen werden können.

Aufgabenanalyse

Ermittlung der zur Erfüllung einer Gesamtaufgabe notwendigen Teilaufgaben. Hierbei geht es um die Aufspaltung der komplexen Gesamtaufgabe in ihre einzelnen Bestandteile (Teilaufgaben, Unteraufgaben, Elementaraufgaben, Einzelaufgaben).

Aufgabenbereicherung

Mit der Aufgabenbereicherung erfolgt eine qualitative Vergrösserung des Arbeitsfeldes. Sie wird auch als vertikale Ausweitung des Arbeitsinhaltes bezeichnet, weil die Bereicherung überwiegend durch Aufgaben erfolgt, die zuvor auf einer höheren Hierarchieebene erfüllt wurden. Es werden vielfach Führungsaufgaben zu den bestehenden Aufgaben hinzugefügt, beispielsweise Planungs- und Kontrollaufgaben.

Aufgabenerweiterung

Bei der Aufgabenerweiterung geht es um eine quantitative Vergrösserung des Arbeitsfeldes. Sie kann erfolgen als 1. Job rotation, 2. Job enlargement. Die Aufgabenerweiterung wird auch als horizontale Erweiterung des Arbeitsinhaltes bezeichnet, da sie überwiegend durch Aufgaben erfolgt, die zuvor auf gleicher Hierarchieebene erledigt wurden.

Aufhebungsvertrag

So wie die Parteien den Arbeitsvertrag gemeinsam abgeschlossen haben, können sie ihn auch gemeinsam wieder aufheben, und zwar sofort oder auf einen bestimmten Termin. Im Arbeitsvertragsrecht werden durch einen Aufhebungsvertrag die zwingenden Kündigungsfristen verletzt, auf welche auch der Arbeitnehmer nicht verzichten kann. Die Gerichtspraxis toleriert jedoch Aufhebungsverträge, wenn der Arbeitgeber seinerseits auf die Arbeitsleistung verzichtet. Damit der Arbeitgeber nicht den Vorwurf einer Umgehung der Gesetzgebung riskiert, sollte diese Form nur bei begründetem Bedürfnis des Arbeitnehmers gewählt werden.

Rechtsinformation: Der Aufhebungsvertrag kann mündlich oder schriftlich abgeschlossen werden; aus Beweisgründen empfiehlt sich die Schriftlichkeit. Ausser durch Kündigung kann das Arbeitsverhältnis auch jederzeit in beidseitigem Einverständnis durch einen sogenannten Aufhebungsvertrag beendet werden. In diesem Fall muss auf die Kündigungsfristen keine Rücksicht genommen werden. Wer nachher jedoch Arbeitslosenentschädigung beziehen will, muss mit Folgen (Einstelltagen) rechnen.

Aufwärtsqualifikation

Beurteilung der Vorgesetzten durch ihre Mitarbeiter. Hier wird der Personalabteilung und dem Vorgesetzten mitgeteilt, wie man das Führungsverhalten des Vorgesetzten beurteilt, oft mit Kritik und Anregungsvorschlägen zur Optimierung verbunden. Wichtige Grundlagen sind die Basis von gegenseitigem Respekt und Offenheit und eine konsequente Auswertung und Umsetzung der Resultate einer Aufwärtsqualifikation. Im traditionellen und konservativen Führungsverständnis hat diese Form der Qualifikation natürlich einen eher schweren Stand.

Ausbildung

Der Begriff Ausbildung steht unter dem Oberbegriff Berufsbildung und umfasst eine breit angelegte berufliche Grundbildung und die für die Ausübung einer qualifizierten beruflichen Tätigkeit notwendigen fachlichen Fertigkeiten und Kenntnisse in einem geordneten Ausbildungsgang. Sie ist damit Ziel und Grundlage für die Ausbildung in einem staatlich anerkannten Ausbildungsberuf. Der korrekten Anwendung und Unterscheidung dieser oft missverständlich verwendeten Begriffe dienen folgende Definitionen: → Fortbildung und → Weiterbildung.

Ausbildungsplan

Die innerbetriebliche Organisation der Ausbildung bezüglich inhaltlicher und zeitlicher Faktoren und des Aufbaus und Ablaufs wie Lerninhalte und Abteilungs-Zeitpläne. Es können folgende Formen und Phasen eines Ausbildungsplans unterschieden werden: 1. Vermittlung von Grundkenntnissen, 2. Vermittlung von Kenntnissen, 3. Befähigung zur Mitwirkung an Entscheidungen und Projekten 4. Befähigung zur selbständigen Bearbeitung von Geschäftsvorfällen. Nur ein inhaltlich und zeitlich gut detailliert ausgearbeiteter Ausbildungsplan garantiert einen optimalen Nutzen und eine gesicherte Erreichung der Zielsetzungen.

Ausbildungszuschüsse

Ausbildungszuschüsse erlauben Arbeitslosen, eine Lehre zu absolvieren. Die Leistungen der Arbeitslosenversicherung werden auf die Dauer der Ausbildung oder höchstens auf vier Jahre verlängert. Der Lohn, den das Unternehmen zahlt, entspricht dem eines Lehrlings im letzten Lehrjahr. Eine wichtige Voraussetzung für die Gewährung dieser Leistung ist, dass die Person zum Zeitpunkt des Lehrabschlusses mindestens 30 Jahre alt ist.

Aushilfsarbeit

Von Aushilfs- und Gelegenheitsarbeit spricht man, wenn der Arbeitgeber den Arbeitnehmenden, je nach Arbeitsanfall beansprucht, unabhängig davon, ob jeder Einsatz das Einverständnis des Arbeitnehmenden voraussetzt.

Rechtsinformationen: Als Aushilfe angestellte Mitarbeiter werden nach den effektiv geleisteten Arbeitsstunden und Einsätzen entlöhnt. Wegen der Unregelmässigkeit der Einsätze und des nicht im voraus zu bestimmenden Arbeitsvolumens und der Häufigkeit der Einsätze wird der jährliche Ferienanspruch durch ein Feriengeld zusätzlich zum Grundlohn pro Stunde abgegolten, was im Arbeitsvertrag und in der Lohnabrechnung festgehalten werden muss. Es empfiehlt sich, die Modalitäten der Lohnfortzahlung und allfällige Versicherungslösungen bei Aushilfs- und Abrufverträgen klar zu regeln. Dies gilt übrigens auch bei Teilzeitarbeit mit unregelmässigen Arbeitszeiten.

Auslagenersatz

Der Arbeitgeber ist verpflichtet, dem Arbeitnehmer alle durch die Ausführung der Arbeit notwendig entstehenden Auslagen zu ersetzen, bei der Arbeit an auswärtigen Arbeitsorten auch die für den Unterhalt erforderlichen Aufwendungen. Dies ist in Art. 327a des Obligationenrechts geregelt.

Rechtsinformation: Dieses Recht bezieht sich auf notwendige, durch die Arbeit begründete und nachweisbare Auslagen wie Visumskosten oder Telefonspesen bei Auslandsreisen, nicht aber zum Beispiel die Fahrtkosten des Arbeitsweges.

Auslandsentsendung

Dies ist ein im Zeichen der Globalisierung und arbeitsmarktpolitischer Veränderungen für international tätige Unternehmen ein an Bedeutung gewinnendes und wichtiges Thema. Die Auslandsentsendung von Mitarbeitern hat in der Praxis mehrere Hintergründe und Vorteile: Sicherstellung der Unternehmensstrategie z.B. bei ausländischen Niederlassungen oder Produktionsstätten; Know-how-Transfer; Interessenvertretung in wichtigen internationalen Institutionen und Forschungsanstalten; Entwicklung und Vertiefung internationaler Managementfähigkeiten und Führungsstile oder die Kompensation eines Fachkräftemangels im Ausland. Siehe → Expatriates.

Ausländerrecht

Das Ausländerrecht regelt die Pflichten und Rechte von ausländischen Arbeitnehmern und deren Arbeitgebern zu Aufenthalt, Arbeitsmarkt, freiem Personenverkehr, Integration und mehr. Weiterführende und hilfreiche Informationen findet man zu diesem wichtigen Themenkreis im Internet unter folgender Webadresse beim entsprechenden Bundesamt:

www.bfa.admin.ch

Auslandsvergütung

Dies soll die ins Ausland entsandten Mitarbeitern für den Zeitraum ihrer dortigen Beschäftigung den gewohnten Lebensstandard sichern, darüber hinaus aber auch Anreize für die Bereitschaft zur Auslandstätigkeit bieten und einen finanziellen Ausgleich für die mit einer Beschäftigung im Ausland oft verbundenen materiellen und immateriellen Nachteile gewähren. Neben grundsätzlichen Regelungen der Auslandsvergütung haben sich in der Praxis zahlreiche Zusatzleistungen etabliert, sie reichen z.B. von der Bereitstellung eines privat nutzbaren Firmenwagens im Ausland, dem Abschluss besonderer Kranken- und Unfallversicherungen für die Zeit des Auslandseinsatzes bis hin zum Ausgleich des Einkommensverlustes des Ehepartners, sofern dieser den Mitarbeiter begleitet und deshalb seine Berufstätigkeit aufgeben muss.

Die Besteuerung der Bezüge werden je nach Land mit sog. Doppelbesteuerungsabkommen geregelt. Wenn ein solches Abkommen nicht vorliegt, kann evtl. eine doppelte Steuerpflicht entstehen. Weiterführende und hilfreiche Informationen findet man zu diesem wichtigen Themenkreis bezüglich Doppelbesteuerung im Internet unter folgender Webadresse:

www.admin.ch/ch/index.en.html

Ausserordentliche Kündigung

Eine ausserordentliche Kündigung ist eine Kündigung, die das Arbeitsverhältnis vorzeitig und ohne Beachtung der sonst geltenden Kündigungsfristen beendet. Sie ist in der Regel fristlos, muss es aber nicht sein, weil der Kündigende auch bei einer ausserordentlichen Kündigung eine gewisse Frist einräumen kann, worauf er aber besonders hinweisen muss, um den Eindruck zu vermeiden, es handele sich um eine ordentliche Kündigung. Trotzdem wird die ausserordentliche Kündigung in der Praxis meist als fristlose Kündigung ausgesprochen.

Austrittsleistung

Dieser Begriff wird mehrheitlich im Zusammenhang mit der beruflichen Vorsorge und der Pensionskasse verwendet. Darunter versteht man die Leistung, die bei vorzeitiger Beendigung des Arbeitsverhältnisses fällig wird, ohne dass ein Versicherungsfall eingetreten ist. Sie dient der Erhaltung des Vorsorgeschutzes.

Auswahlverfahren

Bestimmte Instrumente und Vorgehensweisen bei der Auswahl und Einstellung neuer Mitarbeiter wie Eignungs- und Psychologietests, Vorstellungsgespräch und so weiter. Bis zum Einstellungsentscheid können mehrere Auswahlverfahren erforderlich sein, insbesondere dann, wenn sich im Verlauf des Auswahlverfahrens alle Bewerber als ungeeignet erweisen und Bewerbungen zurückgezogen werden. Ein Auswahlverfahren sollte speditiv durchgeführt und den Bewerbern eine Entscheidung schnell mitgeteilt werden. Bei längeren Wartezeiten ist ein → Zwischenbescheid üblich und angebracht.

Autoritärer Führungsstil

Der autoritäre → Führungsstil basiert auf der hierarchischen Stellung und persönlichen Autorität einer Führungskraft und pflegt im Extremfall eine befehls- und kommandoorientierte Art der Führung mit den Mitteln von Distanz, Kontrolle, Druck und Sanktionen. Dieser Führungsstil hat sich überlebt und entspricht den Anforderungen moderner Führungsprinzipien nicht mehr.

Balanced Scorecard

Die Balanced Scorecard (BSC) ist ein innovatives Instrument zur Strategieentwicklung im Unternehmen im Allgemeinen und im Personalmanagement im Besonderen. Dahinter steht die Idee, mit einem ganzheitlichen Steuerungssystem über Kennziffern und Zahlenlogik die Unternehmensentwicklung in allen Facetten und Beurteilungsweisen, also nicht nur den finanziellen, analysieren und steuern zu können. Personal- und Organisationsentwicklung stehen daher gleichermassen im Blickpunkt dieses Ansatzes. Besonders wichtig dabei ist, dass im Rahmen der Balanced Scorecard explizit unterschieden wird zwischen Kennzahlen, die vergangene Leistungen beschreiben (Spätindikatoren) und solchen, die vor riskanten Entwicklungen in der Zukunft warnen (Frühindikatoren).

Für die BSC im Personalmanagement werden im Allgemeinen folgende wesentliche Aspekte berücksichtigt: Personalauswahl und -einsatz, Entwicklung einer Unternehmens- und Feedbackkultur, Führungsqualität und Mitarbeiterengagement, Mitarbeiterbeurteilung, Mitarbeitergespräch, Zielvereinbarung, Potenzialanalyse, Nachwuchs-, Team- und Organisationsentwicklung. Die Anwendung der Balanced Scorecard gibt neue Impulse für ein effektiveres Personalmanagement und trägt durch gezielten Einsatz zu einer Verbesserung der lernenden Organisation und zum Unternehmenserfolg bei.

Basler Skala

Das Obligationenrecht legt eine Lohnfortzahlungspflicht bei unverschuldetem Arbeitsausfall infolge von Krankheit, Mutterschaft oder Unfall von drei Wochen im ersten Dienstjahr und danach von einer angemessenen längeren Zeit fest. Aus der langjährigen Gerichtspraxis haben sich drei regional unterschiedliche Staffelungen dieser Lohnfortzahlungsdauer ergeben. Die Basler Skala ist nebst der Berner und Zürcher Skala eine dieser drei Staffelungen.

Bedürfnishierarchie

Die Bedürfnishierarchie (→ Motivpyramide) von Maslow stellt einen Versuch dar, die Bedürfnisse des Menschen zu erkennen, zu klassifizieren und ihre Bedeutung für das menschliche Handeln einzuschätzen. Die unterste Ebene bilden physiologische Bedürfnisse (Nahrung, Schlaf, Fortpflanzung), dann folgen Sicherheitsbedürfnisse (Schutz vor Gefahren und Bedrohung), auf der dritten Ebene liegen soziale Bedürfnisse im Sinne von Streben nach Zuneigung, Gruppenzugehörigkeit, sozialer Nähe, dann folgen auf der vierten Ebene soziale Bedürfnisse im Sinne von Streben nach Anerkennung, Achtung und Prestige. Die oberste Ebene bilden nach Maslow die mehr psychisch determinierten Bedürfnisse, verstanden als Streben nach Entfaltung und Auslebung.

Bedürfnisse

Die Beweggründe und Einflussfaktoren des menschlichen Handelns, in bestimmten Situationen so und nicht anders zu handeln, einen bestimmten Beruf zu wählen, Leistungen am Arbeitsplatz zu erbringen, an seiner Karriere zu arbeiten usw. Art und Ausprägungsgrad der Bedürfnisse sowie die Mittel, über die der Mensch sie zu befriedigen sucht, können individuell sehr verschieden sein, sich im Laufe eines Lebens ändern und sind spezifisch kulturell und sozial geprägt. Ein Mittel, Bedürfnisse in Erfahrung zu bringen, sind Mitarbeiterbefragungen. Hier kann man verschiedene Erkenntnisse gewinnen: Welche Bedürfnisse für die Mitarbeiter wichtig sind, wie sie das Leistungsverhalten und die Motivation beeinflussen und wie Arbeitsplatz und Arbeitsbedingungen zur Motivation beitragen.

Dies können konkret sein: Eine als leistungsgerecht empfundene Bezahlung, ein sicherer Arbeitsplatz, ein gutes Arbeitsklima, Anerkennung der Arbeitsleistung, herausfordernde Aufgaben und Ziele, sowie die Angebote der beruflichen Weiterbildung. Daher sollten Arbeitsbedingungen und -Zufriedenheit und deren Kommunikation (Befragungen, Mitarbeitergespräche) wichtige Zielsetzungen des Personalwesens und der Geschäftsleitung sein.

Befristetes Arbeitsverhältnis

Für ein befristetes Arbeitsverhältnis entscheidet man sich in der Praxis meistens bei zeitlich im vornherein begrenztem Arbeitsanfall des Arbeitgebers oder bei temporärer Einsatzmöglichkeit des Arbeitnehmers, z.B. wegen eines bevorstehenden Umzuges oder eines bald endenden oder beginnenden Studiums. Es gibt aber auch saisonal starken Schwankungen ausgesetzte Branchen und Wirtschaftssektoren (Landarbeiter, Saison-Serviertochter, Skischulen oder zeitlich limitierte Bauprojekte), die befristete Arbeitsverhältnissse notwendig machen. Da solche befristeten Arbeitsverhältnisse nach dem vereinbarten Zeitraum automatisch enden, können sie Aspekte des Kündigungsschutzes des Arbeitnehmers in Frage stellen oder gesetzliche Vorschriften zu Kündigungsfristen unterlaufen. Eine befristete Anstellung gilt für eine bestimmte Dauer und endet ohne Kündigung.

Rechtsinformation: Auch wenn ein Arbeitgeber den Arbeitnehmer für eine Arbeit aufbietet und dann dennoch keine Arbeit hat, muss diese trotzdem entschädigt werden. Und: Nur wenn die Anstellung auf mehr als drei Monate abgeschlossen wird, schuldet der Arbeitgeber bei Abwesenheit wegen Krankheit/Mutterschaft einen Lohn. Ferien werden je nach Dauer des Einsatzes als bezahlte Ferien oder als Prozentsatz zum Stundenlohn abgegolten. Werden mehrere befristete Arbeitseinsätze hintereinander abgeschlossen kann dies illegal sein und einem Kettenarbeitsvertrag entsprechen.

Behaviorismus

Bezeichnung für eine einflussreiche psychologische Forschungsrichtung aus den USA. Der Behaviorismus hat vor allem in der Lernpsychologie eine gewisse Bedeutung erlangt und bildet die Voraussetzungen für kontrollierte Experimente und für objektive Verhaltensbeobachtungen. Die behavioristische Lerntheorie geht davon aus, dass das Gehirn auf Reize mit erlernten Verhaltensweisen reagiert. Das Verhalten wird mit Bestrafung oder Verstärkung (Belohnung) konditioniert, wobei Verhalten und Wissen dann ein Ergebnis dieser Konditionierung sind. Der Behaviorismus hat sich in unterschiedlichen Ausprägungen entwickelt. Allen gemeinsam ist, dass sie sich auf beobachtbares und messbares Verhalten begründen.

Beitragspflicht

Dieser Begriff wird mehrheitlich im Zusammenhang mit der beruflichen Vorsorge und der Pensionskasse verwendet. Darunter versteht man die gesetzliche Pflicht, an bestimmte Versicherungen Beiträge zu entrichten.

Rechtsinformation: Grundsätzlich müssen auch nicht erwerbstätige Ehefrauen und nicht erwerbstätige Witwen, die früher beitragsbefreit waren, selber AHV-Beiträge bezahlen, um spätere Beitragslücken zu vermeiden. Bezahlt ein Ehegatte wenigstens den doppelten AHV-Mindestbeitrag aus Erwerbstätigkeit, gilt damit auch die Beitragspflicht des anderen, nicht erwerbstätigen Ehegatten.

Beitragsprimat

Wenn die Beitragshöhe im Reglement einer Vorsorgekasse festgelegt ist und daraus die Höhe der einzelnen Vorsorgeleistungen ermittelt wird, spricht man von einem Beitragsprimat. Die Leistungen werden für jeden Versicherten individuell, aufgrund der für ihn geleisteten Beiträge, anhand der Tarife (unter Berücksichtigung des Alters), errechnet. Die Beiträge sind planmässig vom versicherten Verdienst abhängig.

Benchmarking

Das kontinuierliche oder zu einem Zeitpunkt erfolgende Vergleichen von Produkten, Dienstleistungen oder Prozessen von mehreren - vorzugsweise den relativ besten – Betrieben. Anzustrebendes Ziel ist jeweils der Bestwert, bekannt auch unter Best-Practice. Mit Benchmarking orientiert man sich bewusst an den Besten der Konkurrenten und will Stärken und Schwächen des eigenen Unternehmens auf systematische Weise beheben. Dies soll letztlich dem Unternehmen Wettbewerbsvorteile im Vergleich zu den Konkurrenten im Markt bringen. Benchmarking kann folgende Prozesse umfassen: 1. Datenermittlung 2. Sicherstellung der Vergleichbarkeit der Daten 3. Festlegung der jeweiligen "Best-Practice" 4. Entwicklung von Massnahmen zur Zielerreichung 5. Erfolgskontrolle und Optimierung.

Berufliche Vorsorge

Die Berufliche Vorsorge ist auch bekannt unter der Bezeichnung "Pensionskasse". Wer pensioniert ist, erhält von der Pensionskasse entweder sein Kapital oder eine Rente ausbezahlt. Damit wird die minimale Grundleistung der AHV ergänzt. Finanziert wird die BV durch Arbeitgeber- und Arbeitnehmerbeiträge.

Berufsausbildung

Systematisch organisierter und auf die Aneignung für die Betriebspraxis relevanter Qualifikationen ausgerichteter Lernprozess. Darunter fallen zum Beispiel die Lehrausbildung und die Umschulung, in einem weiteren Sinne, je nach Definition, auch die Weiterbildung.

Berufsberatung

In jedem Kanton gibt es eine Zentralstelle für Berufsberatung, welche die Belange der Berufsberatung im Kanton koordiniert, die gesetzlichen Aufgaben wahrnimmt und die Beratung der Jugendlichen und Erwachsenen übernimmt. Je nach Grösse des Kantons gibt es auch regionale Berufsberatungsstellen. In gewissen Kantonen gibt es Stellen, die sich speziell an Mittelschüler/innen und Studierende wenden (Akademische Berufsberatungsstellen). Weiterführende und hilfreiche Informationen findet man im Internet unter folgender Webadresse:

www.berufsberatung.ch

Berufspädagogik

Eine Teildisziplin der Erziehungswissenschaften, vornehmlich der → Andragogik, die sich mit den besonderen Bedingungen und Erfordernissen der arbeitsplatz- und berufsbezogenen Aus- und Weiterbildung von Jugendlichen und Erwachsenen befasst. Die anwendungsorientierte Arbeits- und Berufspädagogik widmet sich insbesondere der Entwicklung didaktischer Methoden und Hilfen zur zielgruppengerechten Vermittlung beruflicher oder berufsnaher Qualifikation sowie zur Entwicklung des persönlichen Leistungsvermögens. Weiterführende und hilfreiche Informationen findet man im Internet unter folgender Webadresse:

www.educa.ch

Berufspraktikum

Ein Berufspraktikum kann in Form eines Programms zur vorübergehenden Beschäftigung in einem Unternehmen, z.B. zwecks Ergänzung einer schulischen Ausbildung durchgeführt werden. Zweck der Massnahme ist es, entweder der Person Gelegenheit zu bieten, erste Berufserfahrungen zu sammeln, oder sie nach längerer Abwesenheit wieder in den Arbeitsmarkt einzugliedern. Solche Praktika dauern im allgemeinen vier bis sechs Monate; die Kosten für den Arbeitgeber belaufen sich ungefähr auf ein Viertel des versicherten Verdiensts der betreffenden Person.

Berufung

Selbstverwirklichung, auch Lebensaufgabe. Berufung ist auf die eine Aufgabe ausgerichtet, in welcher ein bestimmter Mensch mit Leib und Seele aufgeht, Erfüllung findet. "Berufen sein" entzieht sich dem gängigen Verständnis von "arbeiten müssen". Berufung als Grundlage, um in der Arbeit sich selber zu werden. Falls Berufung nicht zu erlangen ist, wird Arbeiten zu etwas, "das man eben zum Lebensunterhalt zwingend machen muss".

Beschäftigungsgrad

Dies ist ein Begriff aus dem Personalcontrolling und bezeichnet eine HR-Kennzahl. Der Beschäftigungsgrad ist das Verhältnis von maximaler und tatsächlicher Kapazitätsausnützung eines Unternehmens bezüglich erzeugter Leistungen und Leistungsmengen. Die Kennzahl gibt einen Hinweis auf die Teilarbeitszeit-Aufgeschlossenheit eines Unternehmens. Ein niedriger durchschnittlicher Beschäftigungsgrad bedingt zusätzliche Anforderungen an die Planung der Verfügbarkeit der Teilzeitkräfte sowie leicht erhöhten Führungs- und administrativen Aufwand.

Best Practice

Hierunter versteht man vorbildliche und nachahmenswerte Fallbeispiele aus der Praxis erfolgreicher Unternehmen, die oft das Resultat eines Benchmarks sein können. Sie stellen oftmals eine optimale methodische Praxislösung oder einen Prozess dar. Hierzu werden auf dem Markt angebotene Produkte oder Dienstleistungen nach einheitlichen Kriterien miteinander verglichen. Best Practice muss nicht unbedingt von einem Wettbewerber stammen, es können auch branchenübergreifende Benchmarking-Prozesse sein, die den grössten Fortschritt bewirken. Im Human Resource Management können dies Bereiche wie die Personalgewinnung, die Mitarbeiterbindung, das Employer Branding, das Diversity Management und viele andere relevante Bereiche sein.

Beteiligungsmodelle

Beteiligungsmodelle können in unterschiedlichen Formen Entgeltsysteme sein, da sie ein leistungsorientiertes Entgelt ermöglichen. Am weitesten verbreitet sind Erfolgsbeteiligungen wie Provisionen, Umsatzbeteiligung, Ergebnisbeteiligung, Gewinnbeteiligung u. ä. Die Alternative zur Erfolgsbeteiligung ist die Kapitalbeteiligung wie Mitarbeiteraktien, Gesellschaftsanteile usw. Erfolgsbeteiligungen erlauben eine weitgehend leistungsorientierte Entgeltregelung wie z.B. → Incentives.

Betriebliches Vorschlagswesen

Das betriebliche Vorschlagswesen fördert und aktiviert die Mitarbeiterkreativität. Dabei werden auf verschiedenen Wegen Ideen und Anregungen aufgenommen und auf deren Realisierungsmöglichkeiten hin überprüft. Das betriebliche Vorschlagswesen muss durch mehrere Aktivitäten und Massnahmen immer wieder in Erinnerung gerufen und systematisch gefördert werden. Es hat nur in Unternehmen mit einer tief verankerten Innovationskultur und innovationsorientierter Führung eine Chance, ansonsten läuft es Gefahr, zu einer Alibiübung zu verkommen.

Mögliche Massnahmen: a) Mitarbeiterzeitschriften-Rubrik b) erfolgreiche Mitarbeiter portraitieren c) Themenbeispiele vorgeben d) Meetings und Mitarbeiterbesprechungen zum Dauerthema machen e) attraktives Anreizsystem bieten f) Innovater-Club gründen. Das betriebliche Vorschlagswesen ist ein wichtiges Mittel zur Identifikation mit dem Betrieb mittels Anreiz einer Prämie für Verbesserungsvorschläge. Bei Verbesserungsvorschlägen mit Nutzen sind folgende Aspekte zu berücksichtigen: Festlegung der Prämie und der Prämienhöhe gemäss Einkommensklasse, die hierarchische Stellung und der Arbeitsbereich.

Betriebsblindheit

Ein gewohnheitsmässiges und nicht mehr genug offenes und waches Verhalten, mit dem man die ausserbetriebliche Realität wie Kundenbedürfnisse oder Abläufe nicht mehr kritisch und unvoreingenommen genug einschätzt. Der Betriebsblindheit kann durch regelmässige Versetzungen, externe Fortbildung und externe Personalbeschaffung erfolgreich entgegengewirkt werden.

Betriebsferien

In einigen Unternehmen, Branchen oder Wirtschaftssektoren mit saisonal starken Nachfrageschwankungen wird die

Produktion während einiger Wochen - in der Sommerzeit oder zwischen Weihnachten und Neujahr – stark reduziert oder gar ganz gestoppt. Die deshalb für Arbeitnehmer in der Produktion oder in kaufmännischen Bereichen festgelegten Betriebsferien verfolgen das Ziel, mit solchen Betriebsferien die Produktivität zu optimieren und stärker auf die Auftragslage des Unternehmens auszurichten. Die Betriebsferien sind für die Arbeitnehmer im allgemeinen fester Bestandteil ihres Jahresferienguthabens und sind dem gesamten Ferienanspruch anzurechnen.

Betriebsordnung

Die kollektive Regelung der Arbeitsverhältnisse eines Betriebes durch einseitigen Erlass oder durch Vereinbarung mit der Betriebskommission (Arbeitnehmervertretung); Vorschriften über Gesundheitsvorsorge und Unfallverhütung und, wo erforderlich, über die Ordnung im Betrieb und das Verhalten der Arbeitnehmer. Die Verhängung von Betriebsbussen ist nur zulässig, wenn dies in der Betriebsordnung angemessen geregelt ist. Weitere Fragen kann die Betriebsordnung nur dann regeln, wenn dies mit den Arbeitnehmern des Betriebs vereinbart ist (Betriebsvereinbarung) und wenn die betreffenden Fragen nicht in einem Gesamtarbeitsvertrag geregelt sind (Subsidiaritätsprinzip). Die Rechtsgrundlage findet sich für industrielle Betriebe, die dem Arbeitsgesetz unterstehen, in diesem selbst (SR 822.11), für nicht industrielle Betriebe in den zugehörigen Verordnungen. Wo keine Vorschriften bestehen, ist die Aufstellung einer Betriebsordnung für die nichtindustriellen Betriebe fakultativ.

Betriebspsychologie

Analyse, Forschung und Interpretation des Mitarbeiterverhaltens am Arbeitsplatz unter bestimmten Einflüssen und Motiven. Mittels psychologischer Methoden will die Betriebspsychologie erreichen, betriebliche Gegebenheiten und Massnahmen bezüglich Auswirkungen auf Motivation, Leistungsbereitschaft und -verhalten zu bewerten.

Betriebsrecht

In firmeninternen Reglementen, Betriebsordnungen oder Personalreglementen sind oft ergänzend zum Einzelarbeitsvertrag Regelungen enthalten, wie gewisse Vorkommnisse im betreffenden Betrieb geregelt werden (Arbeitszeit, Ferien, Vorschlagswesen, Freitage usw.).

Rechtsinformation: Damit solche Vereinbarungen verbindlich werden, muss der Arbeitnehmer diesen bei Vertragsabschluss zustimmen. Oft geschieht dies dadurch, dass im Arbeitsvertrag erwähnt wird, dass z.b. das Personalreglement integrierender Vertragsbestandteil sei. Auch aus regelmässiger Existenz solcher Reglemente können Rechtsansprüche abgeleitet werden (z.B. vorbehaltlose Auszahlung einer Gratifikation während mind. zwei aufeinanderfolgender Jahre).

Beurteilungsfehler

Dies geschieht – aus bewussten oder unbewussten Gründen - oft bei der Bewertung von Persönlichkeits- oder Leistungsmerkmalen während Vorstellungsgesprächen und bei Mitarbeitergesprächen und kann einen Eindruck auf gefährliche Weise verfälschen. Die häufigsten Gründe für Beurteilungsfehler sind: Sympathien und Antipathien, Verfolgung sehr subjektiver Interessen und Ziele, persönliche Einstellungen und Präferenzen wie Verhaltensweisen oder Ansichten und generelle Faktoren wie Alter, Geschlecht, Bewerbungsgrund usw.

Beurteilungsgespräch

Sinn und Zweck des Beurteilungsgesprächs ist eine für beide Seiten wichtige Standortbestimmung und der offene Dialog zwischen Vorgesetzten und Mitarbeitern über Zusammenarbeit, Ziele und Massnahmen für die Zukunft. Beurteilungsgespräche, auch Qualifikations- oder Mitarbeitergespräche genannt, finden in vielen Unternehmen jährlich statt und dienen einer beruflichen Standortbestimmung. Grundlage kann dabei ein Beurteilungs- bzw. Qualifikationssystem oder ein Beurteilungs-Fragebogen sein. Das Beurteilungsgespräch soll den Mitarbeiter konkret informieren, wie der Vorgesetzte den Mitarbeiter fachlich, persönlich und leistungsmässig beurteilt und welche Stärken und Schwächen vorhanden sind. Bei einem Beurteilungsgespräch wird auch dem Mitarbeiter die Möglichkeit gegeben, sich über den Vorgesetzten (→ Aufwärtsqualifikation), das Unternehmen und seine Aufgaben zu äussern.

Es gehört zu den Aufgaben eines Beurteilungsgespräches, auch heikle und persönliche Probleme anzugehen und das Vertrauensverhältnis zum Thema zu machen. Nach dem Beurteilungsgespräch sollte der Vorgesetze das Gespräch nochmals zusammenfassen und dabei vom Mitarbeiter Feedback einholen, ob die zentralen Punkte korrekt verstanden und interpretiert wurden. Beurteilungsgespräche können auch → Zielvereinbarungen enthalten oder Weiterbildungs- und Fördermassnahmen bewirken. Auf jeden Fall empfehlenswert sind Protokolle oder Massnahmen-Kataloge, damit Beurteilungsgespräche auch einen verpflichtenderen Charakter bekommen. Siehe → Mitarbeiterbeurteilung.

Bewerber-Interviews

Das persönliche Gespräch mit dem Bewerber gehört zu den wichtigsten Informationsquellen. Erfolgsrelevante Ziele, Merkmale und Anforderungen sind a) Optimierung der Personalauswahl b) Erfassung von Persönlichkeitsstrukturen c) das Training von Gesprächsführungstechniken d) Entwicklung von Interview-Konzepten e) Interpretation von Aussagen f) psychologische Grundkenntnisse in Verhalten und Rhetorik g) auf → Anforderungsprofile und Unternehmensziele abgestimmte Fragenkataloge und Informationsgewinnungsziele.

Zu diesem Thema finden Sie im Kapitel „Arbeitshilfen und Vorlagen" ein Interview-Notizblatt für Spontaneindrücke.

Bewerberprofil

Bei Online-Bewerberprofilen handelt es sich um virtuelle, in elektronischer Form vorliegende Bewerbungen, welche via Datenbanken abgerufen werden können. Es ist aber auch ein Abonnement möglich, mit dem man laufend über

Bewerberprofile informiert werden kann, die den jeweiligen persönlichen Anforderungen und Wünschen entsprechen.

Bewerbungsanalyse

Die erste Phase bei der Personalauswahl, der meistens noch weitere Massnahmen folgen können, z.B. ein Eignungstest und danach das Vorstellungsgespräch. Grundlage einer systematischen Bewerbungsanalyse sollte ein Anforderungsprofil sein, das mit einer Stellenbeschreibung oder Arbeitsplatzanalyse erstellt werden kann. In der Praxis existieren Anforderungsprofile jedoch häufig nicht oder sind als Entscheidungsgrundlage ungenügend. Bestehen aber keine klaren Vorstellungen, bleibt die Bewerbungsanalyse zwangsläufig oberflächlich und wird aus dem Bauch heraus vorgenommen.

Bewerbungsschreiben

Bestandteil der Bewerbungsunterlagen, oft genutzt zur eigenen Vorstellung und Darlegung der Motivation zur Bewerbung. Ein durchdachtes Bewerbungsschreiben sollte enthalten: Bewerbungsbezug (Stellenanzeige oder Initiativbewerbung), die Bezeichnung der Stelle oder Aufgabe, der jetzigen Position und Tätigkeit des Bewerbers und für die zu besetzende Stelle wichtige Qualifikationen und der mögliche Eintrittstermin. Eine fundierte Begründung der Bewerbung kann interessante Aussagen liefern, wie Prioritäten und individuelle Interessen. Bei der Analyse geben Gestaltung, Form, Inhalt und sprachliches Ausdrucksvermögen des Bewerbungsschreibens oft wichtige Hinweise zur Eignung und Persönlichkeit des Bewerbers. Deshalb sollten Bewerbungsschreiben sorgfältig und kritisch geprüft werden und in einen Gesamtzusammenhang mit allen anderen Unterlagen gestellt werden.

Bewerbungsunterlagen

Bewerbungsunterlagen bestehen im allgemeinen aus folgenden Teilen: Lebenslauf, Arbeitszeugnisse, Ausbildungszeugnisse und Ausbildungsbelege. Allenfalls können noch

Referenzen, Arbeitsproben, Projektnachweislisten ebenfalls enthalten sein. In der Schweiz wird ein Foto üblicherweise nur auf ausdrückliches Verlangen beigelegt. Mit dem Erhalt der Bewerbungsunterlagen wird in der Regel der erste Kontakt zwischen Bewerber und Unternehmen hergestellt. Für den Einstellungsentscheid stellt sich in der Praxis oft das Problem, wie die Unterlagen zu gewichten sind. Als wichtige und entscheidungsrelevante Unterlagen gelten: a) Bewerbungsschreiben b) → Lebenslauf c) Arbeitszeugnisse d) Weiterbildungsbelege e) → Referenzen f) → Arbeitsproben g) Passfoto h) Schulzeugnisse i) → Personalfragebogen.

Bildschirmarbeitsplätze

Arbeitsplätze, die einen grossen Teil der Arbeitszeit mit Hilfe des PC's erfordern. Bezüglich Gesundheitsschutz und → Ergonomie werfen diese Arbeitsplätze spezifischen Fragen auf und sind oft Gegenstand kritischer Untersuchungen. Kritische Punkte sind: Ausstattung, Bildschirmauflösung, Tastaturqualität, Pulthöhe und Arbeitsplatzumgebung, Einwirkungen von Strahlungen, Lärm und Beleuchtungsqualität.

Bildung am Arbeitsplatz

Die Bildung am Arbeitsplatz wird direkt am Arbeitsplatz vollzogen und wird auch als Training-on-the-job bezeichnet, mit dem Vorteil, dass sie in einem realen Umfeld stattfindet. Der Prozess lässt sich in 4 Schritten vollziehen 1) Vorbereitung: Erläuterung der Aufgabe, deren Teilschritte und deren Bedeutung durch den Ausbilder 2) Vormachen: Demonstration der Aufgabe durch den Ausbilder 3) Nachmachen: Die Aufgabe wird durch den Unterwiesenen unter Aufsicht des Ausbilders ausgeführt, Probleme und Fragen werden besprochen 4) Lernerfolgskontrolle: Der Unterwiesene arbeitet ohne Aufsicht alleine weiter; der Ausbilder führt Ergebnis-/Lernerfolgskontrollen durch. Die Vorteile der Vier-Stufen-Methode liegen in der Praxisnähe, den relativ niedrigen Kosten und der anzupassenden Lerngeschwindigkeit.

Bildungscontrolling

Controlling von Bildungsaktivitäten, insbesondere von betrieblicher Aus- oder Weiterbildung mit dem Ziel, Planung, Durchführung und Kontrolle der Bildungsaktivitäten durch kontinuierliche Informationen zu unterstützen, diese aufzubereiten und Empfehlungen zu geben. Es unterstützt damit die Personalentwicklung und das Personalmanagement auf systematische und zielorientierte Weise.

Bildungsziel

Anerkannt ist zur Unterscheidung von Bildungszielen das Modell zur 5-stufigen Erfolgsmessung nach Kirkpatrick. Es umfasst folgende Kriterien: a) Zufriedenheitserfolg (Wie war die Qualifizierungsmassnahme?) b) Lernerfolg (Was haben die Teilnehmer gelernt?) c) Transfererfolg (Was wird konkret umgesetzt?) d) Geschäftserfolg bzw. Praxiserfolg (Nutzen für den Betrieb) f) Investitionserfolg (Hat sich die Investition gelohnt?)

Blended Learning

Blended Learning bezeichnet Lehr-/Lernkonzepte, die eine didaktisch sinnvolle Verknüpfung von 'traditionellem Klassenzimmerlernen' und virtuellem Lernen über das Internet auf der Basis neuer Informations- und Kommunikationsmedien anstreben.

Blindbewerbung

Bewerbungsform aus Eigeninitiative, ohne dass man auf eine Stellenanzeige oder einen gezielten Hinweis aus dem Unternehmensumfeld reagiert. Dieser Ausdruck gilt heute allerdings als etwas antiquiert, da er eine negative, orientierungslose Grundhaltung impliziert. Man spricht daher passender von Spontanbewerbungen.

Blockzeit

Die Blockzeit ist jener Teil der täglichen Dienstzeit, über den der Arbeitnehmer nicht frei verfügen kann und während der man in einem Gleitzeitsystem die Präsenz von allen Mitarbeitern verlangt.

Botschaft

Botschaft oder Aussage aus der Werbung, aber im Personalmarketing bezüglich Bewerberansprache ebenfalls gültig. Es geht dabei um die Art und Weise der Headline, des Textes, die Wahl von Bildern, das Verwenden von Slogans. Sie muss zielgruppenadäquat die Aufmerksamkeits-, Gedächtnis-, Image- und Handlungswirkung der potentiellen Zielgruppen bzw. Bewerber-Zielgruppen berücksichtigen.

Brainstorming

Kreativitäts-/Ideenfindungstechnik eines Teams oder einer Projektgruppe in lockerer und gelöster Atmosphäre. Assoziationen, freie Gedankenspiele ohne Hemmungen sind das Ziel. Im Vordergrund stehen Spontanität und Unkonventionalität. Durch das Sammeln und Auswerten spontan vorgebrachter Einfälle soll mittels dieser Methode zu einem Problem die beste Lösung gefunden werden. In der Regel ist spontane Kritik an den vorgebrachten Ideen erst einmal untersagt, um die Kreativität nicht zu früh einzuzuengen. Ergebnisse werden ausserhalb der Gruppe ausgewertet - Vernunft und Logik haben hier wieder ihre Berechtigung, aber niemals beim Brainstorming.

Boreout-Syndrom

Lange Zeit nahm man es nicht zur Kenntnis und ignorierte die Verbreitung und das Problem: Langeweile und Unterforderung am Arbeitsplatz, die zu Demotivation, psychischen Problemen, Desinteresse und gar Depressionen führen kann. Die Autoren Phillipe Rothlin und Peter Werder haben dieses Phänomen in ihrem gleichnamigen Buch in Anlehnung an das Burnout-Syndrom den Namen gegeben: Diagnose Boreout. Eine Wortschöpfung, die das Gegenteil von Burnout beschreibt – „Ausgelangweiltsein" statt Ausgebranntsein. Eine der Kernaussagen der Autoren lautet: "Die Leute sind nicht faul, sie werden faul gemacht".

Boreout ist eine Gefahr für die Mitarbeitermotivation und die Arbeitgeberreputation und richtet zudem erheblichen volkswirtschaftlichen Schaden an. Das Problem sollte in HR-Abteilungen thematisiert werden, Gegenstand von Befragungen und Beobachtungen sein, zur Analyse von Absenzen gehören und bei ersten Symptomen, Vermutungen und Beobachtungen in Mitarbeitergesprächen, Qualifikationen und in Austrittsgesprächen zur Sprache kommen. Probleme und Ursachen können beispielsweise Führungsfehler, Fehlbesetzungen durch schwerwiegende Rekrutierungsfehler, ungenaue Anforderungs- bwz. Stellenbeschreibungen und organisatorische Fehlentwicklungen sein.

Burnout-Syndrom

Das Burn-Out-Syndrom äussert sich u.a. durch emotionale Erschöpfung und das Gefühl, permanent weniger zu leisten. Dies hat Auswirkungen auf das Verhalten: Reizbarkeit, nachlassende soziale Kontakte → innere Kündigung und psychosomatische Beschwerden. Diese Reaktionen können auch bei fehlendem beruflichem Erfolg auftreten oder wenn Anerkennung, Motivation und Arbeitszufriedenheit vermisst werden. Längst ist Burnout keine Managerkrankheit mehr, sondern ein Symptom, das sich bei fast allen Berufsarten und Beschäftigungsstufen zeigen kann. Experten weisen darauf hin, dass auch bei Teilzeitbeschäftigten die Burnoutgefahr besteht, aber oft unterschätzt wird.

Die Ursachen sind sehr vielfältig z.B. Unter- oder Überforderung, kein oder zu wenig Lob für Leistungen, das Gefühl ungerecht behandelt und übergangen zu werden, Verlust des Gemeinschaftserlebens, Erleben von Kontrollverlust oder Wertekonflikte oder die Angst, steigenden Leistungen nicht mehr genügen zu können. Ein interessante Tatsache ist gemäss Expertenmeinungen, dass Bournut ist in seltenen Fällen nur auf eine Person im Betrieb beschränkt. Zudem ist Burnout nicht eine schlagartig auftauchendes

Problem, sondern in den meisten Fällen das Endstadium eines sich langsam entwickelnden, schleichenden Prozesses. Weiterführende und hilfreiche Informationen findet man im Internet unter folgender Webadresse:

www.swissburnout.ch

Burnoutsymptome

Ein Burn-Out-Syndrom wird nicht von einem einzelnen Stressor verursacht. Viel mehr wirken hier eine Vielzahl von Negativerlebnissen zusammen. Der allmähliche Prozess des "Ausbrennens" wird oft von einigen relativ gut erkennbaren Kennzeichen begleitet. Man unterscheidet: *Psychische Symptome*: Gefühle des Versagens, Ärgerns und Widerwillens, Schuldgefühle, Frustration, Konzentrationsstörungen, Verspannungen, *Physische Symptome*: andauernde Müdigkeit, Schlafstörungen, häufige Erkältungen und Grippen-Kopfschmerzen-Magen- Darm- Beschwerden, erhöhte Pulsfrequenz und *Symptome auf der Verhaltensebene*: erhöhte Neigung zu Suchtverhalten, erhöhte Aggressivität, häufiges Fehlen am Arbeitsplatz, längere Pause, verminderte Effizienz.

Business Reengineering

Business Reengineering bedeutet, mit alten Gewohnheiten radikal zu brechen. Bestehende Strukturen und Abläufe werden grundlegend überdacht und auf wertschöpfende Prozesse hin analysiert. Bezugspunkt für die Reorganisation ist der Kundennutzen. Die Geschäftsprozesse werden am Kunden ausgerichtet und neu definiert. Dies führt zur Aufhebung arbeitsteiliger Strukturen, zum Einsatz von Teams und zur Verkürzung von Entscheidungswegen.

Business to Employee

Business to Employee oder B2E beschreibt die Interaktion zwischen dem Arbeitgeber und Arbeitnehmer sowie die Zusammenarbeit unter den Mitarbeitern.

C

Cafeteria System

Aus den USA stammendes System, bei welchem Mitarbeiter in einem vorgegebenen Budgetrahmen die für sie individuell gewünschten betrieblichen Sozial- und Sonderleistungen und → Incentives aussuchen können. Dies können sein: Firmenauto, Kostenübernahme für öffentlichen Verkehr, längere Lohnfortzahlung im Krankheitsfalle oder Übernahme von Aus- und Weiterbildungskosten.

Case Management

Case Management ist ein Konzept zur Unterstützung von Mitarbeitern und von Kleingruppen. Es erfolgt in unmittelbarer Arbeit an und mit betroffenen Menschen. Case Management gewährleistet durch eine durchgängige fallverantwortliche Beziehungs- und Koordinierungsarbeit, Klärungshilfe, Beratung und den Zugang zu notwendigen Dienstleistungen und zielt normalerweise darauf ab, Mitarbeiter zu befähigen, Unterstützungsleistungen selbständig zu nutzen, ohne dabei zu stark in deren Lebenswelt einzugreifen (Förderung der Autonomie/Empowerment).

Change Management

Der Begriff Change Management bedeutet übersetzt „Änderungsmanagement". In Projekten werden Anfragen, die eine Änderung schon abgestimmter Vereinbarungen bezüglich Konzeption, Technik, Design, Funktionalität oder Projektverlauf vorsehen, auf der Basis eines schriftlichen und begründeten Änderungsantrags (Change Request) vom Lenkungsausschuss entschieden. Ein Change Request ist in der Regel mit Konsequenzen hinsichtlich vertraglicher Vereinbarungen, Kosten, Terminen und bereits fertig gestellter Leistungen verbunden. Die Ursache einesÄnderungswunsches sollte sehr genau untersucht werden, um auszuschliessen, dass organisatorische Fehler oder ungenügende Ausbildung ursächlich sind.

Charisma

Darunter wird die spezifische Ausstrahlung einer Person, meistens einer Führungskraft, verstanden, die durch ihre Ausstrahlung die Motivation und Begeisterungsfähigkeit von Mitarbeitern entscheidend stärken können. Der Begriff des "Charismatischen Führers" geht auf Max Weber zurück. Nach Weber ist die charismatische Führung an die Person des Führenden gebunden.

Chief Executive Officer (CEO)

Aus dem Amerikanischen, bzw. der englischen Sprache stammende Bezeichnung für einen verantwortlichen Geschäftsführer. Entspricht der älteren Bezeichnung eines Generaldirektors.

Coaching

Dies kann einerseits die fachmännische Begleitung und Unterstützung von Arbeitnehmern durch externe Berater bei bestimmten Problemen wie Mobbing, Stress, Führungsproblemen und mehr sein. Dabei kann es im Laufe der Beratung vorkommen, dass neben externen dann auch betriebsinterne Berater - Vorgesetzte oder Personalfachleute - eine Coachingrolle übernehmen.

Häufiger wird aber das interne Coaching als Bestandteil einer Unternehmenskultur verstanden und ist ein Instrument der Personalentwicklung, bei dem Führungskräfte Mitarbeitern helfen, zu lernen, wie sie Aufgaben und Probleme selbständig bewältigen und lösen können. Grundlage und Voraussetzungen sind eine partnerschaftliche Beziehung, ein positives Menschenbild und eine überdurchschnittlich hohe Sozialkompetenz. Einbezogen werden sowohl Fertigkeiten und Fähigkeiten, wie auch Faktoren auf der Persönlichkeitsebene wie Selbstvertrauen und Motivation, die vor allem in Beziehung und Kommunikation zum Tragen kommen.

Codierungen

Darunter werden Codes verstanden, die oberflächlich betrachtet durchaus in Ordnung sind, für Fachleute oder Kenner jedoch eine verschlüsselte Bedeutung haben. Solche Geheimcodes werden vor allem in Zeugnissen verwendet. (Beispiel: "Herr R. Muster bemühte sich, die Arbeit zu unserer Zufriedenheit auszuführen". Die tatsächliche Aussage: Es blieb beim Bemühen, die Leistungen waren ungenügend). Heute besteht die Tendenz, von solchen codierten Zeugnissen wegzukommen und klare, unverschlüsselte Zeugnisse zu verfassen, die dem Grundsatz von Wohlwollen, Fairness und Wahrheit entsprechen. Solche uncodiert verfassten Zeugnisse können mit dem Vermerk "Dieses Zeugnis wurde uncodiert abgefasst" versehen werden. Dies ist auch zu empfehlen, weil damit Klarheit geschaffen wird, wie gewisse Aussagen zu interpretieren sind.

Collaborative Learning

Darunter versteht man kooperatives Lernen. Eine Lernmethode, in der Studenten in Gruppen auf ein gemeinsames akademisches Ziel hinarbeiten. Die Studenten sind sowohl füreinander als auch für ihr eigenes Lernen verantwortlich. Somit verhilft der Erfolg des einen auch den anderen zum Erfolg. Es gibt überzeugende Beweise, dass kooperative Teams ein höheres Leistungsniveau haben als Personen, die für sich alleine lernen. Das gemeinsame Lernen gibt Studenten die Gelegenheit, Verantwortung für ihr eigenes Lernen zu übernehmen und sich auf diese Art ein kritisches Denken anzueignen.

Commitment

Verpflichtung, sich verpflichtet fühlen, Selbstbindung. Es bezeichnet die innere Einstellung eines Menschen einer Sache oder Organisation gegenüber, dass sie sich damit identifiziert und zu Engagement dafür bereit ist. Commitment kann ein Kriterium für die Bindung der Mitarbeiter und Führungskräfte an das Unternehmen sein. Commitment wird auch als Ausdruck für eine bestimmte Einstellung eines Mitarbeiters gegenüber einem Betrieb und dessen Zielen bewertet. Die Haltung des "sich verpflichtet Fühlens" seitens der Mitarbeitenden ist demzufolge ein positiv bewertetes Merkmal.

Compensation Management

Unter diesem Begriff versteht man ein ganzheitlich ausgerichtetes Vergütungsmanagement. Um die besten Talente zu gewinnen und zu binden, benötigen Unternehmen Entlohnungsstrukturen, die attraktiv sind und Führungskräfte und Mitarbeiter hinsichtlich Niveau, Struktur und Risiko-Chancen-Verhältnis marktgerecht entlöhnen. Ein Compensation Management umfasst vier wesentliche Gestaltungselemente: a) Entgeltstrukturierung, die Systematik des Vergütungssystems, b) Variable Vergütung (Einfliessen des unternehmerischen Handelns und Erfolges bzw. des Leistungsprinzips in die Vergütung), c) Berücksichtigung von Ganzheitlichkeit und Flexibilisierung aller Vergütungskomponenten, d) Vergütungsvergleiche, die aufzeigen, wie die Vergütungspolitik gegenüber dem Markt positioniert ist und wie konkurrenzfähig die Gehälter eines Unternehmens sind.

Corporate Identity

Die Selbstdarstellung wichtiger strategischer Grundhaltungen eines Unternehmens bezüglich Unternehmenskultur und –persönlichkeit. Auch die Definition des Selbstbildes seiner Kommunikation mit Mitarbeitern, Kunden, Lieferanten, Öffentlichkeit und anderen Partnern. Grundlage ist oft ein → Leitbild, in welchem die Unternehmensphilosophie schriftlich festgehalten wird. Zur Sprache kommen darin z.B. Personalpolitik, Mitarbeiterführung, Unternehmensziel, Wachstums- und Umsatzziele, Marktverhalten, Ethik, Visionen und mehr. (siehe → Unternehmenskultur).

Corporate Volunteering

Übersetzt ist darunter ein gemeinnütziges Unternehmensengagement zu verstehen. Dahinter verbirgt sich die Idee, dass sich Mitarbeiter eines Unternehmens eine begrenzte Zeit lang freiwillig für eine gesellschaftlich benachteiligte Gruppe engagieren. Das Konzept - bisweilen auch etwas prosaisch als "Praktikum im Leben" bezeichnet - stammt aus den USA, wo das gemeinnützige Unternehmensengagement bereits zu einem selbstverständlichen Bestandteil der Wirtschaftskultur geworden ist. Richten sich die meisten Corporate-Volunteering-Programme an Mitarbeiter aller Unternehmensebenen, so existieren inzwischen auch Projekte, die sich speziell an Führungskräfte wenden.

Curriculum Vitae

So wird der Lebenslauf im englischsprachigen Raum genannt. Amerikanische Lebensläufe sind umgekehrt chronologisch aufgebaut: Sie beginnen mit der derzeitigen Situation. Der Lebenslauf enthält in seiner traditionellen Form systematische und umfassende Personaldaten und den Werdegang des Bewerbers. Zeiträume wie Auslandaufenthalte und Sabbaticals sollten lückenlos erfasst und nachvollziehbar sein. Der Lebenslauf dient auch der Positionsanalyse und gibt Aufschluss darüber, ob es sich um einen Aufsteiger, Umsteiger oder Absteiger handelt. Der Zwang zu effizienteren Evaluationsabläufen führt dazu, dass man in modernen Lebensläufen immer mehr Gewicht auf die Tätigkeiten, Kompetenzen, Weiterbildungen und Leistungsnachweise der letzten vier bis fünf Jahre legt. So kann sich der evaluierende Personalleiter schneller einen Überblick über relevante Bewerberinformationen verschaffen. Deshalb werden immer mehr achronologische Lebensläufe verfasst.

Datenschutz

Die Sicherung gespeicherter, personenbezogener Daten sowie der Unterlagen und Ergebnisse vor Missbrauch durch Einsichtnahme, Veränderung oder Verwertung, unter Beeinträchtigung schutzwürdiger Belange des Betroffenen. Er dient dem Ausgleich zwischen dem Recht des Bürgers, aber auch von Behörden und Unternehmen auf Information und dem Schutz des Persönlichkeitsrechts. Gemäss OR Art. 328b darf der Arbeitgeber Daten über Arbeitnehmer nur bearbeiten, wenn sie für die Relevanz des Arbeitsverhältnisses wichtig oder zur Durchführung des Arbeitsvertrages erforderlich sind.

Rechtsinformation: Bei Bearbeitung von Arbeitnehmerdaten ist man für deren Korrektheit verantwortlich. Arbeitnehmer können vom Arbeitgeber Auskunft über vorhandene Daten verlangen. Einsichtsrecht: der Arbeitnehmer kann seine Personalakte, d.h. Qualifikationen, Referenzen einsehen, nicht aber Dokumente, in denen der Arbeitgeber die Karriere oder Leistungen plant oder bewertet. Der Arbeitgeber muss die Arbeitnehmer informieren, dass er Daten über seine Mitarbeiter anlegt. Die Datenbeschaffung muss für die betroffene Person erkennbar sein und der Zweck muss Mitarbeitern bekannt gegeben werden. Bei Bearbeitung von besonders schützenswerten Daten oder Persönlichkeitsprofilen (weltanschauliche Ansichten, Gesundheitsdaten) müssen betroffene Personen informiert werden.

Datenschutzgesetz (DSG)

Gemäss diesem Gesetz (Bestandteil des OR Art. 328b) darf der Arbeitgeber Daten über Arbeitnehmer nur sammeln, bearbeiten und speichern, soweit sie für das Arbeitsverhältnis relevant oder zur Durchführung des Arbeitsvertrages nötig sind.

Rechtsinformation: Kernpunkt des DSG ist das Recht auf Auskunft über die Daten, die Dritte sammeln und festhalten (z. B. Auskunft über den Inhalt des eigenen Personaldossiers oder in einem → Personal-Informationssystem gespeicherten Daten). Weiterführende und hilfreiche Informationen findet man im Internet unter folgender Webadresse:

www.edoeb.admin.ch

Deckungsgrad

Dieser Begriff wird mehrheitlich im Zusammenhang mit der beruflichen Vorsorge und der Pensionskasse verwendet. Es ist das Verhältnis zwischen dem vorhandenen Vermögen und dem aufgrund des gewählten Finanzierungsverfahrens berechneten Deckungskapitals.

Delegation

Delegation ist die Übertragung von Entscheidungs- bzw. Ausführungsbefugnissen (Kompetenz) und/oder Verantwortlichkeiten auf Mitarbeiter nachgeordneter Hierarchieebenen durch direkte Vorgesetzte. Man versteht darunter aber auch ein Organisations- und Führungsprinzip, wonach möglichst viele, eindeutig definierte und klar abgegrenzte Aufgaben und die zu ihrer zielentsprechenden Erfüllung notwendigen Kompetenzen sowie die damit gekoppelte Verantwortung sinnvoll und vertretbar auf andere Mitarbeiter übertragen werden. Ziel der Delegation ist es, neben der Motivation der Untergebenen eine Entlastung der Vorgesetzten zu bewirken. Eine Übertragung von Verantwortung ohne die gleichzeitige Übertragung von Entscheidungsbefugnissen ist oft Ursache für die Demotivation von Mitarbeitern.

Delphimethode

Hierbei handelt es sich um ein qualitatives Prognoseverfahren aufgrund einer Expertenbefragung im Rahmen der Marktforschung. Die Einzelantworten der Befragten werden ausgewertet und zu einem Ergebnis zusammengefasst. Daraufhin werden die Ergebnisse erneut zur Diskussion gestellt, die Fragestellung wird präzisiert. Man erhält somit ein Gruppenurteil zu einem hinterfragten Sachverhalt. Diese Methode dient auch als Vorbereitung einer eigentlichen Befragungsaktion oder als klärendes Gespräch.

Dezentralisierung

Aufgliederung einer Unternehmung in nebengelagerte, gleichrangige Teileinheiten mit möglichst weitgehender Autonomie. Vertikale Abtretung von Teilaufgaben auf nachgeordnete Abteilungen, auf Einzelarbeitsplätze oder Teams, so dass ein möglichst hohes Mass an Autonomie gewährleistet ist. Zweck ist die Beschleunigung der zu treffenden Entscheidungen, die Verteilung der Machtfülle im Unternehmen und die Motivationsverstärkung.

Didaktik

Didaktik ist die Wissenschaft, die sich mit allen Lern- und Lehrbereichen (Theorie und Methodik) befasst und vor allem in der Personalentwicklung und Aus- und Weiterbildung eine grosse Rolle spielt. Mit der zunehmenden Bedeutung des schnellen, effizienten Wissenstransfers und begrenzter Aufnahmekapazitäten nimmt die Didaktik auch in der Personalentwicklungs-Praxis einen zunehmend höheren Stellenwert ein.

Dienstweg

Der vorgeschriebene Weg für die Kommunikation zwischen Stellen, z.B. in bestimmten Situationen mit dem direkten Vorgesetzten oder mit der Geschäftsleitung direkt. Man kommt allerdings mehr und mehr von dieser starren Regelung ab und bevorzugt in bestimmten Situationen situative Kommunikationswege.

Diskriminierung

Am Arbeitsplatz zählen zu ihr alle Benachteiligungen, die durch Vorgesetzte und Kollegen veranlasst werden, wie die sexuelle Belästigung im Betrieb. Erwerbstätige Frauen werden beispielsweise aufgrund ihrer Zugehörigkeit zum weiblichen Geschlecht rechtswidrig und anders behandelt als ihre männlichen Kollegen, z.B. herabgesetzt. Die Diskriminierung beruht dabei auf Werten und Einstellungen der männlichen Erwerbstätigen und der Entscheidungsträger. Ähnliches liesse sich für Nationalitäten, Rassen und sonstige gesellschaftliche und soziale Minderheiten formulieren.

Distance Learning

Genereller Begriff für alle Möglichkeiten der Verbreitung von Lerninhalten ausserhalb von Klassenzimmern. "Distance Learning" bildet den Oberbegriff für alle Lernformen, die ohne die physische Präsenz in einem Klassenraum stattfinden (zum Beispiel Lehrbriefe oder Schulungsvideos). Im Deutschen ist der Begriff am besten mit Fernstudium zu übersetzen.

Diversity

Diversity ist die Vielfalt an sozialen und kulturellen Gegebenheiten der Beschäftigten in einem Unternehmen. Dabei kann die Vielfalt sich, nebst unterschiedlichen Nationalitäten oder ethnischen Gruppen, auch auf das Geschlecht, unterschiedliche Altersgruppen, Bedürfnisse und Sichtweisen beziehen. Die vorhandene Diversity als Stärke zu verstehen, die Unterschiedlichkeit von Menschen in einem Unternehmen zu erhöhen, die individuell verschiedenen Potentiale, Fähigkeiten, Sichtweisen und Erfahrungen optimal zu unterstützen und zu nutzen, bietet Chancen, welche mit einem aktiven → Diversity Management genutzt werden können.

Diversity Management

Diversity Management bedeutet im Kern, die Vielfalt an sozialen und kulturellen Voraussetzungen der Beschäftigten in einem Unternehmen produktiv zu nutzen und dies je nach Unternehmenskultur sogar zu verstärken, zu fördern und weiter zu entwickeln. Eine bewusste Gestaltung von und Auseinandersetzung mit Diversity durch personalpolitische Massnahmen im Sinne eines produktiven und positiven Umgangs mit Verschiedenheit (Managing Diversity) ist auch eine Reaktion auf die Internationalisierung der Arbeitsmärkte und letztlich eine Grundhaltung, Vielfalt als Chance und Vorteil und nicht als Manko oder Problem zu betrachten. Instrumente zur Förderung aktiver Gestaltung können sein: a) Mitarbeiter-Events, b) Kommunikationsstile analysieren, c) Sprachkompetenzen erweitern, d) massgeschneiderte Einführungsprogramme, e) andere Verhaltensweisen thematisieren und f) Diversity in die Personalentwicklung integrieren.

Dreihundertsechzig Grad-Beurteilung

360°-Beurteilung. Die umfassendste Form der Personalbeurteilung. Insbesondere das Leistungsverhalten der Führungskräfte soll aus unterschiedlichen Perspektiven (Vorgesetzte, Kollegen, Mitarbeiter, Kunden) eingeschätzt werden. Die systematische Interpretation dieser Bewertungsinformationen soll ein umfassendes individuelles Feedback und eine damit verbundene Verhaltenssteuerung ermöglichen.

Dreisäulenprinzip

So wird das schweizerische Sozialsystem für materielle Sicherheit und Wahrung des Lebensstandards im Alter bezeichnet. Dabei sind mit der 1. Säule die AHV- und Ergänzungsleistungen, mit der 2. Säule die berufliche Vorsorge und mit der 3. Säule die Selbstvorsorge mit individuellem Sparen gemeint.

E-Assessment

Bei E-Assessment handelt es sich um spezielle, einfachere Formen des klassischen Assessment Centers, welche in die bestehende Personal-Webseite eingebunden werden können. Oft werden damit in einem weiteren Sinn auch Online-Tools bezeichnet, die Informationen über Bewerber oder Mitarbeiter erfassen und damit eine Beurteilung zulassen, ob sie zu einer bestimmten Tätigkeit oder Entwicklungsrichtung passen. Diese Tools können je nach Ausgestaltung entweder für das Personalmarketing oder für die Vorauswahl von Bewerbern eingesetzt werden. Oft sind es spielerische, simulative Angebotsformen interaktiver Art. Sie werden wegen ihrer spielerischen Komponente mit einem gewissen Unterhaltungscharakter auch als „Recrutainment" bezeichnet. Sie können traditionelle Auswahlmethoden sicher nicht ersetzen, diese aber sinnvoll ergänzen und erweitern.

E-Business

Oberbegriff für Geschäfte, die über elektronische Medien wie zum Beispiel Internet, andere Computernetze, drahtlose Übertragungsgeräte usw. abgewickelt werden. Verwandt ist der Begriff E-Commerce, der Online-Handelsgeschäfte bezeichnet.

eduQua

Schweizerisches Qualitätszertifikat für Weiterbildungsinstitutionen, ein Qualitätslabel in der Weiterbildung, das allgemein verbindlich und bekannt ist. eduQua zeichnet gute Weiterbildungsinstitutionen aus und hat zum Ziel: 1) die Transparenz für Konsumentinnen und Konsumenten zu verbessern, 2) die Qualität der Weiterbildungsinstitutionen im Sinne von Minimalstandards zu sichern und zu fördern, 3) Grundlage für behördliche Entscheide (Zulassung zur Offertestellung für kollektive und individuelle Kurse, Subventionierung u.a.) zu schaffen. Weiterführende und hilfreiche Informationen findet man im Internet unter folgender Webadresse:

www.eduqua.ch

E-Human Resources Management

E-HRM ist die elektronische Unterstützung der Personalarbeit. Webbasierte Systeme sollen dabei helfen, die Personalgewinnung zu optimieren und "den richtigen Mitarbeiter zur richtigen Zeit für die richtige Aufgabe am richtigen Ort im Unternehmen zu haben". Elemente wie Jobbörsen, Basisdaten, Personalplanung, Personaleinsatz und Beurteilungsverfahren werden interaktiv eingesetzt und führen dazu, dass der Mitarbeiter letztlich in die Personalarbeit einbezogen wird.

E-Recruiting

Ganzheitlich verstandenes E-Recruiting umfasst mehr als nur die Personalsuche via Internet, sondern bezieht zum Beispiel auch das Bewerbermanagement, die Präsentation des Unternehmens als Arbeitgeber im Internet, HR-Systeme, die den Rekrutierungsprozess optimieren und online ablaufende Vorselektionsprozesse mit ein. Aus Gründen der Praxisrelevanz beschränken wir uns aber nachfolgend auf die Personalsuchaufgaben und -möglichkeiten. Einige Vorteile und Stärken: a) Massive Zeit- und Kostenersparnis im Rekrutierungsablauf, b) Komfort mit massgeschneiderten Bewerberangeboten, c) genaue Recherchen (Bewerberprofile mit hohem Matching). Die Nachteile und Schwächen: a) Vorläufig quantitativ je nach Stelle noch eingeschränkt, aber in starkem Wachstum begriffen, b) Gefahr der Automatisierung und Anonymisierung, c) Datenschutz, Datensicherheit und das Problem Persönlichkeitsschutz.

E-Recruiting-Prozess

Darunter versteht man die Abläufe und Schritte eines Teils des Bewerbungsmanagements über das Internet. Dieser Prozess besteht üblicherweise aus den folgenden Phasen und Schritten: Definition des Bewerberprofils - Online Bewerber-Erfassung - Automatische Bewerber-Vorselektion - Telefoninterview Management - Persönliches Interview-Management - virtuelle „Kompatibilitätsprüfung" und Online Persönlichkeitsbeurteilung. Vor allem in der Datenerfassung und in Datenauswertungen, in der adminstrativen Kommunikation und in der Vorselektion besteht erhebliches Effizienz-, Zeit- und Kosteneinsparungspotential.

Eidg. Versicherungsgericht (EVG)

Eidgenössische Instanz, welche im Zusammenhang mit der beruflichen Vorsorge über die aus einem Vorsorgeverhältnis ergebenden Streitigkeiten entscheidet. Weiterführende und hilfreiche Informationen findet man im Internet unter folgender Webadresse:

www.evg.ch

Eigenkündigungsquote

Dies ist ein Begriff aus dem Personalcontrolling und bezeichnet eine HR-Kennzahl. Der Teil jener Mitarbeiter, die von sich aus kündigen ist eine Kennzahl, die vor allem in der Entwicklung interessant sein kann. Ein Anstieg der Eigenkündigungsquote kann auf eine Verschlechterung der Arbeitsbedingungen oder abnehmende Konkurrenzfähigkeit des Unternehmens im Arbeitsmarkt hinweisen.

Eignung

Die Merkmale, Eigenschaften, Verhaltensweisen und Einstellungen die zur Folge haben, dass man Anforderungen gerecht wird. Die Ermittlung und Beurteilung der Eignung bedingt die genaue Kenntnis der beruflichen Aufgaben und Tätigkeiten. Der Begriff wird in der Praxis meistens gleichbedeutend mit Qualifikation verwendet. Eignung geht aber mehr in Richtung Bewertung und Übereinstimmung. Eine Eignung wird in der Praxis oft im Rahmen der Bewerberauswahl, Personaleinsatzplanung oder der Personalentwicklung vorgenommen.

Eignungsdiagnostik

Darunter versteht man die anerkannten Verfahren bei der Personalauswahl und anderen Eignungsprüfungen. Die zentrale Aufgabenstellungen sind dabei oft Erfolgsprognosen zur Unterstützung von Einstellungsentscheidungen oder Massnahmen der Kader- und Personalentwicklung. Zu den Mitteln moderner Eignungsdiagnostik zählen zum Beispiel Leistungstests, Persönlichkeitstests, Intelligenztests, → Assessment Center-Einsätze, Fragebogen oder → graphologische Gutachten. Grundsätze einer fachgerechten Anwendung und Durchführung der Eignungsdiagnostik sind Objektivität, Reliabilität und Validität. Selbst die Instrumente der wissenschaftlich-psychologischen Eignungsdiagnostik erfüllen diese Anforderungen nur eingeschränkt und sind daher umstritten.

Rechtsinformation: Nach Art 328b OR dürfen Gutachten nur über Fragen weiterführende Informationen und Aufschluss geben, wenn sie einen nachweisbaren Bezug zum Arbeitsplatz und zur Stelle haben. Das Erstellen eines Persönlichkeitsprofils eines Kandidaten ist demzufolge rechtswidrig und kann eine Klage des betroffenen Bewerbers zur Folge haben. Art. 28ff. ZGB.

Eignungstests

Eignungstests werden meistens ergänzend zu den eher klassischen Methoden der Auswahl (Bewerbungsanalyse, Einholung von Referenzen, Vorstellungsgespräch) eingesetzt. Vor allem finden sie Anwendung bei der Auswahl von Führungsnachwuchs und Auszubildenden. Allerdings gibt es einige Unternehmen und Personalberatungen, die Eignungstests auch bei der Auswahl von Führungskräften aller Ebenen anwenden. Psychologische Tests erfolgen beispielsweise zu den Themen Konzentrationsfähigkeit, Intelligenz, praktisches und technisches Verständnis, Analysevermögen, Lernfähigkeit, aber auch zur allgemeinen Persönlichkeitsstruktur.

Einarbeitungszuschuss

Falls ein Mitarbeiter in eine neue Stelle eingearbeitet werden muss und diese Einarbeitung nicht betriebsüblich ist, kann die Arbeitslosenversicherung einen Teil (40%) der Lohnkosten für die Dauer der Einarbeitung übernehmen. Der EAZ dient somit unter bestimmten Voraussetzungen der Förderung der Anstellung einer Person mittels Zuschüssen an den Lohn. Grundsätzlich muss hierzu ein unbefristeter Arbeitsvertrag abgeschlossen werden. Einarbeitungszuschüsse werden in der Regel während 6 Monaten entrichtet. In begründeten Fällen kann die Frist auf maximal 12 Monate verlängert werden.

Einführung

Man weiss aus Untersuchungen, dass auch beim Stellenantritt der berühmte erste Eindruck oft entscheidend ist. Einer umfassenden und sorgfältig geplanten Einführung muss deshalb grosse Beachtung geschenkt werden. Vor allem der erste Arbeitstag prägt den Eindruck des Unternehmens für den neuen Mitarbeiter und baut mit dem Stellenantritt verbundene Ängste ab. Merkpunkte für eine professionelle Einführung sind: a) Betreuer, der sich des neuen Mitarbeiters während der gesamten Einführung annimmt, auch "Götti" genannt b) Einführungsprogramm mit Zuständigkeiten, Terminen, Zielen c) Zwischengespräche und Erfolgskontrollen d) tadelloser Arbeitsplatz mit allen Arbeitshilfsmitteln, Leitfaden und Informationsquellen wie Hauszeitschriften oder Reglemente e) Probezeitgespräch am Ende der Probezeit und vieles mehr.

Einkaufsgeld

Dieser Begriff wird mehrheitlich im Zusammenhang mit der beruflichen Vorsorge und der Pensionskasse verwendet. Wird der versicherte Lohn erhöht, müssen Arbeitgeber und Arbeitnehmende ein so genanntes Einkaufsgeld bezahlen.

Einstellung

Ansichten stammen aus mittelbarer und/oder unmittelbarer Erfahrung eines Menschen, sie sind insoweit gelernt, haben überdauernden Charakter und leiten sich in der Regel aus allgemeineren Werten des Menschen ab. Individualarbeitsrechtlich umfasst die Einstellung von Arbeitnehmern grundsätzlich den gesamten Vorgang der Anbahnung eines Arbeitsverhältnisses, ausgehend von der Bewerbung, dem Einstellungsgespräch usw. bis hin zum Abschluss des Arbeitsvertrags mit dem ausgewählten Bewerber und dessen Eingliederung in den Betrieb.

Einstellungsstopp

Ein Einstellungsstopp wird in der betrieblichen und wirtschaftlichen Praxis oft im Zusammenhang mit personalpolitischen Massnahmen während Krisenzeiten verfügt. Dazu gehören folgende Möglichkeiten: Abbau von Mehrarbeit, Kurzarbeit, keine Verlängerung von befristeten Arbeitsverhältnissen, frühzeitige Pensionierungen, das Einstellen von Betrieben und damit verbundene Massenentlassungen. Ein Einstellungstopp kann sich aber auch auf Neueinstellungen beziehen oder nur den Zusatz- oder Ersatzbedarf in bestimmten Bereichen betreffen.

Einzelarbeitsvertrag

Im Einzelarbeitsvertrag werden die individuellen Absprachen in mündlicher oder schriftlicher Form festgelegt. Grundsätzlich gilt auch beim Abschluss eines Arbeitsvertrages die sogenannte Vertragsfreiheit, d.h. die Vertragsparteien können den Inhalt eines Arbeitsvertrags nach ihrem freien Willen gestalten, solange gesetzliche Vorschriften z.B. arbeitsrechtlicher Art eingehalten werden.

Rechtsinformation: In ihrer Vertragsfreiheit werden sie jedoch durch die zwingenden gesetzlichen Normen eingeschränkt. Wenn der Vertrag nur gerade den Lohn und die Arbeitsleistung regelt, muss für alle weiteren Fragen das Gesetz beigezogen werden. Das Obligationenrecht ist sozusagen eine gesetzliche "Schutzvorrichtung" für nicht ausdrücklich geregelte oder strittige Fragen.

Einzelassessment

Für Positionen, bei denen es nur wenige hochkarätige Bewerber gibt, bietet sich ein Einzel-Assessment an. Anhand von Tests, Übungen und gezielten Explorationen wird ein Profil des Bewerbers erstellt und mit dem Anforderungsprofil verglichen. Hier geht es neben der fachlichen Eignung auch um die Frage, inwiefern der Kandidat auch in die Unternehmenskultur und das entsprechende Team passt.

Die Gestaltungsmöglichkeiten von Einzel-Assessments sind vielfältig und orientieren sich in der Hauptsache an den Anforderungen der in Frage stehenden Position: Neben Präsentationen und Rollenspielen können verschiedenste weitere Verfahren wie Interviews, Fallstudien, Computersimulationen sowie Leistungs- und Persönlichkeitstests eingesetzt werden. Ein diagnostisches Urteil sollte dabei allerdings nicht allein auf der Basis eines einzigen Instruments beruhen. Der Einsatz von weiteren Verfahren kann zusätzliche Aspekte beleuchten oder im Sinne einer konvergenten Validierung Ergebnisse anderer Verfahren bestätigen oder aber auch in Frage stellen. Siehe auch → Assessment Center.

E-Learning

Unter E-Learning werden alle Lernmethoden zusammengefasst, die bei der Wissensvermittlung online oder digital ablaufen. Der Begriff "E-Learning" wird heute für das multimediale Lernen mit Computer und Internet - also Lern-CD-ROMs und Online-Seminaren verwendet. Dank der Flexibilität, den Interaktionsmöglichkeiten, einer optimalen Erfolgskontrolle und anderen Faktoren wird dem E-Learning im Weiterbildungs- und HR-Bereich eine grosse Zukunft vorausgesagt. Siehe → Online-Learning.

Emotionale Intelligenz (EI)

Unter EI versteht man Qualitäten wie das Bewusstsein und die Kontrolle der eigenen Gefühle, Einfühlungsvermögen in andere Menschen und die Fähigkeit, Emotionen so zu steuern, dass sich die Lebensqualität und Leistung und

Verhalten im betrieblichen Leben verbessern. Emotionale Intelligenz basiert auf den fünf Elementen: Selbstwahrnehmung, Motivation, Selbstregulierung, Empathie, und soziale Fähigkeiten. Von der emotionalen Intelligenz zu unterscheiden ist die emotionale Kompetenz. Ähnlich wie fachliche Kompetenz im Laufe des Lebens erlernt werden muss, ist emotionale Kompetenz dem Menschen ebenfalls nicht von Natur aus gegeben. So, wie der IQ die Basis für fachliche Kompetenz bildet, stellt die EI die Grundlage für die emotionale Kompetenz dar. Emotionale Kompetenz ist daher, wie die fachliche Kompetenz auch, erlernbar, kann diese aber nicht ersetzen.

Empathie

Einfühlungsvermögen; Fähigkeit, sich in andere hineinzuversetzen. In einem weiteren Sinne versteht man darunter auch die Fähigkeit, auf andere Werthaltungen und Normen eingehen, sie in die Person integrieren und neue soziale Rollen annehmen zu können. In einer sich schnell verändernden Gesellschaft ist Empathie eine wichtige Eigenschaft, um die Veränderungen mitzubestimmen und mitzutragen. Diese Fähigkeit spielt auch beim → Coaching, bei der Mitarbeiterführung generell und bei Bewerberinterviews eine bedeutende Rolle.

Employability

Beschäftigungsfähigkeit; Unter diesem aus den USA stammenden Konzept versteht man grundsätzlich, dass der Mitarbeitende selbst für den Wert seiner Arbeitskraft verantwortlich ist. Er soll für seine Ausbildung und Qualifikation sorgen, die ihm auf dem Arbeitsmarkt die Chance verschafft, einen Job zu erhalten, der den individuellen Fähigkeiten und Möglichkeiten entspricht. Aus dem lohnabhängigen Beschäftigten wird somit eine Art Arbeitskraftunternehmer, der kontinuierlich an seiner Ware Arbeitskraft arbeitet, sie auf den fachlich neuesten Stand bringt, sich also aus eigener Initiative und eigenem Antrieb heraus qualifiziert. Dies setzt ein neues Verhältnis zwischen Arbeitgeber und Arbeitnehmer voraus, das mehr von Selbstständigkeit und Eigenverantwortung, als von

Anweisungen und Anordnungen geprägt ist und führt darüber hinaus zu einer weitgehenden Neuorientierung des traditionellen Verständnisses.

Employee Self Service

Aus den USA stammend hat sich auch bei uns hierfür der Begriff "Employee Self Service" (ESS) etabliert, was übersetzt "Mitarbeiter-Selbstbedienung" heisst. Mitarbeiter können auf ihre Personaldaten (z.B. Bankverbindung und Zeiterfassung) selber zugreifen und diese ändern. Verschiedene Dienste (z.B. Ferienanträge) können online abgewickelt werden. Die Realisierung kann z.B. im Unternehmens-Intranet mit persönlichem Zugangscode erfolgen. Zweck des Employee Self Service ist es im allgemeinen, die Personalabteilung von administrativen Tätigkeiten zu entlasten und Prozesse zu beschleunigen.

Employer Branding

Unter Employer Brand wird der Arbeitgeber als eine Marke verstanden, was auch der wörtlichen Übersetzung entspricht. Konkret heisst das z.B., wie das Image, die Beziehung zu Mitarbeitern, Öffentlichkeit und Marktpartnern gepflegt wird, wie der Auftritt und die Kommunikation erfolgt in Stellenanzeigen, auf Website, in der Mitarbeiterzeitschrift und im Unternehmensleitbild usw. und wie man sich positioniert.

Empowerment

Ein Begriff zu Mitarbeiterführung und Motivation. Er beinhaltet alle betrieblichen Aktivitäten, die die Mitarbeiter sowohl auffordern als auch ermächtigen, in der Unternehmung eine persönliche Verantwortung für die Zielerreichung ihres Verantwortungsbereiches zu übernehmen. Grundlage für den damit verbundenen partizipativen Führungsstil ist eine Dezentralisierung von Macht und Entscheidungsverantwortung.

Entgeltsystem

Bestandteil eines materiellen Anreizsystems. Unter ihm wird die Summe aller der vom Betrieb zu zahlenden materiellen Belohnungen für die durch die Mitarbeiter erbrachten Arbeitsleistungen verstanden. Es wird immer mehr auch der Begriff des → Compensation Managements verwendet.

Entscheidungsstärke

Entscheidungsstärke ist eine zentrale Führungseigenschaft und -voraussetzung. Sie ist dann gegeben, wenn Rationalität und Intelligenz einerseits und Emotionen andererseits im Gleichgewicht stehen und in einer Balance angewendet werden können. Persönlichkeitsmerkmale wie Sozialkompetenz generell, Selbstvertrauen und mehr kommen hinzu.

E-Recruiting

Darunter versteht man die internetgestützten Massnahmen von der Personalsuche bis zur Bewerbungsbearbeitung. Hierzu werden die eigenen betrieblichen Websites sowie Internet-Stellenbörsen genutzt, die bewerberrelevante Informationen vermitteln. So gibt es Betriebe, die auf ihrer Website mittels Formular eine Online-Bewerbung anbieten. Im Vergleich zur klassischen Personalbeschaffung über Printmedien bietet das E-Recruiting Zeit- und Kostenvorteile, vor allem beim IT-Personal und Studenten, da diese Gruppe das Internet als Informations- und Bewerbungsmedium besonders professionell und häufig nutzt.

Zu diesem Thema finden Sie im Kapitel „Arbeitshilfen und Vorlagen" ein Formular zu Qualitätsbeurteilung einer Stellenplattform.

E-Recruitment

Die mit Hilfe moderner Informations- und Kommunikationstechnologien, wie das Internet oder E-Mail, unterstützte oder praktizierte Form der Personalgewinnung. Vorteile: Schnelle Reaktionen, schnelle und einfache Kontaktaufnahme, Arbeitsmarkterweiterung auf internationalen Bewerberkreis, beidseitig bessere Informationsformen (Unternehmenspräsentation) und genauere Selektionsmöglichkeiten durch detaillierte Datenbankprofile. Man spricht in diesem Zusammenhang auch von E-Recruiting. Beispiel für Internet-Stellenmärkte sind der Jobwinner und der Jobpilot.

www.jobwinner.ch

www.jobpilot.ch

Erfolgsbeteiligung

Unter Erfolgsbeteiligung versteht man die Beteiligung am gemeinsamen Erfolg einer Gruppe, Abteilung oder des gesamten Unternehmens. Die Erfolgsbeteiligung kann sich auf alle Mitarbeiter des Unternehmens beziehen oder nur auf Mitarbeitergruppen wie z.b. Kaderleute oder bestimmte Abteilungen. Entscheidend hierfür ist die Zielsetzung, die das Unternehmen mit der Erfolgsbeteiligung verbindet. Im Zentrum stehen Zielerreichungen wie zum Beispiel Produktqualität, Innovation, Kostenbewusstsein. Grundsätzlich kann man vier Arten der Mitarbeiterbeteiligung unterscheiden: a) die reine → Erfolgsbeteiligung b) die reine → Kapitalbeteiligung - die laboristische Kapitalbeteiligung und c) eine kombinierte Form dieser beiden Möglichkeiten.

Erfolgskontrolle

Was delegiert wird, muss auch kontrolliert werden. Hierbei handelt es sich zunächst um eine Soll-Ist-Analyse; Stellt der Vorgesetzte beim Soll-Ist-Vergleich erhebliche Abweichungen fest, so hat er die Ursachen zu ermitteln, z.B. ob ein objektiv feststellbares Fehlverhalten des Mitarbeiters der Grund ist für die Nichterreichung des klar formulierten Zieles. Siehe → Zielvereinbarung.

Erfolgsprinzip

Bemessungssystem, bei dem nicht eine gute, engagierte, qualifizierte, moralisch akzeptierte Leistungserbringung Massstab ist, sondern die Überlegung, ob dies jeweils zum gewünschten Leistungsergebnis bzw. Erfolg geführt hat. Das Erfolgsprinzip hat faktisch in vielen Bereichen das Leistungsprinzip abgelöst.

Ergonomie

Unter Ergonomie wird die Anpassung der biologischen, psychischen und sozialen Eigenschaften von Mitarbeitern an ihr Arbeitsumfeld und -bedingungen und Anpassung von Maschinen und Technologien an die Eigenschaften des Mitarbeiters verstanden. Ziel ist es, in modernen Unternehmen und in der Wissenschaft, eine Humanisierung der Arbeitsbedingungen als wichtige Voraussetzungen des Wohlbefindens und der Leistungsfähigkeit zu schaffen. Gerade im Zusammenhang mit neuen Technologien (PC-Arbeitsplätze, Monitorqualität usw.) nimmt die Bedeutung der Ergonomie zu. Weiterführende und hilfreiche Informationen findet man zu diesem wichtigen Themenkreis im Internet unter folgender Webadresse bei der Schweizerischen Gesellschaft für Ergonomie:

www.swissergo.ch

Erkenntnisinteresse

Eigenständiges Lernen. Die Reflexion und Optimierung der eigenen Lernprozesse und damit die Fähigkeit dazuzulernen, das Zutrauen in die eigene Selbstwirksamkeit als Grundeinstellung, Flexibilität, Fähigkeit zur Kommunikation und zur Teamarbeit, kreatives Denken. Sie sind nicht auf direktem Wege zu erwerben, z.B. in Form eines eigenen fachlichen Lernangebots; sie müssen vielmehr in Verbindung mit dem Erwerb von intelligentem Wissen aufgebaut werden.

Ermahnung

Ermahnung ist eine disziplinarische, aber dennoch abgeschwächte Massnahme, die eher einem Hinweis auf ein Fehlverhalten gleichkommt, z.b. gelegentliches Zuspätkommen oder ein erstmalig auftretendes Fehlverhalten.

Erwachsenenbildung

Die Erwachsenenbildung geht davon aus, dass Menschen während des ganzen Lebens fähig und motiviert sind, sich in der Auseinandersetzung mit dem gesellschaftlichen Umfeld zu entwickeln und zu lernen. So gibt es Volkshochschulen, Arbeiterbildungsvereine, Verbandsangebote usw., die dieses Bedürfnis erfüllen. Die rasante Veränderung der Lebensumstände in unserer modernen Gesellschaft drängt Menschen dazu, sich ständig neu zu orientieren und weiterzuentwickeln. Dabei darf sich Erwachsenenbildung nicht darauf beschränken, die Menschen an die veränderten gesellschaftlichen Situationen und Anforderungen anzupassen. Eine Erwachsenenbildung, die den ganzheitlichen Auftrag von Bildung ernst nimmt, muss eine bewusste, kritische und handlungsrelevante Auseinandersetzung mit gesellschaftlich bedeutsamen Themen beinhalten. Weiterführende und hilfreiche Informationen findet man im Internet unter folgender Webadresse:

www.erwachsenenbildung.ch

Erwerbsersatzordnung

Die Erwerbsersatzordnung ersetzt Personen, die Militär- oder Zivildienst leisten, einen Teil ihres Verdienstausfalls. Die Versicherung ist obligatorisch, Beiträge leisten all jene Personen, die auch an die AVH/IV Beiträge entrichten (je zur Hälfte durch Arbeitgebende und Arbeitnehmende). Anspruch auf Erwerbsausfallentschädigungen (EO) haben dienstleistende Personen, die in der Schweiz oder im Ausland wohnen, für jeden besoldeten Diensttag in der schweizerischen Armee, im militärischen Frauendienst, im Zivilschutz und im Rotkreuzdienst; für jeden anrechenbaren Diensttag im Zivildienst; für jeden Kurstag in eidgenössischen oder kantonalen Leiterkursen von Jugend und

Sport, für den sie ein Taggeld erhalten; für jeden Kurstag in Jungschützenleiterkursen, für den sie den Funktionssold erhalten.

Erwerbsunfähigkeit

Unter Erwerbsunfähigkeit versteht man die dauernde Einschränkung, den Beruf aus gesundheitlichen Gründen zu 100% ausüben zu können, und dadurch einen Einkommensverlust zu erzielen. Für die Feststellung eines Anspruches wird ein ärztliches Zeugnis und eine Auskunft über die wirtschaftlichen Verhältnisse (Einkommen etc.) verlangt. Es kann also sein, dass man gemäss Arzt nicht arbeiten darf, da aber kein Einkommensverlust besteht, trotzdem nicht erwerbsunfähig ist.

Erziehungsgutschriften

Begriff aus den Bereichen der Sozialversicherungen. Diese Gutschriften sind fiktive Einkommen, die bei der Rentenberechnung berücksichtigt werden. Anspruch auf Erziehungsgutschriften haben rentenberechtigte Personen für jedes Jahr, in dem sie die elterliche Sorge über eines oder mehrere Kinder unter 16 Jahren inne hatten. Sie betragen zum Zeitpunkt des Anspruchsbeginns das Dreifache der jährlichen minimalen Altersrente. Bei verheirateten Personen wird die Gutschrift je zur Hälfte auf die Ehepartner aufgeteilt.

Evaluierung

Die Überprüfung und Bewertung von Entwicklungsmassnahmen hinsichtlich ihres Einsatzes, ihres Prozesses und ihres Ergebnisses bez. ihres Beitrages zur Erreichung pädagogischer wie ökonomischer Ziele. Wichtig dabei ist nicht nur, dass die angemessenen Personalentwicklungsmassnahmen wohl dosiert mit den treffend ausgewählten Mitarbeitern durch qualifizierte Entwickler, Trainer etc. zur Erreichung der spezifischen Lernziele eines organisierten Lernprozesses führen. Wichtig ist vor allem, dass der Transfer zum bzw. die Anwendung im Funktionsfeld gelingt. Eine Bewertung des konkreten ökonomischen Nutzens der Personalentwicklung scheitert dagegen an kaum zu überbrückenden Mess- und Bewertungsproblemen.

E-Workplace

Eine Portallösung mit Hilfe moderner Informationstechnologien für flexible und ortsunabhängige Arbeits- und Informationsumgebung, in welcher dem Mitarbeiter jederzeit Zugriff auf Applikationen und Informationsquellen ermöglicht wird. Dies bedingt eine gute technische Infrastruktur und sollte alle Unternehmensaspekte beinhalten.

Executive Search

Neben dem Anzeigenmarkt hat sich zunehmend die Methode der Direktansprache (Executive Search, Headhunting) entwickelt. Sie dient hauptsächlich zur Identifizierung und Rekrutierung von Führungs- und seltenen Spezialkräften. Voraussetzung für erfolgreiches → Headhunting ist analytische Vorarbeit: Die Branche, die Wettbewerber des Auftraggebers, die Ressourcen sowie die Ansprache des in Frage kommenden Personenkreises. Die direkte Kontaktaufnahme mit der "herausgefilterten" Führungskraft vermeidet den Streuverlust, den Anzeigen oft haben.

Expatriates

Darunter versteht man Mitarbeiter, die ins Ausland entsandt werden. Im Rahmen der Globalisierung werden auch die geschäftlichen Beziehungen von Schweizer Unternehmen zunehmend internationalisiert und Mitarbeiter des Unternehmens werden ins Ausland entsandt. Von solchen Auslandsentsendungen betroffen sind in der Schweizer HR-Praxis a) die internationale Personalplanung b) Fragen im Arbeits- und Sozialversicherungsrecht c) Expatriates und ihre Familien d) Auswirkungen auf Steuern und die Steuerplanung.

Extrinsische Motivation

Die extrinsische Motivation ist das Gegenstück zur → intrinsischen Motivation. Darunter versteht man die von aussen zugeführte, nicht aus der persönlichen Motivation des Mitarbeitenden oder einer Aufgabe stammende Motivationsart. Die extrinsische Motivation entsteht durch „externe" Anreizfunktionen, von Vorgesetzten und der Unternehmensleitung, wie z.B. Arbeitsentlohnung, Schichtzuschläge, Provisionen, Incentives, Sonderurlaub, etc. Extrinsische Anreize können unter bestimmten Umständen intrinsische Motivation zerstören bzw. untergraben.

Fachkompetenz

Fachkompetenzen umfassen die berufsfachlichen Fähigkeiten, Fertigkeiten und Kenntnisse, die zur selbständigen Planung, Durchführung und Ergebniskontrolle von Arbeitsaufgaben in einem Berufsfeld benötigt werden.

Fachkraft

Ein Arbeitnehmer mit detaillierten und vertieften theoretischen und praktischen Kenntnissen in einem bestimmten Fachbereich, dem zum Beispiel eine eidgenössisch anerkannte Fachausbildung zugrundeliegen kann. Im Gegensatz zu angelernten und weniger qualifizierten Hilfskräften verfügt eine Fachkraft oft über eine Berufsausbildung. In einer weiteren Bedeutung bezeichnet Fachkraft in der betrieblichen Praxis Mitarbeiter, die im Gegensatz zu Kaderleuten keine Führungsaufgaben wahrnehmen, insbesondere nicht als Vorgesetzte Mitarbeiterverantwortung tragen, sondern als Fachexperten tätig sind.

Fachlaufbahn

Eine Weiterentwicklung mit oder ohne Führungsaufgaben, bei der eine Fachaufgabe oder eine Expertenposition im Mittelpunkt steht. Es setzt sich immer mehr die Erkenntnis durch, dass eine Fachlaufbahn ein gleichwertiger Karriereschritt wie eine klassische Führungskarriere, bei der die Bedeutung des Wissens fachlichen Könnens aufgewertet wird. Diese kann sinnvoll sein für Mitarbeitende, die kein Interesse an einer Führungsposition haben oder für eine solche nicht in Frage kommen.

Fähigkeiten

Fähigkeiten stellen – neben Wissen und Verhalten – einen Teil der Qualifikation von Personal dar. Unter geistigen Fähigkeiten ist dabei die Güte der Kombination von Wissen und von Know-how in der Wissensanwendung zu verstehen, z.b. Kombinationsfähigkeit, Kooperationsfähigkeit. Unter körperlichen Fähigkeiten ist die Geschicklichkeit zu verstehen, die aus der Verbindung von körperlichen Eigenschaften (bspw. Kraft) mit dem Know-how ihres treffenden Einsatzes, v.a. Fertigkeiten, resultiert.

Familienausgleichskasse

Die Familienausgleichskasse umfasst folgende Leistungen. Kinderzulagen, Zulagen für invalide Kinder, Ausbildungszulagen und Geburtszulagen. Leistungen der FAK sind kantonal geregelt, wodurch der FAK-Beitragssatz und die Höhe der Zulagen verschiedene Ansätze haben. Nicht alle Kantone haben zudem gesetzlich vorgeschriebene Geburtszulagen.

Familienzulagen

Familienzulagen werden in der Regel allein von den Arbeitgebern finanziert. Nur im Kanton Wallis leisten auch Arbeitnehmende Beiträge. Arbeitgeber müssen sich einer Familienausgleichskasse anschliessen und dieser Beiträge bezahlen. In der Regel sind alle Arbeitgeber, die in einem Kanton einen Betrieb, ihren Geschäftssitz oder eine Zweigstelle haben und darin Arbeitnehmende beschäftigen, den jeweiligen kantonalen Gesetzen unterstellt.

Massgebend für die Leistungen von Arbeitnehmenden ist somit nicht deren Wohnort, sondern die kantonalen Bestimmungen des Domizils des Arbeitgebers. Ausnahmen gibt es in den Kantonen Luzern, Waadt und Wallis. Ausnahmen von Unterstellungen sind ebenfalls kantonal geregelt. In den meisten Fällen sind dies Verwaltungen und Betriebe des Bundes, und der Kantone, diplomatische Vertretungen, internationale Vertretungen und auch Betriebe, die an einen Gesamtarbeitsvertrag gebunden sind oder eine Mindestzahl von Beschäftigten aufweisen.

Feedback

Feedback bedeutet "Rückmeldung". Es gibt u.a. Menschen die Möglichkeit, Selbst- und Fremdbild miteinander zu vergleichen und dadurch zu erfahren, wie sie mit ihrem Verhalten tatsächlich auf andere wirken. Feedback ist nur dann konstruktiv, wenn es hilfreich ist. Deshalb sollte es folgende Eigenschaften aufweisen: a) beschreibend (nicht bewertend), b) konkret (nicht verallgemeinernd), c) realistisch (nicht utopisch), d) unmittelbar (nicht verspätet), e) erwünscht (nicht aufgedrängt). Praktische Verhaltensweisen sind: Zwischendurch und am Schluss eines Gespräches eine Zusammenfassung geben, die auch Aussagen und Meinungen des Mitarbeiters enthält und Einholen von Feedback vom Gesprächspartner, ob man ihn richtig verstanden hat, er dies oder jenes ebenfalls so beurteilt und für ihn Wichtiges nicht fehlt. Feedback hat letztlich zum Ziel, dass sich die Beteiligten ihrer Verhaltensweisen bewusst werden, einschätzen lernen, wie ihr Verhalten auf andere wirkt und sehen, was sie bei anderen auslösen. Feedback ist auch ein wichtiges Element des aktiven Zuhörens und zeichnet Menschen bzw. Führungskräfte mit einem hohen Mass an Sozialkompetenz und Empathie und kommunikatorischen Fähigkeiten aus.

Feedbackgespräche

Feedbackgespräche sind ausdrückliche, absichtliche und einfühlsame verbale Mitteilungen darüber, wie das Verhalten eines Gesprächspartners wahrgenommen wird. Erforderlich ist dafür die kritische Auseinandersetzung mit dem eigenen Verhalten. Dies ist zum Beispiel bei heiklen Mitarbeitergesprächen oder bei Bewerberinterviews eine wichtige Methodik der Gesprächsführung.

Fehlzeiten

Abwesenheiten eines Arbeitnehmers vom Betrieb. Sie sind zu differenzieren in motivationsbedingte Fehlzeiten (Absentismus), krankheitsbedingte Fehlzeiten und betrieblichbedingte Fehlzeiten, wie z.B. Fortbildung, Sonderurlaub. Abwesenheiten aufgrund von Feiertagen zählen nicht als Fehlzeit. Abwesenheiten eines Arbeitnehmers vom Betrieb sind zu differenzieren zwischen motivationsbedingte Fehlzeiten (Absentismus), krankheitsbedingte Fehlzeiten und betriebsbedingte, wie z.b. Fortbildung oder Sonderurlaub.

Fehlzeitengespräch

Fehlzeitengespräche haben den Zweck, in Erfahrung zu bringen, ob neben einer Erkrankung evtl. auch andere, betriebsbedingte Einflüsse wie schlechtes Arbeitsklima, fehlende Anerkennung der Arbeitsleistungen, Unterforderung oder ein gestörtes Vertrauensverhältnis die Gründe sein können. Es sollte unmittelbar nach Rückkehr des Mitarbeiters in einer konstruktiven und auf Vertrauen basierender Weise vorgenommen werden. Professionell geführte und systematisch von der Personalabteilung wie den Vorgesetzten ausgewertete Fehlzeitengespräche können wichtige Hinweise auf Motivationsprobleme oder andere betriebliche Schwachstellen betreffend Mitarbeiterführung oder Betriebsklima geben. Erfahrungen aus der Praxis belegen, dass mit Fehlzeitengesprächen und systematischen Analysen vor allem motivationsbedingte Fehlzeiten nachhaltig und stark reduziert werden können. Langfristig sind allerdings Massnahmen mit Breitenwirkung zur gezielten Problemlösung notwendig, wie zum Beispiel Steigerung der Führungsqualifikation oder Verbesserungen in der Arbeitsplatzgestaltung.

Ferienanspruch

Arbeitnehmer haben aus verschiedenen Gründen Ansprüche auf Ferien, sei es in Kündigungsfällen, ab Erreichen eines bestimmten Alters oder von Gesetzes wegen. Ferienansprüche werden im OR 329a geregelt. Ein Ferienanspruch besteht in zweifacher Hinsicht, einerseits in der Einräumung von Freizeit, andererseits in der Fortsetzung der Lohnzahlungspflicht des Arbeitgebers. Über das OR hinausgehende, weitergehende Ferienansprüche bezüglich Alter und Angestelltendauer bestehen nicht. Fallen Feiertage in die Zeit eines Ferienbezuges, so gelten diese nicht als Ferientage. Ein eigenmächtiger Ferienbezug kann je nach näher abzuklärenden Umständen ein Grund zur fristlosen Entlassung sein. Wenn ein Betrieb in wirtschaftlichen Schwierigkeiten steckt, und diese eine volle Beschäftigung der Arbeitnehmer nicht mehr erlaubt, können Zwangsferien angeordnet werden.

Ferienbezug

Wann können Ferien bezogen werden, wer kann entscheiden und welchen gesetzlichen Anspruch hat der Arbeitnehmer? Das Obligationenrecht sagt dazu: Jeder Arbeitnehmer soll seine Ferien abwechslungsweise in den verschiedenen Jahreszeiten beziehen können. Er ist vor der Zuteilung der Ferien anzuhören, und seinen Wünschen ist, wenn möglich, zu entsprechen. In Zeiten besonders starken Verkehrs können jedoch nur Ferien beansprucht werden, sofern es der Dienst gestattet.

Rechtsinformation: a) Ferien sind möglichst zusammenhängend zu beziehen. Der Bezug in mehr als zwei Abschnitten ist in der Regel unzulässig. Auf Wunsch des Arbeitnehmers kann ausserdem, wenn möglich, eine Ferienwoche in ganze und halbe Tage aufgeteilt werden. b) Bei Diensteintritt oder -austritt im Laufe des Kalenderjahres sind die Ferien im Verhältnis zur Dienstzeit zu bemessen. Bei Dienstaustritt zu viel bezogene Ferientage dürfen nur mit noch nicht bezogenen Ruhetagen oder mit dem Lohn verrechnet werden, wenn der Arbeitnehmer aus eigenem Verschulden aus dem Unternehmen ausscheidet. c) Eheleuten, die im gleichen Unternehmen arbeiten, sind auf ihren Wunsch die Ferien, wenn möglich, gleichzeitig zu gewähren.

Ferienlohn-Berechnung

Bei Auszahlung von Ferien muss die auszuzahlende Summe berechnet werden. Dabei wird im Normalfall der Monatslohn durch die durchschnittliche Anzahl Arbeitstage pro Monat geteilt (21,75), was den Tageslohn ergibt. Dieser wird dann mit der Anzahl auszuzahlender Ferientage multipliziert.

Rechtsinformation: Bei einer Auszahlung von Ferienrestguthaben bei Beendigung eines Arbeitsverhältnisses wird der 13. Monatslohn dazugerechnet. Dies ergibt die Formel: Monatslohn x 13 dividiert durch die Wochenstunden x 52 = x Ferienstunden. Bei einem Ferienbezug während der Anstellungszeit wird von 7.69% des jährlichen Lohnes ausgegangen.

Ferienvertretung

Hier kommt oft eine innerbetriebliche Vertretungsregelung zum Einsatz, bei der sich Mitarbeiter bei Ferienabwesenheiten je nach Arbeitsanfall, Qualifikation und Berufserfahrung gegenseitig vertreten. Längere Ferienabwesenheiten können aber auch befristete Arbeitsverhältnisse notwendig machen, die dann mit der Rückkehr des Mitarbeiters beendet sind. Die Ferienvertretung dient der Gewährleistung und Sicherstellung der wichtigsten betrieblichen Aufgabenstellungen.

Flexibilisierung der Arbeitszeit

Mit durchschnittlich über 41 Arbeitsstunden kennt die Schweiz eine der längsten wöchentlichen Arbeitszeiten der Industrieländer. Die Entwicklung in den Gesamtarbeitsverträgen geht in die Richtung der 40-Stunden-Woche. Die Interessen, die Arbeitgeber und Arbeitnehmer der Flexibilisierung entgegenbringen, weichen jedoch erheblich voneinander ab. Ausserdem tangieren zahlreiche damit verbundene Fragen, wie etwa die Lockerung des Nacht- und Sonntagsarbeitsverbotes, gesellschaftliche und kulturelle Werte. Diesen Anliegen ist mit der Revision des Arbeitsgesetzes Rechnung getragen worden. Die Aufzeichnungspflicht blieb im neuen Arbeitsgesetz aber bestehen, die Unternehmungen haben gemäss Art. 73 der Verordnung 1 zum Arbeitsgesetz die geleistete (tägliche und wöchentliche) Arbeitszeit inkl. Ausgleichs- und Überzeitarbeit sowie ihre Lage aufzuzeichnen. Diese Unterlagen sind nach Ablauf ihrer Gültigkeit für mindestens fünf Jahre aufzubewahren. Siehe → Arbeitszeitflexibilisierung, → Vertrauens-Arbeitszeit.

Flexible Pensionierung

Die flexible Pensionierung ist die Möglichkeit, sich früher pensionieren zu lassen oder langsam und stufenweise aus dem Erwerbsleben auszusteigen. Durch eine entsprechende Ausgestaltung des Pensionskassen-Gesetzes sollen nicht die vollen versicherungstechnischen Rentenkürzungen verrechnet werden. Damit wird die flexible frühere Pensionierung finanziell interessant und verkraftbar. Arbeitsmässig sind verschiedene Ausgestaltungen denkbar, so können sich z.B. eine ältere und eine jüngere Person die Stelle teilen, was den zusätzlichen Vorteil hat, dass die Erfahrungen von Dienstälteren dadurch nicht verloren gehen. Wenn die frei werdenden Stellen (-prozente) mit erwerbslosen Personen besetzt werden, kann ein wichtiger Beitrag zur Verminderung der Arbeitslosigkeit geleistet werden.

Flexicurity

Ein Modell um arbeitsmarktliches Bestreben, flexible Arbeitsverhältnisse und das Bedürfnis nach Arbeitsplatzsicherheit unter einen Hut zu bringen. Flexible Arbeitsverhältnisse wie Teilzeit, befristete Arbeitsverhältnisse und Temporärstellen bieten Arbeitnehmern und Arbeitgebern Vorteile und sind auf dem Vormarsch. Flexicurity umfasst vertraglich sichere aber auch flexible Vereinbarungen, Lern- und Beschäftigungsfähigkeit und -bereitschaft von Arbeitnehmern, arbeitsmarktpolitische Bemühungen aller Beteiligten zur Bewältigung des Wandels und Systeme der sozialen Sicherheit, welche Einkommenssicherheiten, Beschäftigung und Arbeitsmarktmobilität gewähren, fördern und erleichtern.

Flow

In Zusammenhang mit Arbeit und Psychologie steht der Ausdruck für das Gefühl des völligen Aufgehens in einer Tätigkeit, oft verbunden mit intensiv empfundenen, meditationsähnlichen Glücksgefühlen. Der Psychologe Mihaly Csikszentmihalyi, der Begründer des Flowkanals, charakterisiert den Flow unter anderem wie folgt: a) Fähigkeit, sich auf das Tun zu konzentrieren b) Aktivität mit deutlichen Zielen c) Aktivität mit unmittelbaren Rückmeldungen d) Gefühl von Kontrolle über die Aktivität e) Veränderung des Gefühls für Zeitabläufe f) Zielsetzung der Tätigkeit bei sich selbst. Flow ist vor allem in Fragen der Motivation, Arbeitsorganisation, Personalentwicklung und Arbeitssicherheit von Interesse und hat mehrere positive Auswirkungen wie Konzentrationssteigerung, Kompetenzerhöhung, Motivation und Stärkung des Selbstvertrauens. Es geht letztlich oft um die Schlüsselfrage, zur richtigen Zeit am richtigen Ort in der richtigen Stimmung mit dem richtigen Tun beschäftigt zu sein.

Fluktuation

Als Fluktuation wird die Anzahl der austretenden Mitarbeitenden bezeichnet. Zu den Fluktuationen werden sowohl die freiwilligen (Kündigungen der Mitarbeitenden) wie auch die unfreiwilligen (Kündigungen der Unternehmung) Arbeitsplatzwechsel gezählt. Dazu kommen die Pensionierungen sowie die Austritte durch Invalidität oder Tod. Die Fluktuation wird durch eine Kennzahl, die Fluktuationsrate, statistisch erfasst. Die Fluktuationsrate drückt in Prozent aus, wie viele Mitarbeitende im Verhältnis zum Personalbestand innerhalb einer Zeitperiode (meist ein Jahr) das Unternehmen verliessen.

Mit zunehmender Grösse des Unternehmens wächst auch die Anzahl der Personalzugänge und -abgänge. Es gibt drei grundsätzliche Formen der Fluktuation: Die *natürliche* (Weggang durch Heirat) die *unternehmensinterne* (Wechsel innerhalb des Unternehmens bzw. Versetzung) und die *unternehmensfremde* (Wechsel aus einem anderen oder in ein anderes Unternehmen).

Fluktuationsquote

Die so gemessene Fluktuationsrate ist ein wichtiger Indikator für die Arbeitszufriedenheit und das Unternehmensklima. Die Fluktuation kann und soll insbesondere in grösseren Betrieben differenziert für verschiedene Verantwortungsbereiche, Personalkategorien, Altersgruppen, Länge der Betriebszugehörigkeit, Geschlecht usw. ermittelt werden, um Vergleichsmöglichkeiten zu erhalten. Zudem ist die Fluktuation periodisch zu erheben, um auf der Zeitachse Veränderungen beobachten zu können. Die Interpretation ist allerdings vorsichtig genug vorzunehmen und Unterschiede im Fluktuationsrisiko in die Überlegungen einzubeziehen (z.B. unterschiedliches Lebensalter oder natürliche Schwankungen insbesondere bei kleineren Gruppierungen). Um die Entwicklung der Fluktuation im Unternehmen darzustellen, kann man folgende Formel nutzen: Fluktuation = Abgänge im Zeitraum X 100 / durchschnittlicher Personalbestand im Zeitraum.

Förderprogramme

In der Führungskräfte- und Nachwuchsentwicklung werden zum Beispiel Fach- und Führungsnachwuchskräfte während ihrer beruflichen Laufbahn gefördert. Es können strategisch und individuell zugeschnittene Förderprogramme sein, um schneller und zielgerichteter Mitarbeiter mit ausbaufähigem Potenzial auf weiterführende Aufgaben vorzubereiten. Nachwuchsentwicklungs- und Managementprogramme können die Grundlage für diese kontinuierliche Kompetenzentwicklung bilden.

Förderrunde

Ein Begriff aus der Personalentwicklung. Welche Stelle passt zu wem? Solche und ähnliche Fragen kann eine Förderrunde beantworten helfen. Sie setzt sich gewöhnlich aus erfahrenen leitenden Mitarbeiterinnen und Mitarbeitern zusammen. Die Förderrunde beobachtet die Entwicklung auf dem internen Stellenmarkt und verschafft sich einen Überblick über geeignete Kandidatinnen und Kandidaten, worauf deren Potenzial eingehend analysiert wird. Aus diesem Kreis stammen dann regelmässig neue Fach- und Führungskräfte. Die Förderrunde kann in einem solchen Modell auch als Sprungbrett für die Karriereentwicklung eingesetzt werden.

Fortbildung

Ein Lernprozess, der auf den Erhalt und die Erweiterung von Kenntnissen und Fähigkeiten zielt. Sie umfasst kurzdauernde, berufsbegleitende Massnahmen und Veranstaltungen zu bestimmten Themen und Methoden. Siehe → Ausbildung und → Weiterbildung. Im Bereich der betrieblichen Fortbildung wird zwischen folgenden Kategorien unterschieden: 1) Anpassungsfortbildung: (Bewältigung veränderter Arbeitsplatzanforderungen) 2) Einführungsfortbildung: (für neue Mitarbeiter) 3) Ergänzungsfortbildung: (aufgrund der Feststellung von Defiziten im Rahmen von Mitarbeitergesprächen, Mitarbeiterbeurteilungen oder durch PE-Aktivitäten) 4) Aufstiegsfortbildung: (als Qualifizierung für anspruchsvollere Anforderungen) 5) Wiedereingliederungsfortbildung: (für Personen, die längere Zeit nicht im Beruf standen, um die Anpassung an die aktuellen beruflichen Anforderungen zu ermöglichen).

Fragetechniken

Bestimmte Formen von Fragestellungen, die das Gewinnen von Informationen erleichtern. Besondere Anwendung finden solche Techniken bei Bewerberinterviews. Beispiel: Offene Fragen, die ausführlichere Antworten verlangen und geschlossene, welche nur mit einem Ja oder Nein beantwortet werden können. Suggestivfragen zielen darauf ab, auf manipulatorische Weise durch die Art der Frage die erwarteten Informationen zu gewinnen.

Zu diesem Thema finden Sie im Kapitel „Arbeitshilfen und Vorlagen" eine Übersicht zahlreiche weitere Fragarten zur Interviewführung.

Freelancer

Freiberuflicher ohne vertragliche Basis in einem Auftragsverhältnis stehender Mitarbeiter, zum Beispiel von Werbeagenturen (Texter, Fotografen, Konzepter).

Freisetzung

Aktivitäten zur Trennung von einem Mitarbeiter, entweder durch Entlassung oder durch Unterstützung seines Weggangs in ein neues Arbeitsverhältnis, eine selbständige Tätigkeit oder die vorzeitige Pensionierung.

Freistellung

Bei dieser vor allem Führungskräfte betreffenden Form der vorzeitigen Beendigung eines Arbeitsverhältnisses verzichtet der Arbeitgeber ausdrücklich und einseitig auf eine weitergehende Arbeitsleistung eines Arbeitnehmers. Freistellungen werden in der Praxis oft sehr überraschend und ohne Vorinformation vorgenommen. Im Rahmen des Persönlichkeitsschutzes ist es aber Pflicht des Arbeitgebers, eine unnötig-entwürdigende Herabsetzung und Verletzung der Persönlichkeit des Arbeitnehmers zu vermeiden. Für das Arbeitszeugnis ist der Zeitpunkt der Beendigung des Arbeitsverhältnisses wichtig, in dem das Arbeitsverhältnis rechtlich beendet wurde. Von dieser Warte aus gesehen ist eine Freistellung also im Arbeitszeugnis nicht unbedingt zu erwähnen.

Rechtsinformation: Bei dieser, vor allem Führungskräfte betreffenden Form der vorzeitigen Beendigung eines Arbeitsverhältnisses, verzichtet der Arbeitgeber ausdrücklich und einseitig auf eine weitergehende Arbeitsleistung eines Arbeitnehmers. Freistellungen werden in der Praxis oft sehr überraschend und ohne Vorinformation vorgenommen. Im Rahmen des Persönlichkeitsschutzes ist es aber Pflicht des Arbeitgebers, eine unnötig entwürdigende Herabsetzung und Verletzung der Persönlichkeit des Arbeitnehmers zu vermeiden.

Freizügigkeitspolice

Dieser Begriff wird mehrheitlich im Zusammenhang mit der beruflichen Vorsorge und der Pensionskasse verwendet. Darunter versteht man eine besondere Kapitalversicherung, die ausschliesslich und unwiderruflich der Vorsorge im Rahmen der 2. Säule dient. Die Vorteile einer Freizügigkeitspolice ist z.B. ein garantierter Mindestzins.

Freizügigkeitsstiftung

Das Freizügigkeitsvermögen eines Arbeitnehmers, welches weder bei einem neuen noch beim alten Arbeitgeber hinterlassen ist, bzw. das Konto für das "Parkieren" von Pensionskassengeldern von Arbeitnehmern, welche nicht, bzw. nicht mehr einer Pensionskasse angeschlossen sind. Mitarbeiter können dabei von den Vorzugszinsen und der Möglichkeit des Wertpapiersparens profitieren.

Fringe Benefits

Unternehmensleistung, die nicht materiell und nicht von einer Leistung oder dem Unternehmenserfolg abhängig erbracht wird. Beispiele: Übernahme von Versicherungskosten, Mitarbeiterrabatte bei Firmenleistungen oder Vergütung einer Zeitschrift.

Fristlose Kündigung

Eine fristlose Vertragsauflösung ist nur aus im OR Art. 337 genannten Gründen zulässig. Als wichtiger Grund gilt vor allem jener Umstand, bei dessen Vorhandensein dem Kündigenden (Arbeitnehmer oder Arbeitgeber) die Fortsetzung des Arbeitsverhältnisses nicht mehr zugemutet werden kann. Wann eine fristlose Auflösung gerechtfertigt ist, hängt von den Umständen des individuellen Falles und der spezifischen Situation ab (Tragweite des Vorfalles, Verfehlung, Stellung Arbeitnehmer usw.). Im Gesetz gibt es diesbezüglich keine Aufzählung von wichtigen Gründen, weshalb im Streitfall das Arbeitsgericht entscheidet, ob ein wichtiger Grund gegeben ist. Konkrete Gründe können sein: Kriminelle Handlungen am Arbeitsplatz, beharrliche Verweigerung der zu leistenden Arbeit, Konkurrenzierung des Arbeitgebers, grobes, unredliches Verhalten gegenüber Kunden, Fälschung von Arbeitsrapporten, Annahme von Schmiergeldern, Unfall im angetrunkenen Zustand am Arbeitsplatz, Fälschung von Stempeluhrkarten, berufserhebliche Vorstrafen. Beispiele *ungerechtfertigter* fristloser Entlassung: einmaliges oder seltenes "Blaumachen", einmaliges Betrunkensein am Arbeitsplatz, verspätete Abgabe des Arztzeugnisses, einmalige, fahrlässige Schadensverursachung, Verschweigen nicht berufserheblicher Vorstrafen, ständig längere Arbeitspausen, Herumschwatzen, ständig längere Privattelefonate.

Rechtsinformation: Aufgrund der Gerichtspraxis und vorliegender Urteile geben folgende Verfehlungen oft Anlass zu gerechtfertigten fristlosen Entlassungen: a) absichtliche Vermögensschädigung wie grössere Geldentnahme von Kassen oder andere Arten des Finanzbetruges b) krasse Verletzung des Anstandes und Benehmens (Beschimpfungen, körperlicher Angriff mit Verletzung) c) Arbeitsverweigerung (Weigerung, konkrete und wichtige Weisungen des Arbeitgebers auszuführen) d) krasse und mehrmalige Nichteinhaltung der Arbeitszeit (vorgängige ausdrückliche Verwarnung mit Androhung der fristlosen Entlassung zwingend). Kein Grund zur fristlosen Entlassung ist gegeben, wenn der Arbeitnehmer den Anforderungen nicht genügt (schlechte Arbeitsleistung usw.), sowie bei Krankheit des Arbeitnehmers.

Frühpensionierung

Das Gesetz über die berufliche Vorsorge (BVG) sieht vor, dass bei einer ordentlichen Pensionierung das vom Arbeitnehmer und Arbeitgeber angehäufte Sparkapital mit dem jeweils gültigen Umwandlungssatz in eine lebenslange Rente umgerechnet werden muss. Für den Fall einer Frühpensionierung legt das BVG hingegen keine Regeln fest. Hier sind die Pensionskassen frei, ob und wie stark sie den Umwandlungssatz kürzen. Weiterführende und hilfreiche Informationen findet man im Internet unter folgender Webadresse:

www.vorsorgeforum.ch

Frustrationstoleranz

Die Fähigkeit, das Ausbleiben der Erfüllung von Wünschen oder von erwartetem Erfolg zu ertragen bzw. Bedürfnisaufschub auszuhalten. Frustrationstoleranz ist je nach Persönlichkeit und Sensibilität unterschiedlich ausgeprägt; sie kann auch geschult und gestärkt werden.

Führungseigenschaften

Wesenszüge, die es ermöglichen, Führungspositionen erfolgreich wahrzunehmen. Wichtige Führungsmerkmale und Bedingungen sind: Besonderes Engagement für die Arbeit und das Unternehmen, Intelligenz und Klarheit des Denkens, überdurchschnittliche Kommunikationsfähigkeiten, hohe Belastbarkeit, innere Zufriedenheit und Ausgeglichenheit, geordnetes Privat- und Familienleben, positive Einstellung und Grundhaltung und Konzentration auf "doing the right things". Weitere Kriterien sind: Beharrlichkeit, Anpassungsfähigkeit, Belastbarkeit, Urteilsfähigkeit, Selbstbeherrschung, Kreativität, Überzeugungskraft, Verantwortungsbewusstsein, Durchsetzungsvermögen und Eigeninitiative. Auch Personen mit anderen Eigenschaften und Persönlichkeitsmerkmalen – z.B. aufgrund ihres → Menschenbildes oder einer ausgeprägten Motivation – können auf ihre Weise oft ebenso erfolgreich sein.

Führungsgrundsätze

Führungsgrundsätze sind Vorgaben, nach denen sich die Unternehmensführung und leitende Angestellte verhalten sollen. Je nach Führungsstil werden die Grundsätze erarbeitet. Als sinnvoll hat sich in den letzten Jahren erwiesen, dies zusammen mit allen Mitarbeitern durchzuführen. Führungsgrundsätze, die allgemein im Unternehmen bekannt sind, müssen auch eingehalten werden. Führungsgrundsätze bieten die Grundlage für die Gesamtbeurteilung der Führungskräfte auf allen Ebenen hinsichtlich der Erfüllung ihrer Führungsaufgaben. Fehlen sie, so können weder die Mitarbeiter noch die Teams, noch die Führungskräfte für Verstösse gegen die Verhaltensrichtlinien verantwortlich gemacht werden.

Führungsstil

Das zeitlich überdauernde, einheitliche Führungsverhalten der Vorgesetzten gegenüber ihren Mitarbeitern. Grob unterscheidet man im Führungsverhalten drei Arten: *Der autoritäre Führungsstil*: Autokratisches, absolutistisches, diktatorisches, patriarchalisches, hierarchisches, bürokratisches Führungsverhalten. *Der laissez-faire Führungsstil:* Passive, permissive Führungsformen, die gekennzeichnet sind durch fahrlässige oder absichtliche Abstinenz im Gebrauch der Führungsautorität, Führungskompetenz und Führungsmittel. *Der kooperative Führungsstil:* Demokratisches, partnerschaftliches, partizipatives, sozialintegratives, mitarbeiter- und gruppenorientiertes Führungsverhalten mit einem hohen Grad der Beteiligung der Mitarbeiter.

Führungsstilanalyse

Die Führungsstilanalyse hat zum Zweck, herauszufinden, wie der Führungsstil der Vorgesetzten von Mitarbeitern beurteilt und wahrgenommen wird, wie er sich auf das Arbeitsklima, die Motivation und die Leistung auswirkt. Diese Analysen sollten keine punktuellen Massnahmen sein, sondern sich systematisch in Mitarbeiterbefragungen oder Vorgesetztenbeurteilungen zur Sprache kommen. Die Führungsstilanalyse kann ein wichtiger Gradmesser der Führungsfähigkeiten der Vorgesetzten sein und wichtige Hinweise zu Weiterbildungsmassnahmen für Führungskräfte geben.

Führungstest

Ein Führungstest ermittelt die notwendigen Informationen auf wissenschaftlicher Grundlage und in einem umfangreichen, persönlichen Gutachten werden Ansatzpunkte für entsprechende Verhaltensänderungen aufgezeigt. So kann der berufliche Erfolg durch einen weiterentwickelten Führungsstil optimiert oder bei der Personalsuche geprüft werden.

Funktionendiagramm

Die matrixförmige Darstellung der Verteilung der Funktionen (Teilaufgaben) auf die Abteilungen bzw. Stellen. Ein derartiges Diagramm führt zeilenweise die Sachaufgaben eines Bereiches untereinander auf; im Kopf des Diagramms werden spaltenweise die Abteilungsgliederung bzw. die Stellen nebeneinander festgehalten, die an der Erfüllung komplexerer Aufgaben beteiligt sind.

Fürsorgepflicht

Der Arbeitgeber ist über den Lohn hinaus auch für den Schutz und die Fürsorge des Arbeitnehmers verantwortlich. Grenze der Fürsorgepflicht des Arbeitgebers sind seine eigenen Interessen, soweit sie jene des Angestellten überwiegen. Es ist einem Arbeitgeber beispielsweise untersagt, unzulässig in die Persönlichkeit des Arbeitnehmers einzugreifen. Es besteht auch eine Verpflichtung, Persönlichkeitsverletzungen anderer Mitarbeitender wie Mobbing oder sexuelle Belästigung nach Möglichkeit zu vermeiden und zu unterbinden.

Rechtsinformationen: Die Fürsorgepflicht ist explizit gesetzlich zwar nicht geregelt, umfasst jedoch zahlreiche Aspekte, die im OR und in Erlassen zu finden sind. Im Vordergrund stehen der allgemeine Schutz der Persönlichkeit des Arbeitnehmers (Art. 328 OR), der Datenschutz (Art. 328b OR), die Gleichstellung von Frau und Mann (Gleichstellungsgesetz), die Gewährung von Freizeit und Ferien (Art. 329-329d OR) sowie der Vermögensschutz.

G

Genfer Schema

Das Genfer Schema ist eine wissenschaftlich erarbeitete Kategorisierung von Merkmalen bzw. Eigenschaften, die bei der Leistungsbewertung verwendet werden kann. Das Genfer Schema unterscheidet zwischen Können und Belastung in geistiger und körperlicher Hinsicht wie folgt: a) Kenntnisse b) Geschicklichkeit c) Verantwortung d) geistige Belastung e) muskelmässige Belastung f) Umgebungseinflüsse. Das ebenfalls sehr bekannte → REFA-System orientiert sich weitgehend am Genfer Schema.

Geschäftsführung

Von den Eigentümern eines Betriebes bestelltes Führungsorgan (Manager). Das Recht bzw. die Pflicht zur Geschäftsführung ist abhängig von der Rechtsform des Betriebes. Typische Beispiele von Geschäftsführungsunternehmen sind die Kapitalgesellschaften (z.B. AG, GmbH), bei denen der Vorstand die Geschäftsführung übernimmt. Zu unterscheiden von der Geschäftsführung (Leitungsbefugnis) ist die Befugnis der Vertretung.

Gesundheitsförderung

Der Gesundheitsförderung im Betrieb nehmen sich immer mehr Unternehmen an und betreiben ein aktives → Gesundheitsmanagement. Instrumente und Möglichkeiten können dabei sein: 1) Genaues und transparentes Absenzenmanagement, 2) Kurse zur Ergonomie, 3) Kontrolle der Berufsunfälle und Berufskrankheiten mittels Kennzahlen, 4) Suchtpräventionsprogramme, 5) Sensibilisierung und Schulung von Führungskräften für Gesundheitsfragen 6) Arbeitssicherheit, regelmässige medizinische Untersuchungen und Gesundheitschecks, 7) ergonomische Arbeitsplatzgestaltung, 8) Führungskräfteschulung Sicherheit und Gesundheit, 9) gesundheitsfördernde Aufgabengestaltung, 10) Bildung von Arbeitsgruppen für Gesundheitsfragen und -bewusstsein, 11) Sozialberatung, 12) Burn-out-Prophylaxe, 13) Gesundheitspolicen (z.B. Alkohol, Rauchen) oder 14) Fitness- und Entspannungsräume.

Gesundheitsmanagement

Eine leistungsfähige Gesundheitsförderung soll Mitarbeitende befähigen, stärker Einfluss auf wichtige gesundheitliche Aspekte und Verhaltensweisen zu nehmen. Dazu gehört einerseits die Verminderung gefährdender Einflüsse und Verhaltensweisen – also die Prävention – und andererseits die Stärkung fördernder Einflüsse und möglicher Aktivitäten, also die Ressourcen. Die Arbeitswelt ist für die Umsetzung eines ganzheitlichen Gesundheitskonzepts nur schon aufgrund ihres grossen Anteils an der Lebenszeit und wegen ihres hohen Organisationsgrades, vorhandener Ressourcen und Kommunikationsmittel prädestiniert. Bei der betrieblichen Gesundheitsförderung geht es insgesamt darum, professionell auf alle gesundheitsrelevanten Faktoren einzuwirken, für die das Unternehmen und die Beschäftigten (mit)verantwortlich sind. Dies ist nebst den positiven gesundheitlichen Effekten nicht nur eine hervorragende und motivierende Personaldienstleistung, sondern auch ein Mittel zur Mitarbeiterbindung.

Gewinnbeteiligung

Dies sind Anteile am Jahresergebnis, die sich an einer im voraus festgelegten Basis, oft dem Reingewinn oder einer Umsatzüberschreitung, orientieren.

Gleichstellungsgesetz

Dieses umfasst folgende Bereiche: a) Gleichstellung von Mann und Frau unter Einbezug eines klar geäusserten Diskriminierungsverbotes b) Konsequente Durchsetzung des Anspruchs auf Gleichbehandlung, insbesondere auch in Fragen des Lohnes. Der Wortlaut des Bundesgesetzes über die Gleichstellung von Frau und Mann bzw. dem

Gleichstellungsgesetz, GlG kann im Internet eingesehen werden unter:

www.admin.ch/ch/d/sr/151_1/

Gleitende Arbeitszeit (GLAZ)

Die gleitende Arbeitszeit kann als Gleitzeit ohne Zeitausgleich und mit Zeitausgleich genutzt werden. Die gleitende Arbeitszeit trägt zu einer erheblichen Flexibilisierung und Individualisierung der Arbeitszeit bei und gestattet sowohl den Beginn als auch die Dauer der täglichen Arbeitszeit innerhalb eines vorgegebenen Zeitrahmens selbst festzulegen. Die Zeit, zu der man am Arbeitsplatz sein muss, wird Kernzeit genannt. Hier lassen sich zwei Formen unterscheiden: a) Beschränkte Gleitzeit: Der Arbeitnehmer muss bestehende Zeitguthaben oder -schulden innerhalb eines vorgegebenen Ausgleichszeitraumes ausgleichen. b) Unbeschränkte Gleitzeit: Hier kann ein bestehendes Zeitguthaben oder Zeitschulden in den folgenden Ausgleichszeitraum übertragen werden. Bei der Gleitzeit ohne Zeitausgleich gibt es zwei Formen: a) Grundform: Der Arbeitnehmer legt selbst den Beginn seiner Arbeitszeit in einem vorgegebenen Zeitrahmen einmalig fest. b) Einfache gleitende Arbeitszeit: Der Arbeitnehmer kann täglich innerhalb des vorgegebenen Zeitrahmens seinen Arbeitsbeginn bestimmen. Bei beiden Formen wird die Dauer der täglichen Arbeitszeit vom Arbeitgeber bestimmt.

Gleitender Ruhestand

Modelle des gleitenden Ruhestandes gehören zum Bereich der → Arbeitszeitflexibilisierung und berücksichtigen in erster Linie ältere Mitarbeiter, die mittelfristig in den Ruhestand treten wollen. Praktisch wird unter gleitendem Ruhestand immer eine vorzeitige Pensionierung verstanden. Es kann aber älteren Mitarbeitern ebenso die Möglichkeit geboten werden, über das 65. Lebensjahr hinaus unter Abbau der Tages-, Wochen oder Monatsarbeitszeit noch erwerbstätig zu sein. Die bekanntesten Modelle sind das Pegulan-Modell und das Pieroth-Modell.

Gleitzeitarbeit

Der Arbeitszeitrahmen um eine Kernarbeitszeit legt der Arbeitnehmer individuell fest, ein Zeitguthaben kann angespart werden. Es gibt auch schon Gleizeitmodelle ohne Kernarbeitszeit, das heisst die Arbeitsteams regeln ihre Anwesenheit völlig selbstständig.

Googeln

Eine immer populärer werdende Methode, im Internet über Bewerber mit der Suchmaschine Google zu recherchieren und weitere Informationen zu beschaffen. Einerseits ist dies eine effiziente Methode, schnell ganzheitliche und facettenreiche Mehrinformationen über eine Person zu gewinnen, an die man über traditionelle Wege kaum herankommt. Andererseits ist dieses Instrument aber auch heikel, wenn es sich um veraltete oder fehlerhafte Einträge handelt oder die Privatsphäre betroffen ist. Dies kann eine in einem Diskussionsforum vertretene politische Meinung oder eine die Intimsphäre betreffende Veranlagung sein. Viele Internetnutzer sind sich der Langlebigkeit der Daten gar nicht bewusst und gehen deshalb zu sorglos mit persönlichen Meinungen in Foren oder mit elektronischen Fotos um. Insgesamt ist das Googeln im besonderen oder die Internetrecherche im allgemeinen über Kandidaten ein interessantes Instrument, das aber zurückhaltend, mit Vorsicht und Vorbehalten und stets mit Respekt vor der Privatsphäre genutzt werden sollte.

Götti

Ein Betreuer, der sich während der gesamten Einführung eines neuen Mitarbeiters annimmt und für ihn verantwortlich und Ansprechperson ist. Mehr Informationen unter → Einführung.

Graphologisches Gutachten

Bei der Graphologie wird angenommen, dass das Schriftbild eines Schreibers Charakterzüge und Persönlichkeitsmerkmale widerspiegelt. Es kann eines von mehreren

Testverfahren sein, die vorwiegend bei der Einstellung von Führungskräften eingesetzt wird, allerdings zunehmend mit Vorbehalten. Ein graphologisches Betriebs-Gutachten kann als Entscheidungs- oder Führungshilfe dienen und ist eine Ergänzung zu Gespräch, Lebenslauf, Referenzen, Zeugnis und anderen Testverfahren. Ein seriöser Graphologe muss das Unternehmen und die Anforderungen der ausgeschriebene Stelle kennen. Ein bis zwei Handschriftenproben mit Unterschrift genügen, es ist mit Kosten in der Bandbreite von Fr. 250.- bis Fr. 500.- zu rechnen. Weiterführende und hilfreiche Informationen findet man zu diesem wichtigen Themenkreis im Internet unter der Webadresse des Verbandes deutschsprachiger Graphologen in Zürich:

www.graphologie.ch

Gratifikationen

Dies sind vom Arbeitgeber entrichtete, freiwillige Zuwendungen, die nach einem bestimmten Verteilungsschlüssel ausbezahlt werden. Der Anlass kann ein Firmenjubiläum oder das erfolgreiche Ende eines Geschäftsjahres sein. Wird ein 13. Monatslohn vertraglich zugesichert, spricht man übrigens nicht von einer Gratifikation, sondern von einem Zeitlohn. Zur Gratifikation sagt das OR:

Rechtsinformation: Richtet der Arbeitgeber neben dem Lohn bei bestimmten Anlässen, wie Weihnachten oder Abschluss des Geschäftsjahres, eine Sondervergütung aus, so hat der Arbeitnehmer einen Anspruch darauf, wenn es verabredet ist. b) Endet das Arbeitsverhältnis, bevor der Anlass zur Ausrichtung der Sondervergütung eingetreten ist, so hat der Arbeitnehmer einen Anspruch auf einen verhältnismässigen Teil davon, wenn es verabredet ist.

Gruppendruck

Mitglieder einer Gruppe schliessen sich häufig in ihrem Handeln und Denken der angenommenen Mehrheitsmeinung an. Der empfundene Erwartungsdruck anderer, massgeblicher Gruppenmitglieder hat dann einen Gruppendruck zur Folge – auch bei eigenen anderen Meinungen. Abweichende Haltungen werden so oft übernommen oder nicht ernsthaft diskutiert.

Gruppendynamik

Der Antrieb oder die Kraft, die durch die Interaktion und Veränderungen innerhalb von sozialen Gruppen verursacht wird. Mit dem Ziel Verhaltensänderungen zu bewirken, wird Gruppendynamik im Fortbildungsbereich in Form von Trainingsverfahren eingesetzt zur Bewusstmachung von Problembereichen. In der Jugend- und Erwachsenenbildung wird Gruppendynamik als Sammelbegriff für Fertigkeiten und Methoden verwendet, die zu einer verbesserten Fremd- und Selbstwahrnehmung beitragen.

Gutachten

Nach dem jeweiligen Auswahlverfahren können differenzierte Aussagen über die Stärken und Schwächen der einzelnen Bewerber auftreten. In einem Kurz-Gutachten geht man dabei auf die speziellen Dimensionen des betreffenden Anforderungsprofils ein und gibt Empfehlungen für die weitere Personalentwicklung, um die Potenziale eines zukünftigen Mitarbeiters ausschöpfen zu können.

Hard Skills

Hard Skills sind Kenntnisse in Methoden, Fachwissen, Ausbildungsinhalte. Diese werden in der Schule, in der Ausbildung und im Studium gelegt. Mehr Beachtung wird aber oft den → Soft Skills geschenkt.

Harzburger Führungsmodell

Das Harzburger Modell strebt die Führung im Mitarbeiterverhältnis mit Delegation von Verantwortung an und soll die autoritäre Führung ablösen. Das auf Befehl und Gehorsam beruhende Prinzip der Führung von Mitarbeitern wird als unzeitgemäss abgelehnt. Der Vorgesetzte greift nur dann ein, wenn starke Abweichungen vom angestrebten Ziel auftreten. Dazu müssen funktionierende Verfahrensvorschriften und exakte Definitionen der Verantwortungs- und Entscheidungskompetenz ausgearbeitet und ein Informations- und Kontrollsystem eingeführt werden. Siehe → Management by Delegation.

Headhunting

Eine Art der Personalsuche, die insbesondere bei der Besetzung von Führungspositionen oder hochqualifizierten Spezialisten eingesetzt wird. Auftragsbezogen werden potenzielle Mitarbeiter, die in einem anderen Unternehmen beschäftigt sind, direkt (persönlich oder telefonisch) kontaktiert. Diese Direktansprache wird als Headhunting bezeichnet. Hierbei handelt es sich nicht um eine Arbeitsvermittlung durch einen Personalberater. Problematisch kann ein solches Vorgehen werden, wenn eine Schwächung der Marktposition des Mitbewerbers durch die Abwerbung - eventuell mit einem Vertragsbruch verbunden – stattfindet.

Heimarbeit

Heimarbeit und Teleworking ist Arbeit, die nicht in den Büros des Arbeitgebers, sondern für diesen im eigenen Heim geleistet wird. Mehr Selbstverantwortung, individuellere Arbeitsbedingungen, Freizeitgewinn durch Wegfall des Arbeitsweges, Dezentralisierung und Flexibilisierung der Arbeit sind einige Gründe, weshalb Heimarbeit als modernes Arbeitsmodell an Bedeutung gewinnt. Heimarbeit bietet dem Arbeitgeber Vorteile wie Reduktion von Raum- und Infrastrukturkosten, mögliches Engagement für Randregionen, Ausgleich von Produktionsschwankungen und mehr. Durch den Heimarbeitsvertrag verpflichtet sich der Heimarbeitnehmer, in seiner Wohnung oder in einem anderen, von ihm bestimmten Arbeitsraum, allein oder mit Familienangehörigen Arbeiten im Lohn für den Arbeitgeber auszuführen.

Rechtsinformation: Rechtliche Bestimmung zur Lohnausrichtung: Steht der Heimarbeitnehmer ununterbrochen im Dienst des Arbeitgebers, so ist der Lohn für die geleistete Arbeit halbmonatlich oder mit Zustimmung des Heimarbeitnehmers am Ende jedes Monats, in den anderen Fällen jeweils bei Ablieferung des Arbeitserzeugnisses auszurichten. Bei jeder Lohnzahlung ist dem Heimarbeitnehmer eine schriftliche Abrechnung zu übergeben, in der für Lohnabzüge der Grund anzugeben ist.

www.heimarbeit.ch

Hierarchie

Über- und Unterordnung von organisatorischen Aktionseinheiten sowie die Zahl der Ebenen einer Aufbauorganisation. Eine hierarchisch übergeordnete Ebene hat im allgemeinen Weisungsbefugnisse gegenüber den untergeordneten Stellen. Eine Abflachung der Hierarchie wird durch Delegation, Dezentralisation, autonome Gruppenarbeit und Verminderung der Zahl der hierarchischen Stufen erreicht. Eine flachere Organisationspyramide ermöglicht eine Verkürzung der Entscheidungs- und Informationswege.

High Potentials

Bezeichnung für hochbegabte und -qualifizierte Berufsleute, die sich vor allem durch soziales Verhalten und Engagement auszeichnen, sog. Überflieger, die für Spitzenpositionen in Unternehmen vorgesehen sind.

HR Ausbildungen

Es gibt mittlerweile in der Schweiz zahlreiche Möglichkeiten fundierter und professioneller Aus- und Weiterbildungsmöglichkeiten zum Personal- und HR-Fachmann bzw. Fachfrau. Im Zentrum steht dabei der Lehrgang Eidg. dipl. Leiterin/Leiter Human Resources. Mehr Informationen findet man zu diesem wichtigen Themenkreis im Internet unter folgender Webadresse:

www.hrpruefungen.ch

HRM-Software

Unternehmerischer Erfolg hängt immer stärker davon ab, die besten Mitarbeiter zu gewinnen, optimal einzusetzen und nachhaltig an das Unternehmen zu binden. Optimierte HR-Prozesse ermöglichen höhere Wertschöpfung. Dabei rücken insbesondere strategische Aufgaben in den Vordergrund, was eine Entlastung der HR-Manager von administrativen Aufgaben voraussetzt. Routinearbeiten können mit Hilfe IT-gestützter Prozesse automatisiert werden, was Zeit und Kosten spart. Mit dem gewonnenen Freiraum kann sich die Personalabteilung verstärkt auf kreative und kommunikative HR-Aufgaben konzentrieren.

HR Portal

HR-Portale sind Business to Business-Plattformen im Internet, die Führungskräften und HR-Managern Informationen, Produkte und Dienstleistungen zur täglichen Personalarbeit vermitteln. Mit ihrer Angebotspalette decken HR-Portale viele Bereiche des Personalmanagements ab. Regelmässig gehören dazu Personalbeschaffung und -auswahl, Personalentwicklung, Lohn- und Gehalt, Arbeitszeit und Freistellung sowie die Querschnittsfunktionen Informationssysteme, Personalcontrolling, Arbeitsrecht und Personalführung. Das Angebot umfasst in der Regel verschiedene Formen der Information und Kommunikation, wie zum Beispiel a) Foren (Online-Diskussionsplattformen) b) Chats (Livediskussionen) c) Newsletterservices d) Literaturhinweise e) Video- und Audiostreams zu verschiedenen Themen f) Wissensarchive wie zum Beispiel Glossare und mehr.

HR Shared Services

Ziel des HR Shared Services Centers ist es im allgemeinen, durch Zusammenlegung und Standardisierung gleichartiger, administrativer Prozessbestandteile Kosten- und Effizienzvorteile und Qualitätsverbesserungen in administrativen Bereichen im allgemeinen und im Personalwesen im Falle von HR Shared Services im besonderen zu erreichen. Es geht im Kern darum, grundlegende administrative Aufgaben wie beispielsweise die Personaldatenverwaltung und Dokumentenerstellungen zu bündeln und kosteneffizient abzuwickeln. Der durch Shared Services gewonnene Spielraum ermöglicht einen vermehrten Fokus auf strategischere und Mehrwert bringende Aktivitäten.

Human Relations

Human Relations ist ein Begriff bzw. eine Bezeichnung für zwischenmenschliche Beziehungen innerhalb eines Betriebes. Dabei werden die sozialen Bedürfnisse des Menschen (wie Kommunikation, Anerkennung, Gruppengefühl) betont. Auch soziale Normen und Werte, die ausserhalb der jeweiligen Organisation entstanden sind, werden berücksichtigt.

Humanisierung der Arbeit

Darunter versteht man die menschengerechte und arbeitnehmerfreundliche Gestaltung der Arbeit und mit ihr zusammenhängende Umstände wie z.B. der Arbeitsplatz (→ Personalwirtschaft). Wichtig dabei sind die Verbesserung der physischen, psychischen und sozialen Arbeitsbedingungen. Dabei kann man unter menschengerechter Gestaltung verstehen, dass die Arbeit durchführbar, schädigungslos und fähigkeitserweiternd ist und die Entwicklung der Persönlichkeit miteinbezieht.

Humankapital

Das in einem Unternehmen verfügbare und nutzbringende Wissen wird heute oft als Intellectual Capital bezeichnet. Edvinsson und Malone unterteilten das intellektuelle Kapital in die Bereiche Human- und Strukturkapital. Das Strukturkapital wiederum beinhaltet das Kunden- und das Organisationskapital. Zum Humankapital gehören alles Wissen und alle Fähigkeiten der Mitarbeiter eines Unternehmens, auch die übergreifenden Kenntnisse. Alle Strukturen, Routinen, Informationssysteme, Kundenbeziehungen, Patente, etc. die im Unternehmen - unabhängig von den Mitarbeitern - vorhanden sind, bilden das Strukturkapital.

Humanvermögensrechnung

Mit der Humanvermögensrechnung werden die Mitarbeiter als Vermögen und ausdrücklicher Wert des Unternehmens berücksichtigt, um den Wert des Mitarbeiters und der Arbeitskraft als ganzes für das Unternehmen einschätzen zu können. Ein viel diskutierter Ansatz ist dabei die Sozialbilanz, die sich aber in der Schweizer Betriebspraxis noch nicht durchgesetzt hat.

Hygienefaktoren

Dies ist ein Begriff aus der → Zweifaktorentheorie von Herzberg: Hygienefaktoren (im Gegensatz zu Motivatoren) eignen sich zum Abbau von Unzufriedenheit. Dabei wird die Meinung vertreten, dass Arbeitsunzufriedenheit von nicht genügend stark ausgeprägten Hygienefaktoren verursacht werden. Diese Faktoren sind z.B. Gehalt, Überwachung, Beziehungen zu Führungskräften und Mitarbeitern, etc. Somit sind Hygienefaktoren nur wirksam, wenn sie Arbeitsunzufriedenheit vermeiden beziehungsweise entstehen lassen. Arbeitszufriedenheit im anderen Fall wird von Motivatoren beeinflusst, das sind vor allem das Gefühl, beruflich erfolgreich zu sein, Anerkennung durch Kollegen und Vorgesetzte, Verantwortung am Arbeitsplatz und in der Arbeit sowie Möglichkeiten der beruflichen Weiterentwicklung.

I

Image

Das Bild, welches man sich von einem Unternehmen und dessen Produkten macht. Das Image wird gebildet aus allen (positiven und negativen) Handlungen, Auftritten und Aussagen, die aus dem Unternehmen in die Öffentlichkeit gelangen. Es ist sehr empfindlich und kann sehr schnell ins Negative kippen. Ein negatives Image wieder ins Positive zu kehren, kostet um Vielfaches mehr, als das positive Image zu pflegen. Siehe → Corporate Identity.

Imitationslernen

Beim Bewegungslernen, aber auch beim Lernen von Sprachen, erfolgt ein wesentlicher Teil des Lernens durch die Nachahmung des "Modells". Nachgeahmt werden Vorbilder und Verhaltensweisen, welche Eindruck machen oder Erfolg versprechen. Vieles hiervon spielt im unbewussten ab. *Lehrende* sind immer in einem gewissen Masse "Vorbilder", von denen einzelne *Lernende* Redensarten, Sprechweisen, Verhaltensweisen oder Einstellungen übernehmen.

Incentives

Aus allgemeiner personalwirtschaftlicher Sicht werden mit Incentives alle Formen betrieblicher Leistungsanreize, wie z.B. Gehalt, freiwillige Sozialleistungen, Arbeitsplatzsicherheit, Aufstiegsmöglichkeiten, usw. bezeichnet. Inzwischen hat sich jedoch weitgehend eine Eingrenzung des Begriffs auf nicht-materielle Leistungsanreize durchgesetzt. Typisch für Incentives sind daher Auszeichnungen mit einem hohen ideellen oder symbolischen Stellenwert. Beispiele aus der Praxis sind Erlebnisreisen, Wochenendaufenthalte oder die Teilnahme an besonderen Events. Eine Bedeutung haben Incentives jedoch nicht nur als Auszeichnung, sondern auch als Motivatoren für nicht oder weniger erfolgreiche Mitarbeiter. Eine besondere Rolle spielen Incentives im Vertriebsumfeld.

Individualarbeitsrecht

Das Individualarbeitsrecht regelt mittels Einzelarbeitsvertrag EAV die Rechtsbeziehung zwischen einem Arbeitgeber und einem unselbständigen Arbeitnehmer in der Privatwirtschaft.

Individualplanung

Unterschieden wird zwischen a) Laufbahnplanung (Karriereplanung): diese enthält Positionsstrukturen, ist aber nicht auf konkrete Arbeitsplätze ausgerichtet b) Nachfolgeplanung: berücksichtigt die zukünftige Besetzung von Positionen aufgrund von Beförderungen, Austritten, Versetzungen, Pensionierungen c) Einarbeitungsplanung: Nur aufgrund einer detaillierten Einarbeitungsplanung können neue Mitarbeiter den Anforderungen des Arbeitsplatzes gerecht werden. Eine sorgfältige Einarbeitungsplanung ist geeignet, Fluktuation und unnötige Kosten zu vermeiden d) Entwicklungsplanung: Der Personalentwicklungsplan (Fortbildungsplan) ist die Feststellung des Bildungsbedarfes und die Prognose der Bildungserfordernisse. Dabei werden Kenntnisziele, Berufsziele und Zielstellen von Fach- und Führungskräften berücksichtigt. Ein Beispiel dafür sind Trainee-Programme. Bei allen Planungsarten geht es darum, welches Potential der Mitarbeiter hat und welche Stellen frei werden. Dazu sind eventuell Förderungsmassnahmen notwendig. Diese Fragestellungen sind vor allem bei Fach- und Führungskräften von grosser Bedeutung, da diese für das Unternehmen teuer sind.

Informationsgespräche

In einem systematisch durchgeführten Informationsgespräch geht es um den Austausch von Informationen zwischen Führungskraft und Mitarbeiter. Der Mitarbeiter informiert dabei über seine Arbeit und erhält von der Führungskraft Informationen, die für seine weitere Arbeit wichtig sind und umgekehrt. Informationsgespräche erzeugen Transparenz und Sicherheit bezüglich Zielerreichung, Zwischenstand und Richtigkeit eines eingeschlagenen Weges.

Informationsmittel

Grundsätzlich kann man in einem Unternehmen mündliche und schriftliche Informationen unterscheiden. Bei der mündlichen Information sind die Mittel das Einzel- oder das Gruppen- und Abteilungsgespräch. Mündliche Informationen sind immer nachhaltiger und wirksamer. Zu den schriftlichen Informationsmitteln gehören: Memos, Berichte, Protokolle, Formulare, Umläufe, Informationsblätter und Rundschreiben, Mitarbeiterzeitschriften, Mitarbeiter- oder Betriebshandbücher, Plakate, schwarze Bretter. Durch den Einsatz moderner Informations- und Kommunikationstechniken wie Intranet, Internet, E-Mails, elektronische Bretter, E-Communities und mehr als Informationsmittel bekommt die Verteilung und die zeitliche Verfügbarkeit von Informationen zusätzliche, sehr effektive Möglichkeiten.

Initiativbewerbung

Stellenangebote in den Printmedien, im Internet oder bei den Arbeitsämtern repräsentieren erfahrungsgemäss nur einen Teil des Personalbedarfs der Unternehmen (Schätzungen sprechen z.B. von ca. nur 10 – 50 % des Bedarfs an hochqualifizierten Spezialisten und oberen Führungskräften). Mit einer Initiativbewerbung wird nun versucht, diesen verdeckten oder latenten Bedarf zu ermitteln und zu nutzen. Im Gegensatz zur heute nicht mehr empfehlenswerten Blindbewerbung richtet sich die Initiativbewerbung somit an sehr gezielt ausgesuchte Unternehmen, bei denen sich die Bewerber vor Absendung einer Bewerbung telefonisch über den tatsächlichen aktuellen oder zukünftigen Bedarf an Mitarbeitern ihrer Qualifikation informiert haben.

Innere Kündigung

Gründe wie schlechtes Arbeitsklima, Führungsfehler, autoritäres Verhalten, unzureichende Informationen, verletzende Beurteilungsgespräche, Übergehen bei Beförderungen usw. können bei Mitarbeitern zur inneren Kündigung führen. Ein weiterer, häufiger Grund der inneren Kündigung kann auch ein bevorstehender, bereits bestätigter Arbeitsplatzwechsel sein. Die Folgen der inneren Kündigung sind gravierend und werden oft unterschätzt. Nehmen sie in einem Betrieb überhand, sind sie ein ernst zu nehmendes Alarmzeichen. Frustration, Demotivation und Resignation von Mitarbeitern mit weitgehenden Leistungseinbussen sind die Folge. Der Mitarbeiter zeigt nur noch wenig Initiative, distanziert sich von seinen Aufgaben und von den Zielen des Betriebes. Symptome innerer Kündigungen können sein: Passivität und Interesselosigkeit - Mangel an Initiative und Kreativität - Kein Interesse an Aus- und Weiterbildung - Keine Teilnahme an internen und externen Veranstaltungen - Minimale Leistungskapazitäten - Extreme und unkritische Anpassung - Beendigung des Arbeitstages mit der "Stoppuhr" - Kritikloses Hinnehmen und Akzeptieren von Anweisungen - Keine Kritik und eigene Vorstellungen - Negative und ironische Verhaltensweisen und Bemerkungen - Häufigere und länger dauernde Absenzen.

Inplacement

Die Folge von Umstrukturierungen können Personalfreisetzungen sein. Die betroffenen Arbeitnehmer werden dann bei ausreichender Qualifikation durch ein sogenanntes Inplacement weiter betreut. Diese Betreuung kann sich auf anderweitig offene Stellen beziehen. Die sich aus einem Inplacement ergebenden Vorteile für das Unternehmen sind: Betriebskenntnisse, raschere Personalauswahl, höhere Akzeptanz. Outplacement bezieht sich dagegen auf Mitarbeiter, die tatsächlich den Betrieb verlassen.

Institut für Organisation und Personal

Das Institut für Organisation und Personal (IOP) ist ein bekanntes, aktives und wissenschaftlich unabhängiges Institut der Universität Bern, das sowohl national als auch international ausgerichtet ist. Schwerpunkte bilden die Fachgebiete Organisation und Personal als wichtige Komponenten der Unternehmensführung. Das IOP fördert das europäische und globale Denken. Weiterführende Informationen findet man im Internet unter folgender Webadresse:

www.iop.unibe.ch

Intelligenztests

Intelligenztests messen in unterschiedlichen Verfahren die allgemeine Intelligenz oder einzelne Intelligenzkomponenten. Gemessen werden überwiegend Fähigkeiten wie a) sprachliches Verständnis b) Merkfähigkeit c) logisches Denken d) räumliches Vorstellungsvermögen e) Erkennen von Details f) Beherrschung von Rechenoperationen g) kommunikative Begabung. Mit Intelligenztests wird zudem auch versucht, die intellektuelle Leistungsfähigkeit (praktisch-rechnerisches Denkvermögen, Kombinations-, Abstraktions- und Vorstellungsfähigkeit) zu bestimmen. Als Mittel zur Personalauswahl besteht das Problem von Intelligenztests darin, dass nicht hinreichend angegeben werden kann, in welcher Beziehung die Intelligenz zur Erfüllung einer Arbeitsaufgabe steht. Der Einsatz von Intelligenztests als Instrument der Personalauswahl ist daher gut zu überlegen. Siehe → Leistungstests.

Internet

Das Internet ist für HR-Verantwortliche, Führungskräfte und Mitarbeiter ein hervorragendes Informations- und Kommunikationsinstrument, welches für inner- und ausserbetriebliche Zwecke eingesetzt werden kann. Nutzungs-Missbräuche und Virengefahr im E-Mail-Verkehr sind nur zwei Stichworte zur Kehrseite der Medaille. Ein gesamtbetriebliches Reglement zur Internetnutzung, Aufklärung und Informationen des IT-Supports und Schulungen zur verantwortungsvollen und gekonnten Nutzung sind Massnahmen zur Problemlösung.

Internet Based Learning

Dies umfasst Lernprozesse, die durch Internet-Technologien unterstützt werden. In der Regel umfassen diese formale Unterrichtseinheiten und Werkzeuge zur Kommunikation. Auch schliesst internetbasiertes Lernen die Vermittlung von Lerninhalten über Intranets, Extranets und CD-ROM ebenfalls mit ein. Der Begriff wird immer mehr als Synonym für E-Learning verwendet.

Intranet

Ein internes, nur für Mitarbeiter eines Unternehmens zugängliches geschlossenes Internet, welches als Informations- und Kommunikationsplattform eingesetzt werden kann und auch im Personalwesen an Bedeutung gewinnt.

Intrinsische Motivation

Von intrinsischer Motivation wird gesprochen, wenn ein interner Anreiz besteht, der subjektiv als interessant oder notwendig angesehen wird, um einen anderen Sachverhalt zu verstehen. Neugiermotivation ist ein Beispiel für intrinsische Motivation. Dabei können des weiteren zwei Typen intrinsischer Motivation unterschieden werden: das Prinzip "need to succeed" gilt bei Erfolgsorientierung, "need to avoid failure" bei Misserfolgsvermeidung als primäre Zielsetzung. In den meisten Fällen spielen beide Faktoren eine Rolle. Externe Anreize werden als → extrinsische Motivation bezeichnet.

Intuitive Führung

Darunter ist ein Verhalten der Führung zu verstehen, welche anstatt auf rationale Überlegungen und Beobachtungen eher auf Führung durch Intuition setzt. Dadurch kann es zu Konflikten mit anderen Führungsmitgliedern kommen, die eher einen Führungsstil rationaler und traditioneller Art haben.

Invalidenversicherung (IV)

Eine gesamtschweizerische obligatorische Versicherung. Die IV kommt zum Einsatz, wenn jemand auf Dauer nicht oder nicht mehr arbeitsfähig ist. Bevor die IV aber beispielsweise eine Rente bezahlt, bemüht sie sich um die Wiedereingliederung der Erkrankten und Verunfallten ins Arbeitsleben. Die Beiträge an die IV sind obligatorisch und werden zusammen mit der AHV erhoben.

Ihr Ziel ist es, den Versicherten mit Eingliederungsmassnahmen oder Geldleistungen die Existenzgrundlage zu sichern, wenn sie invalid werden. Die IV ist Teil des eidgenössischen Sozialversicherungsnetzes. Dieses basiert auf dem Dreisäulenkonzept: die staatliche Versicherung mit IV, AHV und den Ergänzungsleistungen (EL) als erste Säule, die berufliche Vorsorge (Pensionskasse) als zweite Säule und die Selbstvorsorge als dritte Säule. Dieses Sozialversicherungssystem wird ergänzt durch die öffentliche Sozialhilfe; auch als Fürsorge bezeichnet, bildet sie das letzte Auffangnetz.

Investivlohn

Der Investivlohn ist ein Teil des Gehalts, der nicht als Geld an den Arbeitnehmer ausgezahlt wird, sondern in Form einer Beteiligung (Aktien, Darlehen, Kapitalbeteiligung) am Unternehmen. Mitarbeiter stellen ihrem Arbeitgeber nach diesem Konzept der → Mitarbeiterbeteiligung Geld zur Verfügung und werden so Miteigentümer. Angestellte, die sich an der Firma ihres Arbeitgebers beteiligen, sind Studien zufolge motivierter, leistungsstärker und eher bereit, sich länger ans Unternehmen zu binden. Jenseits dieser Effekte verfolgen Unternehmen vor allem betriebswirtschaftliche Ziele: Mit dem Kapital ihrer Mitarbeiter finanzieren sie Projekte, expandieren und verbessern ihr Rating bei den Banken.

Ist-Aufnahme

Systematische Erfassung und Analyse des Ist-Zustandes der vorhandenen Stellen, ihrer derzeitigen Aufgaben insgesamt und der zu ihrer Erfüllung bestehenden formellen und informellen organisatorischen Regelungen, z.B. Stellvertretung, Zielsetzung, Kompetenzen, Kontakte. Die Ist-Aufnahme soll die Voraussetzungen und Ausgangsbedingungen für die einzelnen Stellenbeschreibungen schaffen; ist also einer der ersten und wichtigsten Schritte der ganzen Stellenbeschreibungsaktion. Am Beginn der Erhebung steht eine indirekte Befragung in Form einer Fragebogenaktion, in die alle Stelleninhaber einbezogen werden. Weisen nach der Grobauswertung einzelne Fragebogen noch Unklarheiten auf, so wird, begrenzt auf die betreffenden Stellen, die schriftliche Befragung ergänzt und abgerundet durch eine gezielte Direktbefragung in Form von Interviews.

J

Jahresarbeitszeit

Bei Jahresarbeitszeitmodellen werden nicht die pro Woche, sondern die in einem Jahr insgesamt zu leistenden Arbeitsstunden festgelegt. Bei einer 37-Stunden-Woche beispielsweise beträgt die Jahresarbeitszeitsumme etwa 1924 Stunden (52 Wochen x 37 Std.). Zieht man die Ferientage sowie die gesetzlichen Feiertage ab, erhält man eine Nettojahresarbeitszeit von etwa 1620 Stunden. Vorteile können sein: a) die Leistungskapazität dem jeweiligen Arbeitsanfall flexibel anzupassen und damit Kosten einzusparen b) die Reduktion der Arbeitslosigkeit bei starken Auftragsschwankungen c) die Abstimmung vom Anfallen des Arbeitsvolumens mit den Freizeitbedürfnissen von Mitarbeitern.

Jahresferienverteilung

Dies ist ein Begriff aus dem Personalcontrolling und bezeichnet eine HR-Kennzahl. Sie informiert darüber, wie viele Mitarbeiter sich in welchen Monaten in den Ferien befinden. Sie ist für Betriebe mit saisonalen Schwankungen des Auftragseingangs wichtig und eine hilfreiche Grundlage für die Urlaubsplanung generell. Die Zahlen können, je nach Organisation, von der Personalabteilung und dem verantwortlichen Linienvorgesetzten mittels Einsatzplänen und Präsenzstatistiken eruiert werden.

Job Enlargement

Darunter versteht man eine quantitative Tätigkeits- oder Aufgabenerweiterung. Beispiel: Ein Aussendienstverkäufer übernimmt zusätzlich Serviceaufgaben mit dem Ziel, Kundenbedürfnisse praxisorientierter zu verstehen. In der Regel werden die betroffenen Mitarbeiter durch höheren Arbeitsanfall mehr als vorher gefordert; können sie dieser höheren Anforderung dauernd entsprechen, erweitern sie aber ihre Qualifikation.

Job Enrichment

Das Job Enrichment stellt eine Aufgabenbereicherung dar, bei der neue, qualitativ höherwertige Aufgaben den bestehenden Aufgaben hinzugefügt werden, d.h. es erfolgt eine strukturelle Änderung der Arbeitssituation. Job Enrichment zielt auf eine bessere Arbeitssituation für den Mitarbeiter, führt vielfach zu einer Höherqualifizierung des Mitarbeiters, kann aber gleichzeitig auch eine Höherqualifizierung voraussetzen.

Job Rotation

Job Rotation ist ein systematischer Arbeitswechsel oder Arbeitsplatzwechsel. Es wird häufig bei Führungskräften zur Einarbeitung praktiziert, damit diese das Unternehmen kennenlernen (Trainee). Der Arbeitsplatzwechsel erfolgt planmässig und umfasst gleichwertige oder ähnliche Aufgaben für den Mitarbeiter. Bei Facharbeitern kann es zur Erreichung von Mehrfachqualifikation dienen. Durch Job Rotation kann die Motivation des Mitarbeiters erhöht werden. Ein Nachteil ist die immer wieder notwendig werdende Einarbeitung.

Job Sharing

Die auf freiwilliger Basis und dauerhaft angelegte Teilung eines bisher vollzeitlich besetzten Arbeitsplatzes zwischen zwei oder mehreren Mitarbeitern. Zur Abgrenzung der Einzelaufgaben, zur Sicherung der Kontinuität bei der Erledigung der Aufgaben, zur eindeutigen Aufgliederung der Kompetenzen sowie zur Klarstellung der Verantwortlichkeit für die Gesamtaufgaben empfiehlt sich die Stellenbeschreibung.

Rechtsinformation: Regelungen bei Lohnfortzahlung oder Vertretung: Sharing-Partner haben bei unverschuldeter Verhinderung selbstverständlich Anspruch auf die übliche

Lohnfortzahlung. Entscheidend ist jedoch, ob die anderen Partner dieses Fehlen vertreten müssen und wie diese Vertretung entschädigt wird. Bei Mehrarbeit: Grundsätzlich wird davon ausgegangen, dass die von den Vertretenden zu leistende Mehrarbeit zwar zu entschädigen ist, jedoch nicht als zuschlagspflichtige Überstundenarbeit behandelt wird. Arbeitnehmende, die sich eine Stelle teilen, haben sich somit rechtzeitig über ihre jeweiligen Arbeitszeiten abzusprechen.

Kaizen

Der aus dem Japanischen kommende Begriff Kaizen kann mit "Veränderung zum Besseren" umschrieben werden. Der "Kontinuierliche Verbesserungsprozess" (KVP) ist eine bei VW entwickelte Variante dieser Firmenstrategie. Wichtig ist dabei die Einsicht, dass dies ein Prozess ist, der nie abgeschlossen sein wird. Deshalb kann Kaizen keine Methode sein, sondern vielmehr eine Geisteshaltung. Dabei stehen die Kundenorientierung und die Qualität der Produkte und des Unternehmens im Mittelpunkt.

Kapitalbeteiligung

Mitarbeiter werden am Eigenkapital der Firma beteiligt. Damit bezweckt man unternehmerisches und wirtschaftliches Denken und Handeln von Mitarbeitern und stärkt entscheidend das Kostenbewusstsein jedes Mitarbeiters.

Kennzahlen

Jede Unternehmensleitung ist auf Zahlen angewiesen, um ein Unternehmen erfolgreich führen zu können. Diese liefern in den Unternehmen in der Regel das Rechnungswesen oder der Steuerberater. Damit Führungskräfte und Entscheider nicht mit einer wahren Flut von Original Unternehmensdaten konfrontiert werden, werden Kennzahlen gebildet, die die sich abzeichnenden Entwicklungen klar und verständlich aufzeigen. Kennzahlen sind Zahlen, die im Hinblick auf das Unternehmen hohen Aussage- und Erkenntniswert besitzen. Sie dienen in erster Linie der Analyse betrieblicher Zustände und Entwicklungen. Sie lassen sich sowohl unternehmensintern als auch –extern ermitteln. Kennzahlen gibt es für den Betriebsvergleich, für die Unternehmensführung, für Bilanzwerte und für den

Umsatz. Die wichtigsten Kennzahlen für ein Unternehmen sind Cashflow und Return on Investment.

Kennzahlen-Cockpit

Ein Begriff aus dem Personalcontrolling. Ein Kennzahlen-Cockpit ist die technische und softwarebasierende Umsetzung eines Kennzahlensystems in visualisierter und verdichteter Form. Die Verdichtung beinhaltet eine Quantifizierung und darauf aufbauend eine Qualifizierung von Informationen, um Informationen übersichtlicher und anschaulicher darzustellen. Häufig zu finden ist die Darstellung von Kennzahlen als Ampel-, Tachometer- oder Thermometer-Darstellung. Kennzahlen-Cockpits können als eigenständiges Informationssystem - beispielsweise im HR-Bereich - oder als Bestandteil eines Management-Informationssystems realisiert werden. Eine besondere Form des Kennzahlen-Cockpits stellen die Realisierungen einer Balanced-Scorecard zur Unternehmenssteuerung dar.

Zu diesem Thema finden Sie im Kapitel „Arbeitshilfen und Vorlagen" ein einfaches Muster-Kennzahlenmodell.

Kernkompetenz

Die entscheidende Schlüsselfähigkeit eines Unternehmens oder einer Person zur Leistungserbringung als wichtiger Wettbewerbs- und Qualitäts- bzw. auch Qualifikationsvorteil.

Kinderzulage

Die Kinderzulage wird bis zum vollendeten 16. Altersjahr ausgerichtet. Sie wird bis zum vollendeten 25. Altersjahr entrichtet für Kinder in der Ausbildung und bis zum vollendeten 20. Altersjahr für Kinder, die wegen einer Krankheit oder eines Gebrechens erwerbsunfähig sind, sofern sie keine ganze Rente der Invalidenversicherung beziehen. Kinderzulagen sind als Beitrag an die zusätzlichen Leistungen gedacht, die Familien oder Einzelpersonen mit Kindern erbringen. Kinderzulagen sind eine selbständige

Sozialleistung, die von den Arbeitgebenden solidarisch finanziert wird. Die rechtlichen Grundlagen dazu sind kantonal geregelt, im Kanton Zürich durch das Gesetz über die Kinderzulagen für Arbeitnehmer (KZG).

Knowledge Management

Sinngemässe deutsche Bezeichnung ist hierfür der Begriff Wissensmanagement. Identifikation, Entwicklung, Nutzung und Messung von Wissen. Auf den Punkt gebracht versteht man darunter das Wissen in lernenden Organisationen managen zu können.

Kognitive Dissonanz

Mit früher gemachten Erfahrungen nicht übereinstimmende Wahrnehmungen, eine psychologische Erkenntnis, die vor allem beim Entscheidungsverhalten angesprochener Zielgruppen verwendet wird und auch für das Personalmarketing seine Gültigkeit und Bedeutung haben kann.

Kollektives Arbeitsrecht

Normen, welche das Rechtsverhältnis und den geordneten Umgang zwischen Arbeitgebern und Arbeitnehmern kollektiv regelt. Das kollektive Arbeitsrecht, welches auf Gesamtarbeitsverträgen basiert, regelt das Zusammenwirken von Verbänden – meistens Gewerkschaften und Arbeitgeberverbänden – was also nicht das einzelne Arbeitsverhältnis betrifft.

Kollektivplanung

Bei der Kollektivplanung geht es um die Planungsfragen der Gesamtbelegschaft oder einer bestimmten Teilgesamtheit (z.B. Bedarfsplanung der Angestellten). Im einzelnen umfasst die Kollektivplanung die Teilaufgaben: a) Bestandsplanung, b) Bedarfsplanung, c) Einsatzplanung sowie d) Personalveränderungsplanung. Ihr Ausgangspunkt ist der aktuelle Personalbestand, der im Idealfall dem Stellenbestand entspricht. Ist dies nicht der Fall, spricht man von einem Personaldefizit bzw. einem Personalüberhang.

Kommunikation

Intensiver Informationsaustausch, ein grundlegendes Erfordernis jeder Organisation und Basis jeder Kooperation. Informationen (Daten, Nachrichten, Fakten) werden wechselseitig und lückenlos weitergegeben sowie gefundene Problemlösungen einander mitgeteilt; dadurch wird eine verbesserte Koordination zwischen den Stellen ermöglicht.

Kompetenzen

Kompetenzen als Sammelbegriff wird benutzt für "Wissen, Fähigkeiten, Motivation, Interesse, Fertigkeiten, Verhaltensweisen und anderen Merkmalen, die eine Person für eine erfolgreiche Bewältigung ihrer Aufgaben benötigt. Fachkompetenz umfasst alle Kenntnisse, Fähigkeiten und Fertigkeiten, die zur Bewältigung des sachlichen Aspektes der beruflichen Tätigkeit erforderlich sind. Es gibt mehrere Kompetenzfelder: *Fachkompetenz* umfasst alle Kenntnisse, Fähigkeiten und Fertigkeiten, die zur Bewältigung einer beruflichen Tätigkeit erforderlich sind. *Methodenkompetenz* umfasst universelle Problemlösungskompetenzen, die in beruflichen und persönlichen Handlungssituationen angewandt werden können. Hierzu gehören beispielsweise Problemlösungs- und Entscheidungsfindungstechniken, die sicherstellen, dass auch neuartige Situationen bewältigt werden können. *Sozialkompetenz* umfasst alle Fähigkeiten, im sozialen Umfeld adäquat und erfolgreich zu agieren. Hierzu gehört beispielsweise die Kooperation mit anderen, die Fähigkeit, sich in andere hineinzuversetzen, Mitarbeiter für Ziele zu gewinnen und deren Leistungen anerkennen zu können.

Kompetenzmanagement

Darunter versteht man die ganzheitliche aktive Gestaltung rund um Mitarbeiterkompetenzen. Es geht dabei um die Identifikation von für den Erfolg eines Unternehmens relevanten Fähigkeiten und Fertigkeiten, klaren Vorstellungen und Systematisierung der Anforderungen mit den erwünschten und vorhandenen Kompetenzen der Mitarbeitenden und die Entwicklung und Gewinnung von notwendigen Kompetenzarten und Skills für den gezielten Einsatz im Unternehmen. Aber auch die Regelung und Sicherstellung, dass Mitarbeitende im Unternehmen gemäss ihren Kompetenzen eingesetzt werden und mit entsprechenden Befugnissen ausgestattet werden, gehört zu den Aufgaben des Kompetenzmanagements.

Konditioniertes Lernen

Dies erfolgt beim sprachlichen Lernen (Auswendiglernen von fremdsprachigen Wörtern, von Gedichten oder Formeln), aber auch beim motorischen Lernen (Velofahren, Malen, Bewegungskombination im Sport und Arbeit). Damit konditioniertes Lernen möglich wird, ist es nötig, dass die einzelnen Schritte so oft wiederholt werden, bis sie "automatisch" funktionieren.

Konfliktmanagement

Konfliktmanagement bezieht sich auf konstruktive Bewältigung von Konflikten (Erkennen, Verstehen, Lösen) in Institutionen und sozialen Gruppen. Es gibt fünf grundlegende Überlegungen zur konstruktiven Konfliktbearbeitung: 1) Zwischen Mensch und Problem unterscheiden 2) Zwischen Position und Bedürfnis unterscheiden 3) Die verschiedenen Ebenen eines Konflikts beachten (Oft geht es in Konflikten gar nicht um den vordergründigen Streitgegenstand, sondern eigentlich um lange zurückliegende unbearbeitete Konflikte, Missverständnisse, Machtkämpfe). Die Frage, worum es wirklich geht, gelingt oft mit der Frage: Gibt es irgend etwas, das ich noch nicht verstanden habe? 4) Die Kommunikation aufrechterhalten und wieder herstellen 5) Nach neuen Lösungen suchen. Konflikte machen sich oft durch → Konfliktsymptome bemerkbar.

Konfliktsymptome

Konflikte zeigen oder kündigen sich sehr oft druch bestimmte Symptome an. Je früher auf diesem Weg Konflikte erkannt werden, desto besser und schneller können sie konstruktiv in einem Gespräch angegangen werden, bevor sie eskalieren. Konflikte zeigen in Beziehungen und in Teams meistens - je nach Stadium des Konfliktes - folgende Symptome: a) Verschlechterung der Kommunikationsbeziehung b) Entstehung verstärkter Eifersucht und Missgunst c) Steife und förmliche Kommunikation d) Zunehmende Feindseligkeiten und Sticheleien e) Streit über Kleinigkeiten f) Tendenz, bei Problemen den Schuldigen zu strafen, nicht aber nach der Lösung zu suchen g) gesteigerte Empfindlichkeiten h) nervöse, spannungsgeladene Atmosphäre.

Konkurrenzklausel

Darunter versteht man ein Wettbewerbsverbot. Ein Vertragsbestandteil eines Vertrages zwischen Arbeitgeber und Arbeitnehmer. Somit werden Angestellten, Handelsvertretern usw. für eine bestimmte Zeit nach Beendigung des Arbeitsverhältnisses in der Ausübung von Tätigkeiten für Konkurrenten des vorherigen Arbeitgebers eingeschränkt oder sogar verboten.

Konkurrenzverbot

Das Obligationenrecht verbietet dem Arbeitnehmer, den Arbeitgeber während der Dauer des Arbeitsverhältnisses zu konkurrenzieren. Das aus der Treuepflicht resultierende Wettbewerbsverbot ist jedoch auf die Dauer des Arbeitsverhältnisses beschränkt.

Rechtsinformation: Die in diesem Zusammenhang oft zur Sprache kommende Verschwiegenheitspflicht verhindert eine konkurrierende Tätigkeit nach Beendigung des Arbeitsverhältnisses nicht, sondern nur die Mitteilung von geheimzuhaltenden Tatsachen und betriebsspezifischen Informationen und Daten, wie z.B. die technischen Spezifikationen eines patentierten Produktes.

Kooperativer Führungsstil

Der kooperative Führungsstil beinhaltet im Kern die Kompetenz und Motivation in Planungs-, Entscheidungs- und Umsetzungsprozessen von Mitarbeitern. Man orientiert sich an einem partnerschaftlichen Stil der Zusammenarbeit und strebt zum Beispiel eine gemeinsame Zielerreichung an. Konkreter Ausdruck dieses Führungsstils sind oft stattfindende → Mitarbeitergespräche und praktizierte → Zielvereinbarung.

Koordinationsabzug

Begriff aus der beruflichen Vorsorge, der den Betrag definiert, der zur Bestimmung des versicherten Lohnes vom massgeblichen Lohn in Abzug gebracht wird. Im Rahmes des gesetzlichen Minimums nach BVG entspricht er 7/8 der maximalen Altersrente der AHV und dient der Leistungskoordination zwischen der ersten (AHV/IV) und der zweiten Säule (Berufliche Vorsorge). Je nach Vorsorgereglement kann ein anderer oder auch gar kein Koordinationsabzug definiert sein. Die Vorsorgeeinrichtungen haben dabei sicherzustellen, dass die gesetzlichen Mindestleistungen nicht unterschritten werden.

Körpersprache

Untersuchungen zeigen, dass es nur zu einem Drittel auf das Gesagte, aber zu zwei Dritteln auf die nonverbale Kommunikation ankommt. Die Körpersprache als nonverbale Kommunikation kann zur Unterstützung des gesprochenen Wortes genutzt werden, uns aber auch unglaubwürdig erscheinen lassen. Die Körpersprache ist insbesondere bei Bewerberinterviews eine nicht zu unterschätzende zusätzliche Informationsquelle auf der nonverbalen Ebene.

Körpersprache gestattet zu Haltung, Bewegungen, Gestik, Mimik, aber auch Tonhöhe, -melodie und Atmung dem Beobachter Hinweise auf Befindlichkeit und den Charakter eines Bewerbers. Ein Beispiel aus der Praxis: Sucht jemand häufigen Blickkontakt, kann dies den Eindruck von Sympathie vermitteln; wogegen das Vermeiden von Blick-

Krankenversicherung

kontakt oder zur Seite schauen als Desinteresse oder Unsicherheit interpretiert wird.

Krankenversicherung

Nach dem Bundesgesetz über die Krankenversicherung (KVG) ist in der Schweiz die Krankenversicherung für die gesamte Wohnbevölkerung obligatorisch. Dies gilt seit dem Inkrafttreten des Personenfreizügigkeitsabkommens auch für bestimmte Personen mit Wohnsitz in einem Mitgliedsstaat der EU. Die versicherungspflichtigen Personen müssen sich bei einem anerkannten Krankenversicherer versichern lassen.

Krankheit

Gesundheitlich bedingtes Fernbleiben von der Arbeit, welches nach einer bestimmten Zeit mit einem ärztlichen Zeugnis belegt werden muss.

Rechtsinformation: Bei Krankheit von Arbeitnehmenden richtet sich deren Anspruch auf Lohnzahlung oder Krankentaggeld nach den im Arbeitsvertrag vereinbarten Modalitäten. Ist nichts vereinbart, besteht eine Lohnfortzahlungspflicht gemäss Gesetz, wobei das Gesetz den Entscheid über die Dauer der Lohnfortzahlung dem Richter überlässt. Daraus sind die Berner, Basler und Zürcher Skalen entstanden, die je in Abhängigkeit der Dauer des Arbeitsverhältnisses die Lohnfortzahlung regelt.

Kritikgespräch

Das Kritikgespräch ist eine Form des → Mitarbeitergesprächs. Es sollte sorgfältig, objektiv, aufgrund von Fakten und mit Einfühlungsvermögen vorbereitet und durchgeführt werden, um eine demotivierende Wirkung zu vermeiden. Wichtig sind bei einem solchen Gespräch: a) entspannte Atmosphäre erzeugen b) gute Vorbereitung c) Standpunkt des Mitarbeiters einbeziehen d) konkrete und terminierte Lösungsziele vereinbaren e) Gründe für die Kritik offen und objektiv darlegen f) gemeinsam Massnahmen zur Verhinderung einer Wiederholung der zur Kritik führenden Ursache erarbeiten.

Kündigung

Eine Kündigung ist eine einseitige, empfangsbedürftige Willenserklärung. Beide Vertragspartner können unabhängig vom anderen Vertragspartner kündigen. Die Kündigung muss dem anderen Vertragspartner zugegangen sein, damit sie rechtswirksam ist. Falls nicht anders vereinbart, ist auch eine mündliche Kündigung gültig. Sie darf keine Bedingungen enthalten, sonst ist sie nicht rechtswirksam. Kündigungen aus rassistischen oder politischen Gründen sind rechtsunwirksam.

Kündigung während Schwangerschaft

Für schwangere Frauen bestehen bestimmte rechtliche Vorschriften.

Rechtsinformation: Nach Ablauf der Probezeit darf das Arbeitsverhältnis gem. (OR Art. 336c) durch den Arbeitgeber während der ganzen Schwangerschaft sowie 16 Wochen nach der Geburt nicht gekündigt werden. Tritt die Schwangerschaft erst nach erfolgter Kündigung ein, wird die Kündigungsfrist unterbrochen und um die Zeit des Kündigungsschutzes verlängert. Möchte die Arbeitnehmerin nach der Geburt nicht mehr im Betrieb bleiben, aber dennoch Versicherungsleistungen weiter beanspruchen, kann man auf Ende des achtwöchigen Beschäftigungsverbotes oder auf das Ende der Versicherungsleistungen kündigen (Kündigung je nach Kündigungsfrist, allenfalls erst nach der Geburt nötig). Es können auch bestimmte vertraglich festgelegte Abmachungen vereinbart werden, wie z.B. ein Aufhebungsvertrag, teilweise mit spezifischen Abmachungen über die Lohnfortzahlung.

Kündigung zur Unzeit

Das OR schützt in Art. 336c die Arbeitnehmenden vor Kündigungen zur Unzeit.

Kündigungsfreiheit

Rechtsinformation: Gemäss dieser gesetzlichen Bestimmung darf ein Arbeitgeber das Arbeitsverhältnis nicht kündigen: a) während die andere Partei Militär- oder Zivildienst leistet, sowie, sofern die Dienstleistung mehr als elf Tage dauert, während vier Wochen vorher und nachher b) während der Arbeitnehmer ohne eigenes Verschulden durch Krankheit oder durch Unfall ganz oder teilweise an der Arbeitsleistung verhindert ist, und zwar im ersten Dienstjahr während 30 Tagen, ab zweitem bis und mit fünftem Dienstjahr während 90 Tagen und ab sechstem Dienstjahr während 180 Tagen c) während der Schwangerschaft und in den 16 Wochen nach der Niederkunft einer Arbeitnehmerin d) während der Arbeitnehmer mit Zustimmung des Arbeitgebers an einer von der zuständigen Bundesbehörde angeordneten Dienstleistung für eine Hilfsaktion im Ausland teilnimmt.

Kündigungsfreiheit

Im schweizerischen Arbeitsrecht gilt der Grundsatz der Kündigungsfreiheit, das heisst, ein unbefristetes Arbeitsverhältnis kann von beiden Parteien grundsätzlich jederzeit unter Einhaltung der gesetzlichen oder vertraglichen Kündigungsfrist aufgelöst werden (OR Art. 335 ff.).

Rechtsinformation: Eingeschränkt ist die Kündigungsfreiheit durch die Kündigungsschutzbestimmungen, welche in der Regel die Arbeitnehmenden, in gewissen Fällen aber auch die Arbeitgebenden, vor a) missbräuchlichen Kündigungen b) Kündigungen zur Unzeit, und c) diskriminierenden Kündigungen schützen. Die Kündigungsfreiheit berechtigt zur ordentlichen Kündigung. Hingegen ist die fristlose Auflösung des Arbeitsverhältnisses nur in Ausnahmefällen möglich.

Kündigungsfristen

Die Kündigungsfristen können frei vereinbart werden. Ohne vertragliche Abmachung gelten folgende Fristen: a) während der Probezeit gilt der erste Monat als Probezeit (OR Art. 335b) und das Arbeitsverhältnis kann jederzeit mit einer Frist von 7 Tagen gekündigt werden b) Im ersten Dienstjahr mit einer Frist von einem Monat c) im zweiten bis neunten Dienstjahr mit einer Frist von zwei Monaten d) mit über neun Dienstjahren mit einer Frist von drei Monaten, je auf das Ende eines Monats.

Rechtsinformation: Für die Kündigung gilt nicht das Datum des Poststempels, sondern der Zeitpunkt des Empfangs ist massgebend. Auch beim Konkurs des Arbeitgebers müssen die Kündigungsfristen eingehalten werden. Das Arbeitsverhältnis erlischt nicht automatisch mit dem Zeitpunkt der Konkurseröffnung. Der Arbeitnehmer kann jedoch die Sicherstellung des Lohnes verlangen und allenfalls selber fristlos kündigen. Ist weder im Gesamtarbeitsvertrag noch vertraglich nichts anderes abgemacht, gelten die gesetzlichen Kündigungsfristen. Während der Probezeit sind dies sieben Tage.

Während des ersten Arbeitsjahres kann auf das Ende des nächstfolgenden Monats gekündigt werden. Beim überjährigen Arbeitsverhältnis kann auf das Ende der nächstfolgenden zwei Monate gekündigt werden. Bei einem Arbeitsverhältnis von über neun Jahren kann auf das Ende der nächstfolgenden drei Monate gekündigt werden. Während Krankheit, Unfall oder Schwangerschaft sowie während Militärdienst besteht ein Kündigungsverbot, das je nach der Dauer des Arbeitsverhältnisses unterschiedlich lang dauert. Im gegenseitigen Einverständnis können Arbeitnehmende und Arbeitgebende ein Arbeitsverhältnis jederzeit auflösen. Sozialversicherungsbeiträge sind bis zum Ende des Arbeitsverhältnisses geschuldet.

Kündigungsgründe

Häufige Gründe für das Ausscheiden von Mitarbeitern sind: Schlechtes Betriebsklima – fehlende Aufstiegsmöglichkeiten – unzureichende Verdienstmöglichkeiten – schlechte Personalführung – anstrengende Arbeit – wechselnde Arbeitszeiten – weite Entfernung der Arbeitsstätte – Schwierigkeiten mit den Kollegen. Die Gründe, die Mitarbeiter zum Ausscheiden bewegen, sind vielfältig. Sie ergeben sich entweder aus der persönlichen Sphäre der Mitarbeiter oder sind auf betriebliche Tatbestände zurückzuführen.

Die Motive für das Ausscheiden von Mitarbeitern können durch ein Abschlussgespräch meistens in Erfahrung gebracht werden. Der Mitarbeiter ist zwar nicht zur Angabe seiner Beweggründe verpflichtet und sagt vielleicht auch nicht immer die (volle) Wahrheit. Ohne ein derartiges Gespräch erfährt das Unternehmen jedoch gar nichts über die Gründe für das Ausscheiden von Mitarbeitern und damit über eventuelle Schwachpunkte innerhalb des Unternehmens.

Zu diesem Thema finden Sie im Kapitel „Arbeitshilfen und Vorlagen" eine Checkliste zum professionellen Vorgehen bei Kündigungen.

Kündigungsschutz

In der Schweiz kennt man im Vergleich zum Ausland einen begrenzten Kündigungsschutz. Dieser wirkt auf drei Ebenen a) Zeitlich durch Kündigungsfristen je nach vertraglicher Abmachung oder nach Obligationenrecht (OR) – in der Regel zwischen einem und drei Monaten b) → Sperrfristen.

Rechtsinformation: Ist ein Arbeitnehmer ganz oder teilweise durch Unfall oder Krankheit verhindert zu arbeiten, so kann ihm im 1. Dienstjahr während 30 Tagen, ab dem zweiten bis und mit dem fünften Dienstjahr während 90 Tagen und ab dem sechsten Dienstjahr während 180 Tagen nicht gekündigt werden. Würde trotzdem eine Kündigung ausgesprochen, wäre sie nichtig, d.h. sie würde gar nie wirksam. Zusätzlich sind die Wehrpflichtigen während eines mindestens 12 Tage dauernden Einsatzes sowie 4 Wochen vorher und nachher, sowie die Schwangeren während der ganzen Dauer der Schwangerschaft und 16 Wochen nach der Niederkunft vor Kündigungen geschützt. c) In Gesamtarbeitsverträgen ist der Kündigungsschutz meistens arbeitnehmer-freundlicher geregelt.

Eine unverschuldete Arbeitsverhinderung hat nicht nur eine Lohnfortzahlungspflicht des Arbeitgebers zur Folge, sondern verschafft Arbeitnehmern und Arbeitnehmerinnen auch einen gewissen Kündigungsschutz. So darf das Arbeitsverhältnis während bestimmten Zeiträumen (sog.

Sperrfristen) nicht gekündigt werden. Solche Sperrfristen sind beispielsweise: Unverschuldete krankheits- oder unfallbedingte Abwesenheiten während 30 Tagen im 1. Dienstjahr, während 90 Tagen ab 2. bis 5. Dienstjahr und während 180 Tagen ab 6. Dienstjahr; die ganze Schwangerschaft sowie die 16 Wochen nach der Niederkunft, die Zeit des Militär- oder Zivilschutzdienstes sowie, wenn der Dienst mehr als zwölf Tage dauert, die vier Wochen vorher und nachher. Eine Kündigung während dieser Sperrfristen ist nichtig, d.h. ohne jede Wirkung. Sie muss also nach Ablauf der Sperrfrist erneut ausgesprochen werden, sofern der Arbeitgeber an der Kündigung festhalten will. Erfolgt die Kündigung vor einer solchen Sperrfrist, wird der Ablauf der Kündigungsfrist unterbrochen und erst nach Beendigung der Sperrfrist fortgesetzt.

Kurzarbeit

Kurzarbeit bezeichnet die Herabsetzung der betrieblichen Arbeitszeit (bei entsprechender Kürzung des Arbeitsentgelts) zum Zweck der vorübergehenden Arbeitsstreckung, wobei die arbeitsrechtlichen Bestimmungen auch in solchen Situationen gelten. Die Einführung von Kurzarbeit soll vorübergehende Beschäftigungseinbrüche ausgleichen und die Arbeitsplätze erhalten. Mit der → Kurzarbeitsentschädigung bietet die Arbeitslosenversicherung dem Arbeitgeber eine Alternative zur Entlassung. Der Arbeitgeber spart damit die Personalrekrutierungs- sowie die Einarbeitungskosten für neue Mitarbeiter und vermeidet den Abgang von betrieblichem Know-how. Die Vorteile für die Arbeitnehmer liegen in der Vermeidung von → Arbeitslosigkeit.

Kurzarbeitsentschädigung

Für eine Kurzarbeitsentschädigung berechtigt sind: a) Arbeitnehmer, die für die Arbeitslosenversicherung beitragspflichtig sind. b) Arbeitnehmer, welche die obligatorische Schulzeit zurückgelegt, das Mindestalter für die AHV-Beitragspflicht jedoch noch nicht erreicht haben. Der Arbeitgeber richtet den betroffenen Arbeitnehmern 80% ihres Lohns aus. Dieser Betrag wird ihm von den Arbeitslosenkassen zurückerstattet. Vorgehen: Der Arbeitgeber muss die geplante Kurzarbeit in der Regel mindestens 10 Tage vor deren Beginn der kantonalen Amtsstelle, das heisst dem Amt für den Arbeitsmarkt (AAM), schriftlich melden. Das Formular ist beim AAM und bei den Arbeitslosenkassen erhältlich. Kurzarbeitsentschädigung wird der Arbeitgeberfirma ausbezahlt, unabhängig davon, ob für die Personen im Einzelfall Anspruch auf Arbeitslosenentschädigung bestehen würde. Es wird somit auch für Personen Kurzarbeitsentschädigung ausbezahlt, die selbst keinen Anspruch auf Arbeitslosenentschädigung hätten, beispielsweise Grenzgängerinnen, Grenzgänger und Saisoniers.

Keinen Anspruch auf Kurzarbeitsentschädigung haben Personen, die in einem gekündigten Arbeitsverhältnis stehen, Personen, die in ihrer Eigenschaft als Gesellschafter, als finanziell am Betrieb Beteiligte oder als Mitglied eines obersten betrieblichen Entscheidungsgremiums die Entscheidungen der Arbeitgeberfirma bestimmen oder massgeblich beeinflussen können, sowie ihre mitarbeitenden Ehepartner.

Rechtsinformation: Nicht unter Kurzarbeit fallen unter anderem folgende Arbeitsausfälle, die a) Arbeitsplätze nicht erhalten b) durch betriebsorganisatorische Massnahmen wie Reinigungs-, Reparatur- oder Unterhaltsarbeiten verursacht werden c) die dem normalen Betriebsrisiko und – unterhalt des Arbeitgebers zuzuordnen sind d) durch branchen-, berufs- und betriebsübliche oder durch saisonale Beschäftigungsschwankungen entstehen.

L

Laufbahnplanung

Die Planung der beruflichen Entwicklung, die über das Karriereverständnis hinausgeht und Umschulung oder Richtungswechsel beinhalten kann. Laufbahnentwicklung ist auch eine Aufgabe des Unternehmens bzw. Vorgesetzten, berufliche Ziele und Massnahmen mit dem Arbeitnehmer zu besprechen. Eine Laufbahnplanung soll aufzeigen, welches Potential für Mitarbeiter in deren Weiterentwicklung besteht und was sie dabei erreichen können. Die Folge einer Laufbahnplanung können neue Tätigkeitsfelder, andere Positionen, Verantwortlichkeiten oder eine → Job Rotation auf gleicher hierarchischer Ebene sein. Sie sollte zeitlich absehbar sein und keine falschen, unrealistischen Karriereerwartungen bewirken. Es sind vor allem Hochschulabsolventen und Studienabgänger, die oft von den Unternehmen Entwicklungsperspektiven in Form einer Laufbahnberatung erwarten oder verlangen. Laufbahnpläne können vor allem bei Kaderleuten motivierend wirken und neue Perspektiven aufzeigen.

Leadership

Oft wird Leadership als Synonym für Führung benutzt, was aber dem Bedeutungsgehalt des Begriffes nicht genau entspricht. Leadership ist die Summe eines Verhaltens, das dazu führt, Unternehmen und Mitarbeiter zielgerichtet und ganzheitlich in einem Prozess dauerhafter Entwicklung zur Höchstleistung zu führen. Leadership gründet letztlich auf einer starken, durch persönliche und charakterliche Eigenschaften gekennzeichnete, Führungspersönlichkeit. Auf einen Nenner gebracht kann Management als zielorientiert mit Aufgabenorientierung und Leadership als tendenziell eher personenorientiert mit Fokus auf die Beziehungsebene betrachtet und differenziert werden. Untersuchungen haben gezeigt, dass in vielen Fällen folgende Persönlichkeitsmerkmale erfolgreiches Leadership auszeichnen: a) Leidenschaft und Engagement für Menschen, die Arbeit und das Unternehmen b) Intelligenz und Klarheit des Denkens c) Hervorragende Kommunikationsfähigkeiten d) hohes Energieniveau e) innere Zufriedenheit und Ausgeglichenheit f) positive Grundhaltung und Lebenseinstellung g) Konzentration auf "doing the right things".

Lean Management

Organisationsform, welche die Kommunikations-, Entscheidungs- und Führungsstrukturen in Unternehmen möglichst dezentral und flexibel macht im Interesse einer besseren Leistungs- und Wettbewerbsfähigkeit. Im Focus stehen dabei: a) Der Abbau zu vieler Hierarchieebenen. b) Dezentralisierung bzw. Verlagerung von Entscheidungskompetenzen auf Ausführungsebenen. c) Der Abbau nicht umsatzwirksamer Kosten innerhalb der Unternehmens-Wertschöpfungskette. Im Zentrum stehen sollte dabei immer die Konzentration der Leistungserbringung auf die Kernkompetenzen und Schlüsselziele des Unternehmens.

Lebensarbeitszeitmodell

Arbeit, die über die vertraglich festgehaltene Zeit hinausgeht, wird in diesem Modell auf einem "Lebensarbeitszeitkonto" gutgeschrieben. Die so angesparten Zeiten können für → Sabbaticals (längere Freizeitblöcke, z.B. ein Jahr) oder für eine vorzeitige Pensionierung genutzt werden. Stark belastete Mitarbeiter können mit diesem Modell motiviert werden. Für das Unternehmen ergeben sich eine konstante Belegschaft, ein bedarfsorientierter und somit wirtschaftlich interessanterer Arbeitseinsatz und konstante Lohnkosten.

Lebenslauf

Der Lebenslauf enthält in seiner traditionellen Form systematisch und umfassend Personaldaten und den Werdegang des Bewerbers. Zeiträume wie Auslandsaufenthalte und Sabbaticals sollten lückenlos erfasst und nachvollziehbar sein. Der Lebenslauf dient auch der Positionsanalyse und gibt Aufschluss darüber, ob es sich um einen Aufsteiger, Umsteiger oder "Absteiger" handelt. Der Zwang zu effizienteren Evaluationsabläufen führt dazu, dass man in modernen Lebensläufen immer mehr Gewicht auf die Tätigkeiten, Kompetenzen, Weiterbildungen und Leistungsnachweise der letzten vier bis fünf Jahre legt. So kann sich der evaluierende Personalleiter schneller einen Überblick über relevante Bewerberinformationen verschaffen. Deshalb werden immer mehr achronologische Lebensläufe verfasst.

Lebenslaufanalyse

Die Analyse des Lebenslaufes ist der erste Schritt zur Bewerberauswahl. Neben formaler Gestaltung und Vollständigkeit wird vor allem der Inhalt geprüft. Bewertungskriterien können sein: a) Formale Gestaltung b) Vollständigkeit c) Inhalt d) Zeitfolgenanalyse e) Aufgabenanalyse

Die genaue Analyse eines Lebenslaufes lohnt sich, da hier relevante Bewerberinformationen vorliegen. Checkpunkte für die Qualität und Korrektheit eines Lebenslaufes sind: a) Formale Gestaltung b) Vollständigkeit c) Zeitfolgenanalyse d) Aufgabenanalyse e) Struktur f) Ausrichtung auf die Stellenanzeige bzw. das Anforderungsprofil g) Konkretheit der Aussagen. Psychologisch sagt ein Lebenslauf viel über Genauigkeit, Systematik, Sorgfalt und strukturiertes Denken des Erstellers aus. Oft ist das → Vorstellungsgespräch dazu geeignet, Sachverhalte zu überprüfen, Informationslücken zu füllen oder Widersprüche zu klären.

Lehrlingszeugnis

Ein Lehrling hat nach Beendigung seiner Lehre Anspruch auf ein sogenanntes Lehrlingszeugnis. Auf Verlangen des Lehrlings oder eines gesetzlichen Vertreters müssen auch Angaben zu Leistung, Verhalten und Fähigkeiten gemacht werden. Ansonsten unterscheidet sich das Lehrlingszeugnis nicht vom → Vollzeugnis, bzw. qualifizierenden Zeugnis.

Lehrverhältnis

Rechtsinformation: Das Lehrlingszeugnis stützt sich auf den OR Artikel 346a. Es besteht dafür ein gesetzlich verankertes Recht, das jederzeit angefordert werden kann.

Lehrverhältnis

Das Lehrverhältnis ist im OR 344-346a, dem Arbeitsgesetz und dem Bundesgesetz über die Berufsbildung geregelt. Dabei gibt es Rechte und Pflichten. Einige davon sind:

Rechtsinformation: a) Angemessenes Mitspracherecht b) 5 Wochen Ferien pro Jahr bis zum 20. Altersjahr c) Anspruch auf umfassende und fachgemässe Ausbildung d) Informationspflicht drei Monate vor Lehrabschluss, ob Lehrling im Betrieb bleiben kann e) Lohnanspruch für die Dauer des Berufsschulunterrichts f) Nach Beendigung der Lehre hat der Lehrmeister dem Lehrling ein Zeugnis auszustellen, das die erforderlichen Angaben über den erlernten Beruf und die Dauer der Lehre enthält.

Leistungsbeurteilung

Die Beurteilung des von den einzelnen Mitarbeitern jeweils bei der Erfüllung ihrer Aufgaben gezeigten Verhaltens und das insgesamt erbrachte Leistungsergebnis. Sie findet entweder periodisch wiederkehrend oder nur einmalig, jedenfalls nach einheitlichen und untereinander abgestimmten funktionsspezifischen Kriterien statt, und dies in der Abfolge: Leistungsfeststellung, Leistungseinstufung, Leistungsbewertung und Analyse der Ursachen von Leistungsmängeln.

Leistungsprimat

Festlegung der Art und Höhe der Vorsorgeleistungen im Reglement einer Vorsorgeeinrichtung in Frankenbeträgen oder in Prozenten des versicherten Verdienstes. Daraus wird individuell oder kollektiv die Höhe der Beiträge ermittelt. → Beitragsprimat.

Leistungstests

Leistungstests sollen Kenntnisse und Fähigkeiten von Bewerbern prüfen, die für den Beruf oder die erfolgreiche Bewältigung bestimmter beruflicher Aufgaben wichtig sind. Leistungstests messen daher häufig Aufmerksamkeits- und Konzentrationsfähigkeiten, manuelle Geschicklichkeit, Kenntnisse in Rechtschreibung, Mathematik, Fremdsprachen, sie überprüfen den Wortschatz, die Allgemeinbildung, das Fachwissen und vieles mehr. Wenn es ausreicht, einzelne wichtige Leistungskomponenten von Bewerbern zu prüfen, lassen diese Tests gewisse, begrenzte Aussagen darüber zu. Sollen aber Leistungsfähigkeit und -bereitschaft von Bewerbern umfassender und gründlicher bewertet werden, reichen Leistungstests in aller Regel nicht aus. Dies gilt vorwiegend für Berufe, in denen es auf hohe Motivation, ausgeprägte Führungsfähigkeiten und ähnliche, mehr persönliche Eigenschaften ankommt. In solchen Fällen müssen Aussagen von Leistungstests immer sehr gründlich an den Ergebnissen anderer Methoden der Bewerberauswahl relativiert werden, z. B. Assessment Centers. Siehe → Intelligenztests.

Leitbild

Teil der → Corporate Identity sowie der Unternehmensphilosophie. Insbesondere im Rahmen der Unternehmensphilosophie sollen Leitbilder Orientierung für Mitarbeiter, Kunden, Lieferanten, Kapitalgeber und die gesamte interessierte Öffentlichkeit bezüglich der Handlungs- und Entscheidungsprinzipien des Unternehmens sein. Sie sollen allgemeingültig, wesentlich, langfristig, vollständig, wahr, realisierbar und konsistent sein. Die definierten Sinninhalte werden häufig in einem Vorwort, einer Präambel oder einem Fazit von Geschäftsberichten, Firmenprospekten oder Videos dargestellt, um eine Identifikation mit dem Unternehmen zu erzielen. Wichtiger als die blosse Dokumentation von ethischen Grundsätzen ist deren Vorleben im täglichen Führungsprozess.

Leitbildentwicklung

Die Erarbeitung und Implementierung eines Unternehmensleitbildes oder Führungsleitbildes, an dem sich Mitarbeiter täglich bei ihrer Arbeit orientieren können, kann auch eine interessante Personalentwicklungsmassnahme sein. Ein Leitbild beinhaltet Unternehmensziele, Firmenphilosophie und die Vision der weiteren Entwicklung, es erhöht die Identifikation mit dem Unternehmen und unterstützt die Aussen- und Innenkommunikation. Bei der Mitwirkung an Leitbildern setzen sich Mitarbeiter vertieft und grundsätzlich mit dem Unternehmen auseinander und lassen bei der Mitformung die Art und Weise der Identifikation heranwachsen. Der Einbezug von Mitarbeitern bei Leitbildentwicklungen, beispielsweise mit Diskussionen, Befragungen und Workshops, ist für die Akzeptanz und die Verinnerlichung von Leitbildwerten von entscheidender Bedeutung.

Leitungsspanne

Die Leitungsspanne ist eine HR-Kennzahl und gibt an, wie viele Mitarbeiter einer Führungskraft direkt unterstellt sind. Sie ist abhängig von Art der Aufgaben, der Personalintensität, dem Führungsstil und weiteren Faktoren. Daher gibt es keine generell gültige oder ideale Leitungsspanne. Der Vorgesetzte sollte in der Lage sein, innerhalb seiner Leitungsspanne kontrollieren und koordinieren zu können. Die Leitungsspanne kann auch Hinweise zu Führungsproblemen, Mitarbeiterbeurteilungen und Fluktuationsanstiegen geben.

Lernfähigkeit

Die Begabung oder Fähigkeit, die Aufschluss über den Lernerfolg gibt. Sie wird als Eigenschaft einer Person angenommen. Das Lernen ist ein vielschichtiger Vorgang, der von unterschiedlichen Faktoren beeinflusst wird, wie Motivation, Anspruchsniveau, Selbstvertrauen, Lerntyp, Lernblockaden und mehr.

Lernstufen

Man unterscheidet in der neuen Lerntheorie drei Formen des Lernens: a) Single-Loop-Learning ("Anpassungslernen") neue Kenntnisse im Rahmen bisheriger Theorien und Verhaltensmuster; Verhaltensmuster und -orientierungen bleiben unverändert b) Double-Loop-Learning ("Veränderungslernen") bisherige Theorien, Verhaltensmuster und -orientierungen werden infrage gestellt; damit findet "Umlernen" statt, was mit emotionalem Widerstand verbunden sein kann. c) Deutero-Learning ("Prozesslernen", "Meta-Lernen") Lernen wird dabei selbst zum Thema; bisherige Lernprozesse und die Einflussfaktoren (Situationsbedingungen) werden reflektiert, neues Lernverhalten wird entwickelt. Deutero-Learning kann sich sowohl auf Single- wie auf Double-Loop-Learning beziehen.

Lerntechnik

Unter Lerntechnik versteht man Erkenntnisse und Methoden, die zielgerichtetes und optimales Lernen und gewinnbringends Aneignen von Wissen ermöglichen sollen. Selbstständiges Lernen erfordert Eigenmotiviation, verschiedene Methoden auszuprobieren, entsprechende Selbstdisziplin und das Kennen eigener Präferenzen und Stärken und Schwächen.

Lerntyp

Menschen, die bestimmte Zugänge und Formen von Lernmethoden präferieren. Man kann folgende Lerntypen auseinanderhalten: Der visuelle bevorzugt die Informationsaufnahme über das Auge; der auditive über das Ohr; der haptische über die Berührung; der kinästhetische über die Bewegung. Es ist gerade in der Aus- und Weiterbildung wichtig zu wissen, zu welchem Lerntyp man gehört. Es sollten Lernsituationen geschaffen werden, die viele Sinne ansprechen, damit verschiedene Informationen über mehrere Sinneskanäle mehrere Lerntypen ansprechen.

Lernverpflichtung

Die neue Forderung der Wissensgesellschaft an Mitarbeiter und Bürger, die vor allem auch den Anspruch eines lebenslangen, permanenten Lernens hat, bzw. die Fähigkeit zur permanenten Weiterentwicklung, um die eigene Beschäftigungsfähigkeit zu erhalten und aus Unternehmenssicht den Wert des Unternehmens sowie dessen Ertragschancen zu steigern. Siehe → Employablity.

Lernziele

Definition und Festlegung von gewünschten Lernergebnissen, d.h. Festlegung der Verbesserung des Potenzials, die beim Lernenden eintreten soll, möglichst so konkret, dass eine Überprüfung der Erreichung der Lernziele (Lernzielkontrolle) möglich ist. Man kann verschiedene Lernzielarten unterscheiden: a) Richtziele b) Groblernziele c) Feinlernziele.

Linie

Der formell geregelte, direkte Verkehrsweg, über den die vertikale Verbindung von der obersten Führungsinstanz (Unternehmensleitung) über mehrere Zwischenstufen bis zu jeder untersten Stelle auf der reinen Ausführungsebene hergestellt wird.

Lohn bei Krankheit

Bei → Krankheit von Arbeitnehmenden richtet sich deren Anspruch auf Lohnzahlung oder Krankentaggeld nach den im Arbeitsvertrag vereinbarten Modalitäten. Ist nichts vereinbart, besteht eine → Lohnfortzahlungspflicht gemäss Gesetz, wobei das Gesetz den Entscheid über die Dauer der Lohnfortzahlung dem Richter überlässt. Daraus sind die Berner, Basler und Zürcher Skalen entstanden, die je in Abhängigkeit der Dauer des Arbeitsverhältnisses die Lohnfortzahlung regelt.

Lohnfestlegung

Prozess bzw. Kriterien zur Festlegung eines Lohnes oder einer Lohnpolitik. Ein Lohn ist Gegenstand einer Verhandlung zwischen Arbeitnehmer und Arbeitgeber und eine Frage der Lohnpolitik des Unternehmens. Lohnentscheidungen sind – bei Anstellungen und Lohnrunden – immer heikle Entscheidungen. Deshalb ist das Anwenden von ausgewogenen, ganzheitlichen und Unternehmensgrundsätze berücksichtigende Kriterien für Lohn von grosser Bedeutung. Es sind dies, je nach Grundsätzen der Lohnpolitik und Unternehmenskultur: Differenzierung nach Leistung unter Einbeziehung aller Mitarbeiter - Motivationswirkung ab einer gewissen Höhe - Kurzer zeitlicher Abstand zwischen Leistung und Vergütung - Einfluss von Mitarbeitern auf prämierte Bemessungsgrundlage - System sollte transparent, nachvollziehbar und verständlich sein - Bei erfolgsbasierenden Massnahmen Gewährleistung der objektiven Messbarkeit - Berücksichtigung immaterieller Motivatoren wie Verantwortung - Transparenz der Erhöhungs- und Festlegungsentscheide - Nachvollziehbarkeit der Lohnveränderungsentscheide - Offene und ehrliche Begründungen bei wirtschaftlichen Engpässen - Bei finanziellen Problemen Gleichbehandlung von Kader- und Mitarbeiter-Löhnen. Siehe auch → Lohngespräche.

Lohnfortzahlungspflicht

Gesetzliche Auflagen, unter bestimmten Umständen einen Lohn, auch im Falle einer Nichtarbeit, weiter auszahlen zu müssen.

Rechtsinformation: Der Arbeitgeber ist gesetzlich verpflichtet, bei einer unverschuldeten Arbeitsverhinderung durch → Krankheit, Unfall, Schwangerschaft usw. den Lohn während einer beschränkten Zeit weiter zu bezahlen. Dabei werden mehrere Abwesenheiten während eines Dienstjahres zusammengerechnet. Allerdings regelt das Gesetz die Dauer der Lohnfortzahlungspflicht relativ unbestimmt. Nur für das erste Dienstjahr ist festgehalten, dass die Lohnfortzahlungspflicht drei Wochen dauert. Für die folgenden Dienstjahre ist der Lohn "für eine angemessene längere Zeit" zu bezahlen. Die Gerichtspraxis hat diese unbestimmte Regelung in verschiedenen Skalen näher konkretisiert. Siehe → Lohnfortzahlungsskalen.

Lohn bei Schwangerschaft

Die Dauer der Lohnfortzahlungspflicht wegen → Schwangerschaft oder Mutterschaftsurlaub (→ Mutterschaftsschutzverordnung) ist zu unterscheiden vom Kündigungsverbot und vom Arbeitsverbot.

Rechtsinformation: Die Dauer der Lohnfortzahlung hängt von der Dauer des Arbeitsverhältnisses ab. Ist arbeitsvertraglich oder durch einen Gesamtarbeitsvertrag nicht etwas anderes vereinbart, gilt die gesetzliche Lohnfortzahlungspflicht, wie sie in der Berner, Basler oder Zürcher Skala konkretisiert worden ist. Nach Ablauf der Lohnzahlung besteht trotz Kündigungsverbot für die Arbeitgeberfirma keine weitere Lohnzahlungspflicht. Wie lange ist der Lohn geschuldet? Im Gesetz ist die Lohnfortzahlungspflicht bei Schwangerschaft derjenigen bei Krankheit und Unfall gleichgestellt. Die Berner, Basler und Zürcher Skalen sehen im ersten Jahr eine Lohnfortzahlung von drei Wochen vor, alsdann erfolgt eine Verlängerung je nach Dienstjahr.

Lohnformenstruktur

Dies ist ein Begriff aus dem Personalcontrolling und bezeichnet eine HR-Kennzahl. Entlohnungsformen wie Akkordlohn, Prämienlohn oder Zeitlohn können grundsätzlich in Zeit und Leistungslohnformen gegliedert werden, wobei die Leistungslohnformen im Wesentlichen den Akkord und Prämienlohn umfassen. Kriterien für den Einsatz lohnpolitisch unterschiedlicher Entlohnungsverfahren können der Anforderungsgrad der Arbeit, die Arbeitsleistung, das Arbeitsverhalten und soziale Aspekte sein.

Lohnfortzahlungsskalen

Ist der Arbeitnehmer unverschuldet aus den im Gesetz genannten Gründen (Krankheit, Unfall, Mutterschaft, Erfüllung gesetzlicher Pflichten, Ausübung öffentlichen Amtes) an der Arbeitsleistung verhindert, so hat er im ersten Dienstjahr den Lohn noch für drei Wochen zugute. Danach bemisst sich die Dauer der Lohnfortzahlung nach Anstellungsdauer und Gerichtspraxis (Basler, Berner Zürcher Skala).

Lohngespräch

Lohngespräche finden in vielen Unternehmen regelmässig statt und können mit Qualifikationen und Zielvereinbarungen gekoppelt werden. Lohngespräche erfordern ein hohes Mass an Objektivität, Faktenorientierung, Transparenz und Klarheit der Argumentationen von Vorgesetzten und Mitarbeitern. Nebst einer guten Vorbereitung gibt es auch zahlreiche Informationsquellen, die zu objektiver und leistungsbasierender Argumentation und Begründung von Lohnentscheidungen und –gesprächen beitragen. Es sind dies Unterlagen, die Fakten und eine History über einen längeren Zeitraum bieten und so eine Objektivität und Fairness gewährleisten helfen: a) Stellenbeschreibung b) Tätigkeitsanalysen c) Kundenurteile und –äusserungen d) Aus- und Weiterbildungsbelege - Verbesserungsvorschläge e) Qualifikationsauswertungen und –belege f) Zwischenzeugnisse g) Dokumentierte Eigeninitiativen h) Statistiken (Fehlerquote, Umsätze, Kundenbindung usw.).

Lohngleichheit

Die Lohngleichheit zwischen Mann und Frau ist ein in der Bundesverfassung (Art. 4 Abs. 2) verankertes Recht. Danach haben Mann und Frau Anspruch auf gleichen Lohn für gleichwertige Arbeit. Ein Arbeitgeber muss bei Glaubhaftmachung einer Arbeitnehmerin beweisen, dass keine Diskriminierung vorliegt bzw. vorgelegen hat.

Lohnnachgenuss

Dieser weniger bekannte Ausdruck umschreibt die Auswirkungen und Verpflichtungen, die der Tod eines Arbeitnehmers auf die Lohnzahlungspflicht des Arbeitgebers hat. Mit dem Tod des Arbeitnehmers erlischt das Arbeitsverhältnis und damit grundsätzlich auch die Lohnzahlungspflicht.

Rechtsinformationen: Unter bestimmten Umständen dauert die Lohnfortzahlungspflicht jedoch in beschränktem zeitlichem Umfang weiter an. Voraussetzung dafür ist, dass der Angestellte entweder den Ehegatten oder minderjährige Kinder oder, wenn er ohne solche Personen lebte, „andere Personen hinterlässt, denen gegenüber er eine Unterstützungspflicht erfüllt hat", wie das sich in Artikel 338 II äussert. In solchen Situationen ist der Arbeitgeber auch nach dem Tode des Arbeitnehmers gesetzlich verpflichtet, den Lohn für einen weiteren Monat und nach fünfjähriger Anstellungsdauer für zwei Monate an die genannten Personen auszuzahlen. Der Lohnnachgenuss ist aus der Fürsorgepflicht des Arbeitgebers heraus entstanden und hat daher soziale und gesellschaftliche Hintergründe.

Lohnpflicht AHV

Grundsätzlich unterliegt jedes Einkommen der AHV-Pflicht.

Rechtsinformation: Das Gesetz lässt eine einzige Ausnahme zu: Geht eine Person einem Nebenerwerb nach, bei dem sie bei einem Arbeitgeber höchstens Fr. 2000.-- im Jahr verdient, müssen darauf keine AHV-Beiträge abgerechnet werden. Ein Nebenerwerb liegt aber nur dann vor, wenn die betreffende Person einen Haupterwerb hat. Keine Beiträge an die AHV müssen bezahlt werden auf Militärsold, Versicherungsleistungen bei Unfall, Krankheit und Invalidität , Fürsorgegelder, Familienzulagen, Stipendien, Leistungen von Pensionskassen, teilweise auf Leistungen der freiwilligen Vorsorge (Wohlfahrtsfonds) und auf den beitragsfreien Nebenerwerb. (Ausnahme: AHV-pflichtig sind hingegen Taggelder der Invalidenversicherung, Lohnfortzahlung des Arbeitgebers bei Krankheit und Mutterschaftsurlaub).

Lohnpolitik

Unter Lohnpolitik versteht man Ziele, Entscheidungen und Massnahmen zur Lohngestaltung in einem Unternehmen.

Lohnpolitische Ziele orientieren sich nach modernem Verständnis an der Motivation und an der Lohngerechtigkeit. Grundlegende Entscheidungen der Lohnpolitik sind die Festlegung der absoluten Lohnhöhe, die Staffelung der Löhne sowie die Festlegung der Lohnformen.

Lohnrückbehalt

Sofern es verabredet oder üblich oder durch Normalarbeitsvertrag oder Gesamtarbeitsvertrag bestimmt ist, darf der Arbeitgeber einen Teil des Lohnes zurückbehalten.

Rechtsinformation: a) Von dem am einzelnen Zahltag fälligen Lohn darf nicht mehr als ein Zehntel des Lohnes und insgesamt nicht mehr als der Lohn für eine Arbeitswoche zurückbehalten werden; jedoch kann ein höherer Lohnrückbehalt durch Normalarbeitsvertrag oder Gesamtarbeitsvertrag vorgesehen werden. b) Ist nichts anderes verabredet oder üblich oder durch Normalarbeitsvertrag oder Gesamtarbeitsvertrag bestimmt, so gilt der zurückbehaltene Lohn als Sicherheit für die Forderungen des Arbeitgebers aus dem Arbeitsverhältnis und nicht als Konventionalstrafe. Ein Lohnrückbehalt kommt bei Ansprüchen des Arbeitgebers aus dem Arbeitsverhältnis zum Tragen (Verlassen der Arbeitsstelle, Material im Besitz des Arbeitnehmers).

Management auf Zeit

Befristeter Arbeitseinsatz auf Kaderstufe, wenn eine dauerhafte Stellenbesetzung nicht erwünscht ist, zum Beispiel bei einem absehbar befristeten Projekt oder wenn spezifische Führungsqualitäten erforderlich sind.

Management Buyout

Manager kaufen dem Firmen-Besitzer das Unternehmen ab, wobei auch Teile der Belegschaft am Kauf beteiligt sein können. Da die Übernahme eines Unternehmens in der Regel ein hohes finanzielles Engagement abhängig von der Unternehmensgrösse erfordert, sind Management-Buy-out-Transaktionen häufig bei kleinen und mittleren Unternehmen zu finden. Es handelt sich dabei oft um Unternehmen, die wirtschaftlich angeschlagen sind und deren bisherige Inhaber das Unternehmen nicht mehr finanzieren wollen oder an keinen Turnaround und die Zukunft des Unternehmens mehr glauben.

Management by Delegation

Darunter versteht man die Delegation und Verlagerung von Zuständigkeiten, Entscheidungskompetenzen, Aufgabenbereichen und Verantwortung auf Mitarbeiter. Voraussetzung sind einerseits qualifizierte, selbständige und motivierte Mitarbeiter und andererseits Vorgesetzte, die in der Lage sind, gekonnt und motivierend zu delegieren. Von der Idee her befriedigt dieser Führungsstil wichtige Bedürfnisse der Mitarbeiter wie Selbständigkeit, Wertschätzung, Initiative und Eigenverantwortung. In der Praxis entsteht jedoch schnell die Gefahr einer Überforderung und Vorgesetzte wirken oft zusätzlich demotivierend, indem vor allem unangenehme Aufgaben oder Entscheidungen delegiert werden.

Management by Objectives

Dieser Führungsstil ist weit verbreitet und praxiserprobt und wird als der umfassendste und am weitesten entwickelte Lösungsansatz betrachtet. Unter Management by Objectives versteht man grundsätzlich die Führung durch Zielvereinbarung. Ziele werden dabei bei moderner Betrachtungsweise mit dem Mitarbeiter gemeinsam besprochen und festgelegt.

Management by Results

Führungsstil, der die Bedeutung und den Stellenwert der Leistung und, wann immer möglich, messbare Resultate der Arbeit und Arbeitsqualität in den Mittelpunkt der Führungsziele stellt.

Managementqualitäten

Schlüsselqualifikationen von Führungskräften. Überdurchschnittlich erfolgreiche Manager zeichnen sich nicht nur durch überzeugende Fachkompetenz, sondern ein ausgereiftes Sozialverhalten aus. Zu den wichtigsten Qualitäten von Führungskräften gehören, nach neuesten Erkenntnissen der Führungspraxis, Eigenschaften wie Flexibilität, Belastbarkeit, soziale Kompetenz, Durchsetzungskraft, Selbstdisziplin, Eigeninitiative, Entschlusskraft und Selbstvertrauen.

Marktwert

Mit Marktwert wird der aktuelle Gehaltswert (Lohnwert) bezeichnet, der für einen Arbeitnehmer mit einer bestimmten Ausbildung, einer gegebenen Berufserfahrung und Qualifikationen auf dem Arbeitsmarkt bezahlt wird.

Massenentlassung

Die Definition der Massenentlassung wird im Art. 335d des OR geregelt. Nicht jede Entlassung von mehreren Arbeitnehmern gilt nach dem Gesetz als Massenentlassung. Das Gesetz definiert eine Massenentlassung je nach Betriebsgrösse: Beim Kleinbetrieb mit 20-100 ArbeitnehmerInnen 10 oder mehr Entlassungen, bei einem Mittelbetrieb mit 100-300 ArbeitnehmerInnen ca. 30 und bei einem Grossbetrieb mit über 300 ArbeitnehmerInnen mindestens 30 Entlassungen.

Rechtsinformation: Es muss ein laufender Arbeitsvertrag gekündigt werden und die Kündigungen müssen aus wirtschaftlichen Gründen erfolgen. Die Kündigungen müssen alle innerhalb derselben 30 Tage ausgesprochen werden und davon mindestens 10 Arbeitnehmer betroffen sein, ab gewissen Betriebsgrössen mindestens 30 Arbeitnehmer. Die erwähnten Kriterien müssen alle zugleich zutreffen.

Master of Business Administration

Renommierte internationale aus den USA stammende Managementausbildung mit hohen Anforderungen. Die Abkürzung steht für Master of Business Administration und bezieht sich auf den Abschluss der meisten amerikanischen (und einiger europäischen) Business Schools. Insbesondere College-Absolventen und junge Berufstätige (ohne Führungserfahrung) versprechen sich durch diese Vollzeitausbildung angesichts der hohen Akademikerzahlen in Nordamerika einen Wettbewerbsvorteil beim Berufseinstieg.

Matching

Im Rahmen der "Qualifikations-Profilanalyse" wird der aktuelle Qualifikationsstand eines Teilnehmers ermittelt. Mit Blick auf die angestrebte Tätigkeit und den Einsatzbereich wird sich durch den Vergleich des → Anforderungsprofils (Soll-Zustand) mit dem → Qualifikationsprofil (Ist-Zustand) der aktuelle Qualifizierungsbedarf ergeben. Aus dieser Fragestellung heraus ergibt sich ein Profilvergleich – ein sog. "Matching"–, indem eine Gegenüberstellung des

Qualifikationsprofils und der zukünftigen Arbeitsplatzanforderungen erfolgt. Ergibt sich aus dem Soll-Ist-Vergleich eine Abweichung hinsichtlich eines Qualifikationsdefizits, so bildet dieses Defizit den Ausgangspunkt für die Trainings- und Qualifikationsplanung.

Matrix-Organisation

Ein Modell der Aufbauorganisation, dessen Grundgedanke darin besteht, die Schwierigkeiten und Schwächen des hierarchisch gegliederten Stab-Linien-Systems dadurch zu beseitigen, dass es die *unmittelbare Koordination* zwischen den Funktions-Managern und den Projekt-Managern organisatorisch bindend vorschreibt, mit dem Ziel, mehr Freiraum für Initiativentfaltung und effiziente Kooperation zu bieten.

Mediation

Mediation ist ein Verfahren zur Konfliktlösung bzw. -regelung, bei dem die Konfliktparteien auf gleicher Ebene (d.h. es gibt keinen Beklagten oder Kläger) mit Hilfe eines neutralen Mediators eine Einigung anstreben. Die Methode der Mediation ist für die Konfliktlösung in Projektteams oder zwischen Projektpartnern (z.B. Auftraggeber/Auftragnehmer) besonders geeignet, da sie die Zusammenarbeit der Parteien nach der Konfliktregelung erhöht, während Machtentscheidungen in der Regel die weitere Arbeitsfähigkeit zerstören. Darüber hinaus ergibt sie erheblich schnellere, kostengünstigere und belastbarere Lösungen als durch Schiedsspruch oder durch Anordnung herbeigeführte Entscheidungen.

Medienselektion

Bei der Personalsuche geht es darum, bei Schaltung von Stellenanzeigen das auf den gesuchten Arbeitnehmer abgestimmte und geeignete Medium zu finden. So kann zum Beispiel für eine anspruchsvolle IT-Stelle eine gehobene IT-Fachzeitung die bessere Wahl sein, als eine überregionale Zeitung mit hohem Streuverlust.

Medienverbund

Dies bezeichnet den kombinierten Einsatz verschiedener Medien, meistens aus dem Online- und Offlinebereich. In der HR-, Unternehmens- und Mitarbeiterkommunikation gewinnt dieser Aspekt des Medieneinsatzes zusehends an Bedeutung, da Informationen so nachhaltiger, vertiefender, verständlicher, lesefreundlicher und oft auch facettenreicher präsentiert werden können.

Eine → Mitarbeiterzeitschrift kann beispielsweise Bestandteil eines Medienverbundes sein und dabei von der gedruckten Ausgabe auf weitere Informations- und Kommunikationsaktivitäten in einem → Intranet oder Internet, E-Mail- Service oder Mitarbeiterportal hinweisen. Dies können konkret sein: a) Hinweise auf kommende Veranstaltungen und Events b) Berichte und Erfahrungen aus zurückliegenden Veranstaltungen c) Hinweise auf digital abgelegte Archiv-Ausgaben d) Verlinkung mit elektronischen Angeboten und Informationen e) Linkhinweise auf Internet und Intranet oder ein digitales Wissensarchiv f) Diskussionsforum und Meinungsaustausch bzw. Weiterführung über ein wichtiges und interessantes Thema in der Mitarbeiterzeitschrift in einem Online-Chatforum.

Mehrfachqualifikation

Ein Arbeitnehmer, der aufgrund seiner universellen und breiten Fähigkeiten und Talente für zahlreiche Aufgaben eingesetzt werden kann, z.B. nebst der angestammten Funktionsaufgabe in einem Projekt mitbeteiligt ist.

Menschenbild

Menschenbilder sind schematisierte Vorstellungen von menschlichen Handlungsweisen und reduzieren die Vielfalt der vorkommenden Menschentypen auf bestimmte Grundkategorien. Dies gestattet eine einfache und schnelle Feststellung, welcher Grundform eine Person zugeordnet werden kann. Gerade im Bereich → Mitarbeiterführung geht es vornehmlich um unbewusste wie bewusste Bilder über Mitarbeiter oder Führungskräfte. Die Verwendung von und das Denken mit Menschenbildern durch den Vorgesetzten wirkt sich dabei direkt auf dessen Führungsverhalten (→ Führungsstil) aus.

Mentaltraining

Das mentale Training beruht auf dem Prinzip, dass alles, was wir glauben oder uns geistig vorstellen können, vom Unterbewusstsein in die Tat umgesetzt wird. Das menschliche Gehirn ist Aktionszentrum und Ausgangspunkt jedes Handelns, Denkens und Fühlens. Ziel des mentalen Trainings ist es, Hindernisse und Begrenzungen zu überwinden, die durch Gewohnheiten, Einstellungen oder bewusste wie unbewusste Ängste dem persönlichen Erfolg im Weg stehen. Diese sind fest im Unterbewusstsein verwurzelt und müssen durch neue, erfolgreichere ersetzt werden. Das Problem: Das Bewusstsein steht wie ein Wächter vor dem Unterbewusstsein und sträubt sich gegen die "Umprogrammierung". Es muss also umgangen werden. Die beste Möglichkeit hierzu ist die Entspannung.

Mentoring

Bei diesem Konzept, welches vor allem bei der → Mitarbeitereinführung verwendet wird, steht einem neuen Mitarbeiter ein erfahrener Mitarbeiter, oft auch → Götti genannt, zur Seite, der diesen in die Unternehmensbereiche einweist. Des weiteren kann er im Mentor einen Ansprechpartner für allgemeine berufliche Probleme finden. Bei diesem Konzept, welches vor allem bei der Mitarbeitereinführung verwendet wird, steht einem neuen Mitarbeiter ein erfahrener Mitarbeiter zur Seite, der diesen in die Unternehmensbereiche einweist. Des weiteren kann er im Mentor einen Ansprechpartner für allgemeine berufliche Probleme finden.

Militärdienst

Erhalten Arbeitnehmende ein Aufgebot zum obligatorischen oder freiwilligen Militär-, Zivil- oder Zivilschutzdienst, muss diese Person für die Dauer der Dienstleistung vom Betrieb freigestellt werden. Zudem darf jemandem, der obligatorischen Militärdienst oder eine andere Dienstleistung erbringt, während des Dienstes nicht gekündigt werden. Dauert die Dienstleistung mehr als 12 Tage, darf auch vier Wochen vorher und nachher nicht gekündigt werden.

Militärversicherung (MV)

Die Militärversicherung versichert alle Personen, die während des Militär- , des Zivilschutz- oder des Zivildienstes verunfallen oder krank werden. Die Leistungen der Militärversicherung bestehen einerseits in den Pflegeleistungen und Kostenvergütungen (ärztliche Behandlung, Arznei, Hilfsmittel, Zulagen, Reisekosten etc.), andererseits in Geldleistungen (Taggeld, Invalidenrente, Integritätsrente etc.). Diese Leistungen werden über Mittel des Bundesbudgets finanziert, eine Beitragspflicht besteht nicht.

Millimeterpreis

Berechnungsmodus für Anzeigenpreise (Preis pro Millimeter und eine Spalte). Die Formel zur Berechnung des Inseratepreises lautet: Anzahl Spalten x (Inseratehöhe in mm) x Millimeterpreis.

Mindestversicherungsdauer

Begriff aus der AHV/IV. Die Mindestversicherungsdauer für den Erwerb eines Rentenanspruchs ist von Land zu Land unterschiedlich, beträgt aber mindestens ein Jahr. EG-Länder müssen Versicherungszeiten aus anderen EG-Ländern sowie der Schweiz für die Erfüllung der Mindestversicherungszeit berücksichtigen, wenn die im betreffenden Staat zurückgelegte Versicherungszeit nicht ausreicht für die Begründung des Rentenanspruchs. Die Schweiz sieht eine Mindestversicherungsdauer von drei Jahren vor. Für Personen, die in mehreren Ländern Versicherungsbeiträge bezahlten, jedoch in keinem die Mindestversicherungsdauer erreicht haben, gelten besondere Regeln.

Mindmapping

Visualisierte Kreativitätsmethode, in der Ideen, Projekte, Pläne, Vorhaben und dergleichen mit optischen Symbolen verzweigt und im Zusammenhang aufgezeichnet werden. Der Gegenstand der Aufmerksamkeit kristallisiert sich in einem Zentralbild, die Hauptthemen des Gegenstands strahlen vom Zentralbild wie Äste mit Schlüsselbildern aus. Mindmapping nutzt die Erkenntnis, dass unser Denken nicht linear sondern ein komplexer Prozess ist, bei dem permanent Ideen, Varianten, Verknüpfungen und Assoziationen im Spiel sind. Mit dem Mindmapping kann dieser Prozess strukturiert, optimiert und vereinfacht abgebildet werden. Einige Grundregeln sind dabei: a) nur ein Schlüsselwort auf eine Linie b) zuerst nur brainstormartig Ideen und Gedanken notieren c) mit positiven Farben, Bildern und Symbolen arbeiten d) Zuerst assoziieren und dann organisieren e) Schlüsselbegriffe und Themen mit Linien verbinden. Mindmaps eigen sich auch sehr gut für Zusammenfassungen, Relevanzfokussierungen und Projekte. Komplexe Themen werden in sogenannten Multimaps dargestellt. Es gibt für diese Technik leistungsfähige Softwareprogramme. Weiterführende Informationen zu diesem Themenkreis sind im Internet unter der folgenden Webadresse zu finden:

www.mindmap.ch

Missbräuchliche Kündigung

Eine missbräuchliche Kündigung ist eine nicht zulässige, arbeitsrechtliche Bestimmungen verletzende Kündigung.

Rechtsinformation: Nach Art. 336 OR ist eine Kündigung missbräuchlich, wenn die eine Partei sie aus folgenden Gründen ausspricht: a) wegen einer Eigenschaft, die der anderen Partei kraft ihrer Persönlichkeit zusteht (z.B. Alter, Geschlecht, Rasse, Religion, Parteizugehörigkeit), sofern diese Eigenschaft nicht im Zusammenhang mit dem Arbeitsverhältnis steht (z.B. Parteisekretär) b) weil die andere Partei ein verfassungsmässiges Recht ausübt (z.B. Stimm- und Wahlrecht) c) um Entstehung von Ansprüchen aus dem Arbeitsverhältnis zu vereiteln (z.B. Dienstaltersprämie) d) weil die andere Partei Ansprüche aus dem Arbeitsverhältnis geltend macht ("Rachekündigung", z.B. bei erfolgter Klage vor Arbeitsgericht) e) weil die andere Partei Militärdienst oder Zivilschutz leistet oder eine nicht freiwillig übernommene gesetzliche Pflicht.

Das schweizerische Arbeitsrecht kennt zwei Arten von sachlichem Kündigungsschutz im Arbeitsverhältnis: 1) Kündigung zur Unzeit 2) missbräuchliche Kündigung. Während die Kündigung zur Unzeit nichtig ist, ist die missbräuchliche Kündigung grundsätzlich eine gültige Kündigung. Allerdings wird bei einer missbräuchlichen Kündigung der Kündigende vom Richter zu einer Geldzahlung verpflichtet. Zu beachten ist ferner, dass der Anspruch auf eine Entschädigung 180 Tage nach der Kündigung erlischt.

Mitarbeiterbefragung

Die Mitarbeiterbefragung ist ein wichtiges und kontinuierlich einzusetzendes Instrument der innerbetrieblichen Meinungsumfrage im Sinne eines modernen Personalmarketings, um Einstellungen, Arbeitsklima und Erwartungen systematisch und objektiv in Erfahrung zu bringen. Dabei können der gesamte Betrieb oder auch nur bestimmte Abteilungen befragt werden. Wichtige Fragestellungen zur Planung und Konzeption sind: Aus welchem Grund wird eine Mitarbeiterbefragung durchgeführt und was sind die Implikationen für die Mitarbeitenden? Welche Ziele verfolgt die Mitarbeiterbefragung (HR-bezogene Ziele, wirtschaftliche oder strategische Ziele, Change-Management)? Umfang der Befragung? Wer wird befragt, handelt es sich um eine Voll- oder Teilerhebung? Welche Themen werden befragt? Wie soll der Kommunikations- und Umsetzungsprozess sowie die Implementierung von Massnahmen aussehen? Ein detailliertes, graphisches Reporting kurze Zeit nach Beendigung der Befragung ist eine wichtige Voraussetzung für einen erfolgreichen Umsetzungsprozess. Durch spezialisierte Diagnoseinstrumente erhält das Management stufengerechte Aussagen darüber, welches die wirkungsvollsten Umsetzungshebel zur befragten Thematik sind. Mit Hilfe des → Intranets können Mitarbeiterbefragungen besonders schnell, flexibel und kostengünstig auch als →Online-Befragung durchgeführt werden. Der wesentliche Vorteil ist allerdings ein Motivationsaspekt und die Möglichkeit, Arbeitnehmer in Entscheidungen und Projekte einzubeziehen. Befragungspunkte können sein: a) Zusammenarbeit Kollegen/Vorgesetzte b) Arbeitsbedingungen, c) Mängel in betrieblichen Leistungen d) Arbeitszeiten und Arbeitszeitenflexibilisierung e) Fragen zur Personalentwicklung generell.

Mitarbeiterbeteiligung

Neben der rein monetären Mitarbeiterbeteiligung (siehe → Erfolgsbeteiligung) kommt der Beteiligung der Mitarbeiter an Unternehmensentscheidungen immer grössere Bedeutung zu. Die Leistungsbereitschaft und Identifikation der Mitarbeiter mit dem Betrieb wird umso höher sein, je grösser ihr Verantwortungsbereich und die Möglichkeit der Einflussnahme auf das betriebliche Geschehen ist. Wer nur als Befehlsempfänger betrachtet wird, wird kaum Eigeninitiative und Verantwortungsbewusstsein entwickeln, gefragt ist heute die unternehmerische Einstellung und das mitverantwortliche Handeln eines jeden einzelnen Mitarbeiters. Beteiligungsformen sind: a) Aktien und Belegschaftsaktien b) Optionen c) Performance-Share-Pläne d) Kapitalbeteiligung e) Darlehen f) Zeitwertkonten.

Mitarbeiterbeurteilung

Die Mitarbeiterbeurteilung gehört zu den wichtigsten Führungs- und Förderungsinstrumenten eines modernen und mitarbeiterorientierten Unternehmens. Mit der ganzheitlichen Beobachtung, Erfassung und Analyse von Leistungen, Eignungen, Talenten und Entwicklungspotential der Mitarbeiter werden Informationen bezüglich Mitarbeitereinsatz, Stärken und Schwächen, angemessene Massnahmen der Fort- und Weiterbildung, der Personalentwicklung sowie einer leistungsgerechten Vergütung gewonnen.

Dies führt dazu, dass die Mitarbeiterbeurteilung auch ein geeignetes Instrument zum objektiv messbaren Leistungsvergleich ist, z.B. zwischen einzelnen Ressorts, Betrieben oder Abteilungen, die Förderung besonders qualifizierter und talentierter Mitarbeiter und für die Erstellung von Arbeitszeugnissen. Eine regelmässige und professionell durchgeführte Mitarbeiterbeurteilung dient auch dem Mitarbeiter als Standortbestimmung und Gewissheit, dass das Unternehmen an seinen Leistungen interessiert ist.

Zu diesem Thema finden Sie im Kapitel „Arbeitshilfen und Vorlagen" einen Mitarbeiterbeurteilungsbogen.

Mitarbeiterbindung

Massnahmen eines Unternehmens, seine Mitarbeiter möglichst lange zu halten bzw. an das Unternehmen zu binden und damit die → Fluktuation zu senken. Es gibt dazu mehrere Instrumente: Überdurchschnittliche Anstellungsbedingungen (z.B. Lohn, Ferien, Fringe Benefits) und Weiterbildungsangebote, vertragliche Bindung mit Rückerstattungspflicht für umfangreiche Weiterbildungen, Auszeichnung oder Belohnung von langjährigen Mitarbeitenden, Arbeitsplatzsicherheit, Erhebung der Mitarbeiterzufriedenheit und ergriffene abgeleitete Massnahmen, systematische Analyse der Fluktuationsgründe, Möglichkeit von längeren Unterbrüchen (z.B. für Familienpause, Bildungsabschluss, Sabbatical), Möglichkeit für interne Stellenwechsel, attraktive Arbeitszeitmodelle und Angebote im Bereich der → Work-life-Balance.

Mitarbeitereinführung

Genauso wichtig wie die Personalauswahl ist nach dem Entscheid eine systematische und geplante Einführung und Einarbeitung neuer Mitarbeiter. In grösseren Betrieben übernimmt die Einarbeitung in der Regel der unmittelbare Vorgesetzte und die Personalabteilung in den nichtfachlichen Belangen. In Klein- und Mittelbetrieben hingegen wird diese Aufgabe oft in Personalunion vom Vorgesetzten übernommen. Zur Mitarbeitereinführung gibt es zahlreiche Instrumente und Methoden wie das Personalhandbuch, institutionalisiertes, massgeschneidertes Einführungsprogramm, Einführungstag und Einführungsbroschüre, Einführungsworkshops und –seminare, Probezeitgespräch, spezifische Informationen auf dem Intranet, Mentorprogramme, Counselling neuer Mitarbeiter, Coaching, das Göttimodell, Follow-up-Gespräche mit personalverantwortlicher Person und mehr.

Mitarbeiterführung

Eine an Unternehmenszielen und daraus abgeleiteten Aufgabenstellungen sowie an Mitarbeiterqualifikation und -bedürfnissen ausgerichtete Steuerung und Beeinflussung des Mitarbeiterverhaltens. Dieser Prozess findet jeweils zwischen Vorgesetzten, also auf der Führungsebene, und zwischen Mitarbeitern, und damit auch auf der Ausführungsebene, statt. Kernelemente sind zum Beispiel individuelle Führungsfähigkeiten und -qualifikationen, ein unternehmensweit deklarierter und praktizierter → Führungsstil und die glaubwürdige Vorbildrolle der Vorgesetzten und der Unternehmensführung aufgrund ihres praktischen Verhaltens. Die Bedeutung optimaler Mitarbeiterführung für die Leistungsbereitschaft und Produktivität der Mitarbeiter wird mit steigenden Ansprüchen und Anforderungen von Mitarbeitenden und Unternehmen immer grösser.

Mitarbeitergespräch

Das Mitarbeitergespräch ist als Standortbestimmung über das Arbeitsverhältnis ein wichtiges Führungs- und Kommunikationsinstrument. → Zielvereinbarung, Anerkennung und Kritik, Qualifikation, Beziehung Führungskraft und Mitarbeiter, Arbeitsleistung sowie Beförderung und Weiterbildung sind die wesentlichen Bestandteile des Mitarbeitergesprächs. Mitarbeitergespräche können institutionalisiert sein (Jahresend-Leistungs- oder → Qualifikationsgespräche) oder nach Bedarf (Kritikgespräch, Standortbestimmung in einem Projekt) geführt werden. Ziele können sein: Information, Beratung, Problemlösung, Entscheidungsfindung. Der Arbeitnehmer hat übrigens das Recht zur Einsicht in die ihn betreffenden aus einem Mitarbeitergespräch resultierenden Beurteilungen. Sind dabei unrichtige oder unzulässige Daten enthalten, haben Arbeitnehmer ein Anrecht auf Berichtigung.

Mitarbeiterportal

Mitarbeiterportale sind eine speziell für Mitarbeiter entwickelte Informations- und Kommunikationsplattform, die für unternehmensbezogene aber auch private Zwecke und unabhängig vom Standort des Arbeitsplatzes nutzbar sind. Der Zugriff auf solche Plattformen kann den Mitarbeitern über den PC am Arbeitsplatz, über ein zentrales Terminal, über einen PC-Pool, über das Firmen-Laptop oder dem heimischen PC via Internetverbindung ermöglicht werden. Mitarbeiterportale bezwecken, neben der Bereitstellung von Information und Services, die Förderung des eigenverantwortlichen Handelns der Mitarbeiter.

Mitarbeiterzeitschrift

Mitarbeiterzeitschriften sind ein Informationsinstrument für die Mitarbeiter eines Unternehmens und sind Spiegelbild der Kommunikations- und Informationskultur. In ihr kommen das Management und die Mitarbeiter aus unterschiedlichen Unternehmensbereichen und zuweilen auch andere Marktpartner wie Kunden oder Lieferanten zu Wort. Eine gute Mitarbeiterzeitschrift gewährt das "Big Picture", gibt einen umfassenden Gesamtüberblick des unternehmerischen Denkens und Handelns und berücksichtigt aber auch Aspekte der → Work-life-Balance und gesellschaftliche und ethische Themen. Sie dient primär der über das Tagesgeschäft hinausgehenden, vertiefenden Information aller Mitarbeitenden. Angestrebt wird oft die Identifikation der Mitarbeitenden mit dem Unternehmen und Bindung von Mitarbeitenden an das Unternehmen. Die damit verfolgten Ziele können sein: Hintergrundinformationen zu Unternehmensstrategien und –zielen, Integration neuer Mitarbeiter, Vorstellung neuer HR-Dienstleistungen, Plattform für Informationsaustausch und Neuigkeiten aus dem internen und externen Unternehmensumfeld. In der Praxis auf Interesse stossende Rubriken sind sehr oft: a) Branchen-News b) neue Produkte und Projekte c) Kooperationen d) Abteilungsportraits e) Vorstellung wichtiger Kunden und Aufträge f) Eintritt neuer Mitarbeiter g) Weiterbildungsangebote h) Hobbies und Freizeitaktivitäten von Mitarbeitern i) vertiefende Informationen zu Massnahmen der Geschäftsleitung k) Presseberichte über und vom Unternehmen. Sehr gute Möglichkeiten bietet das → Intranet, eine Mitarbeiterzeitschrift kostengünstig online zu publizieren. Publikationen via PDF und internem E-Mail-Versand sind im Zeitalter der Digitalisierung nebst der klassischen Printproduktion weitere Distributions- und Herstellungsformen.

Mitarbeiterzufriedenheits-Index

Dies ist ein Begriff, der vor allem im Personalcontrolling verwendet wird und bezeichnet eine HR-Kennzahl. Er gibt als Kennzahl einen schnellen Überblick über den Erfüllungsgrad der Anforderungen der Mitarbeiter. Dieser Index wird auf Mitarbeiterbefragungen basierend in dieser Kennzahl zusammengefasst. Ziel ist es, den Wert des Indexes zumindest stabil zu halten, ihn detailliert und mit Kriterien verfeinert einzusetzen sowie eine häufigere Erhebung des Indexes zu vereinbaren, da zu erwarten ist, dass sich die Ergebnisse beispielsweise durch Wandlungsprozesse und Neueinstellungen verändern können.

Mitteilungs- und Auskunftspflicht

Der Grad der Auskunfts- und Mitteilungspflicht ist zur Hauptsache abhängig von der hierarchischen Stellung im Betrieb. Je höher die Stellung, desto umfassender die Auskunftspflicht. Auf Interviewfragen hat ein Bewerber über alles Auskunft zu geben (= Auskunftspflicht), was sich auf die Anstellung und den Arbeitsplatz bezieht. In oft auftretenden Zweifelsfällen muss ein Abwägen der Interessen stattfinden. Bei der Interessenabwägung spielen folgende Faktoren eine Rolle: a) Tätigkeit des Arbeitnehmers (Funktion im Betrieb) b) Dauer des Arbeitsverhältnisses (befristet oder unbefristet c) besonderes finanzielles Risiko des Arbeitgebers (Haftung für Arbeitnehmer).

Mobbing

Mobbing (aus dem Englischen "to mob" = anpöbeln, schikanieren) bedeutet, dass eine Person oder eine Gruppe am Arbeitsplatz von gleichgestellten, vorgesetzten oder untergebenen Mitarbeitenden schikaniert, belästigt, beleidigt, ausgegrenzt oder mit kränkenden Arbeitsaufgaben bedacht wird. Bei allgemeiner Unzufriedenheit der Mitarbeitenden tritt Mobbing häufiger auf. Eine aufgeschlossene Unternehmens- und Kommunikationskultur, offenes Führungsverhalten auf allen Hierarchieebenen, ein Mitarbeitende respektierendes Arbeitsklima, nicht zu stark auf Konkurrenz angelegte Leistungsmessformen und mehr sind Mittel und Voraussetzungen gegen das Mobbing. Nährboden für Mobbingsituationen in Betrieben können beispielsweise sein: a) eine schlechte Arbeitsorganisation mit unklaren Führungsverhältnissen b) schwache oder gar unqualifizierte Führungskräfte c) Führungskräfte, die Konflikte eskalieren lassen, statt sie anzugehen und auszutragen d) Rekrutierung von Personal, das von seinen Aufgaben stark überfordert und/oder überlastet wird e) eine schlechte, verunsichernde interne Kommunikation f) zu wenig Augenmerk auf charakterliche Aspekte und Defizite bei Personaleinstellungen g) extremes internes Konkurrenzsystem, welches Missgunst und Neid erzeugt. Weiterführende und ausgezeichnete Informationen findet man zu diesem wichtigen Themenkreis im Internet unter den folgenden Webadressen:

www.mobbing-beratungsstelle.ch

www.mobbing-info.ch

Mobilität

Die moderne Arbeitswelt - weltweit tätige Unternehmen einerseits und der Wunsch nach Karriere und Persönlichkeitsentfaltung andererseits, haben die Notwendigkeit verstärkter Mobilität zur Folge. In der Praxis zeigen sich jedoch Probleme, die in der Person des Mitarbeiters oder in seinem sozialen Umfeld liegen können (Berufstätigkeit des Ehepartners, schulpflichtige Kinder, Hausbesitz usw.). Personalverantwortliche sehen sich dabei oft gezwungen über Massnahmen wie dem externen oder internen → Personalmarketing die Mobilitätsbereitschaft zu erhöhen. Siehe → Auslandsvergütung.

Motivation

Zustand einer Person, der sie dazu veranlasst, eine bestimmte Handlungsalternative auszuwählen, um ein bestimmtes Ergebnis bzw. eine bestimmte Leistung zu erreichen und der dafür sorgt, dass diese Person ihr Verhalten hinsichtlich Richtung und Intensität beibehält. Der Begriff der Motivation wird oft auch im Sinne von Handlungsantrieben oder Bedürfnissen verwendet.

Motivationsgespräche

Der Erfolg einer Führungskraft hängt nicht zuletzt von den Leistungen seiner Mitarbeiter ab. Deren Bereitschaft, ihre Pflichten zu erfüllen oder sich sogar darüber hinaus für das Unternehmen zu engagieren, lässt sich durch faire und auf der Basis des Respekts und ehrlicher → Anerkennung geführte Motivationsgespräche steigern. Sie ermutigen Mitarbeiter, gestellte Aufgaben konsequent zu verfolgen und auch in belastenden Situationen nicht zu kapitulieren.

Zu diesem Thema finden Sie im Kapitel „Arbeitshilfen und Vorlagen" ein Formular zur Überprüfung motivierenden Führungsverhaltens.

Motivationspsychologie

Der Motivationsprozess ist ein Führungsprozess zur positiven Beeinflussung von Mitarbeitern in deren und im Interesse des Unternehmens. Die persönlichen und betrieblichen Bedürfnisse der Mitarbeiter werden dabei mit Hilfe von Anreizen gefördert, um eine höhere Arbeitsbereitschaft und bessere Arbeitsergebnisse zu erzielen. Je nach Persönlichkeit ist ein Mitarbeiter mehr oder weniger motivierbar. Merkmale gut motivierbarer Mitarbeiter sind a) Menschen mit reger Fantasie b) Menschen mit guter Selbsteinschätzung c) Menschen, die auf Anpassung an das soziale Umfeld bedacht sind d) ambitiöse zielorientierte Mitarbeiter e) sensible und identifikationsfähige Mitarbeiter. Interessant ist die provokative These von Sprenger, dass zahlreiche Motivations-Massnahmen, "Beste-

Motivatoren

chungen", ohne Wirkung oder nur von kurzfristiger kung seien.

Motivatoren

Ein Fachbegriff aus der → Zweifaktorentheorie von Herzberg: Motivatoren wie Leistung, Anerkennung und Selbstverwirklichung können zu einer Motivierung und zu einem Leistungsansporn der Mitarbeiter führen. Im Gegensatz dazu tragen → Hygienefaktoren eher zum Abbau von Unzufriedenheit bei.

Motivpyramide

Nach Maslow sind menschliche Bedürfnisse hierarchisch angeordnet. Ist ein Bedarf erfüllt, wird das nächst höhere Bedürfnis relevant. Diese Bedürfnisse sind: Physiologische Bedürfnisse (z.b. Nahrung, Schlaf), Sicherheitsbedürfnisse, Zugehörigkeitsbedürfnisse, Bedürfnis nach Wertschöpfung und schliesslich nach Selbstverwirklichung. Die Arbeitsgestaltung sollte die Entwicklung der Mitarbeiterbedürfnisse berücksichtigen, um Zufriedenheit, Ausgeglichenheit, Produktivität und Lebensqualität zu garantieren. Siehe → Bedürfnishierarchie.

Multimedia

Der Begriff Multimedia wird sehr unterschiedlich definiert. Hier soll die Kombination von Informations- und Kommunikationstechnologien und die Bündelung von Text, Sprache und Bild – also vieler Medien – auf einem System verstanden werden.

Multimediales Lernen

In der Praxis gibt es bereits verschiedene Möglichkeiten, multimediales Lernen zu realisieren. Während sich heute bereits CBT (Computer Based Training) einen festen Platz unter den didaktischen Methoden erobert hat, werden in Zukunft vermutlich auch vermehrt Online-Dienste und Internet, also das Lernen über Netze (Tele-Learning) und selbstgesteuertes Lernen in Eigenregie mit der Möglichkeit von qualifiziertem Feedback möglich sein. Des weiteren besteht mit Hilfe von Application Sharing die Möglichkeit einer gemeinsamen Bearbeitung von Anwendungen und eines Reviews der Arbeitsschritte. Aus zusammenfassenden Analysen wurde bestätigt, dass Multimedia hilfreich ist, wenn Faktenwissen bei relativ geringem Vorwissen vermittelt, jedoch weniger geeignet ist, wenn Problemlösungs- und Transferwissen auf hohem Niveau erworben werden soll.

Mutterschaftsurlaub

Gemäss Arbeitsgesetz dürfen Wöchnerinnen während acht Wochen nach der Niederkunft nicht beschäftigt werden. Es besteht ein zwingendes Arbeitsverbot. Von der 8. bis zur 16. Woche nach der Niederkunft darf sie nur mit ihrem Einverständnis beschäftigt werden. Diese weiteren maximal 8 Wochen Urlaub sind grundsätzlich unbezahlt. Anspruchsberechtigt auf Mutterschaftstaggelder sind Frauen, die während 9 Monaten vor der Niederkunft AHV-versichert (oder gemäss Bilateralen Verträgen mit der EU oder EFTA-Abkommen im Ausland obligatorisch versichert), in dieser Zeit mindestens 5 Monate selbständig oder unselbständig erwerbstätig waren und zum Zeitpunkt der Niederkunft noch erwerbstätig sind. Bei einer Frühgeburt (vor dem 9. Schwangerschaftsmonat)

Mutterschaftsversicherung

Die Erwerbsersatzordnung deckt ebenfalls den Lohnausfall bei Mutterschaft, die Mutterschaftsentschädigung. Der Lohnanspruch ist seither nicht mehr abhängig von der Dauer des jeweiligen Arbeitsverhältnisses gemäss Arbeitsrecht. Erwerbstätige Mütter erhalten während 14 Wochen 80 Prozent des durchschnittlichen Erwerbseinkommens vor der Geburt, maximal 172.- Franken pro Tag. Ein Kündigungsschutz besteht während der Schwangerschaft und in den ersten 16 Wochen nach der Niederkunft. Zudem besteht nach der Niederkunft ein 8-wöchiges Arbeitsverbot. Die Versicherungsleistungen sind Teil der Erwerbsersatzordnung. Gesonderte Beiträge werden nicht erhoben.

N

Nachfolgeplanung

Eine wichtige und in der Praxis oft vernachlässigte Aufgabe, bei der es darum geht, zu wissen, welche Stelle von welchem Mitarbeiter zu welchem Zeitpunkt besetzt werden soll. Voraussetzung sind genaue Termine und absehbare oder geplante personeller Veränderungen wie Versetzungen, Beförderungen oder Pensionierungen. Im Zentrum steht die Ermittlung und Auswahl geeigneter Nachfolgekandidaten, die intern oder extern rekrutiert werden können. Zur optimalen Nutzung interner personeller Kapazitäten sollte die Nachfolgeplanung eng mit Personalentwicklung koordiniert werden.

Nachtarbeit

Diese Zeit der Arbeit hat bei der Revision des Arbeitsgesetzes einige Änderungen erfahren. Bestimmungen betreffend Mehrlohn sind:

Rechtsinformation: Vorübergehende Nachtarbeit muss mit einem Lohnzuschlag in der Höhe von 25 % abgeglichen werden. Vorübergehende Nachtarbeit bedeutet, dass in weniger als 25 Nächten pro Jahr gearbeitet wird. Dauernde Nachtarbeit, also wer in 25 und mehr Nächten pro Jahr Arbeit leistet, muss mit einem Zeitzuschlag von 10% der effektiven Nachtarbeitsstunden innerhalb eines Jahres ausgeglichen werden. Im Arbeitsgesetz wird während der Nacht stattfindende Arbeit besonders geregelt. Die tägliche Arbeitszeit darf danach 9 Stunden nicht überschreiten und muss mit Einschluss der Pausen innerhalb eines Zeitraumes von 10 Stunden liegen. Für Angestellte, die nur vorübergehend Nachtarbeit verrichten, beträgt der Lohnzuschlag mindestens 25%. Auch Frauen können Nachtarbeit machen mit einer 10%igen Zeitkompensation für regelmässige Nachtarbeit (d.h. mehr Freizeit). Ausnahmen vom Verbot der Nachtarbeit benötigen eine Bewilligung und es braucht das Einverständnis der Arbeitnehmerinnen und Arbeitnehmer.

Zum Schutz der NachtarbeiterInnen gibt es zudem das Recht auf medizinische Beratung und Untersuchung. Dies gilt ab mindestens 25 Nächten pro Jahr (alle 2 Jahre für ArbeiterInnen bis 45 Jahre, jedes Jahr für ältere ArbeiterInnen). "Soweit nach den Umständen erforderlich" muss die Firma zusätzlich für folgende Punkte sorgen: Sicherheit des Arbeitswegs, Organisation des Transportes, Ruhe- und Verpflegungsmöglichkeiten, Kinderbetreuung. Schwangere Frauen dürfen ab dem 8. Monat nicht mehr Nachtarbeit leisten.

Netto-Personalbedarfsermittlung

Dies ist ein Begriff aus dem Personalcontrolling und bezeichnet eine HR-Kennzahl. Sie dient der Information, wie viele Mitarbeiter welcher Qualifikation zu welcher Zeit an welchen Orten zur Verwirklichung des geplanten Leistungsprogramms erforderlich sind bzw. zur Verwirklichung zur Verfügung stehen sollen. Wird der auf Dauer erforderliche Personalbedarf ermittelt, spricht man auch von Ermittlung bzw. Festlegung des Stellenbedarfs.

Networking

Soziale Interaktion im Netzwerk oder Arbeit in einem Beziehungsnetz oder losen Verbund. Man spricht auch von virtuellem Networking, bei dem ein Team oder eine Gruppe von Spezialisten online zusammenarbeitet und Resultate und Erfahrungen austauscht. Beim Networking geht es letztlich im Kern vor allem darum, Sympathien zu gewinnen, förderliche und interessante Kontakte zu knüpfen und zu pflegen. Via Networking kommt man oft zu wichtigen Informationen, Trends und Erfahrungen. Networking kann auch online betrieben werden; es gibt dafür interessante Plattformen. Nicht selten bieten Online-Netzwerke auch Zusatznutzen, der über das eigentliche Networking hinausreicht: Sich beispielsweise in einem virtuellen Raum der Plattform treffen und Insiderwissen austauschen, um sich gegenseitig bei der Erreichung seiner Ziele zu unterstützen oder Gelegenheiten persönlicher Treffen. Weiterführende Informationen und ein Praxisbeispiel findet man zu diesem Themenkreis im Internet unter folgender Webadresse:

www.xing.com

Neuro-Linguistisches Programmieren

Das Neuro-Linguistische Programmieren gilt als Konzept für Kommunikation und Veränderung. NLP wird definiert als die Struktur der subjektiven Erfahrung und untersucht die Muster oder die "Programmierung", die durch die Interaktion zwischen dem Gehirn (Neuro), der Sprache (Linguistik) und dem Körper kreiert wird und die sowohl effektives als auch ineffektives Verhalten produzieren können. Die Techniken des NLP entstanden durch Beobachtung der Muster von Experten aus diversen Bereichen professioneller Kommunikation, unter anderem aus dem Bereich der Psychotherapie, der Wirtschaft, der Hypnose, des Rechtswesens und der Erziehung.

New Public Management

Dies ist ein Reformkonzept, das öffentliche Verwaltungen nach privatwirtschaftlichen Management-Methoden effizienter führen will. NPM setzt marktorientierte Steuerungs- und Führungsprinzipien ein, um mit Markt und Wettbewerb - im Gegensatz zur bürokratischen Planung - die Kosten und Preise zu reduzieren und gleichzeitig die Qualität zu erhöhen. Das New Public Management stellt ferner auch den Bürger als Kunden ins Zentrum und versteht sich gegenüber dem Bürger als Dienstleister.

Newplacement

Der Wechsel von einem Beruf in einen anderen, neuen Beruf. Dafür kann es viele Gründe geben: Unsichere Zukunftsaussichten durch technologische Entwicklungen im erlernten Beruf bis zum Verschwinden des Berufs (Beispiel Schriftsetzer), gesundheitliche Gründe, Statusveränderungen und vieles mehr. Siehe → Umschulung. Ein Viertel der Schulabgänger haben nach Abschluss ihrer Ausbildung den Eindruck, nicht den für sie richtigen Beruf gewählt zu haben. Besonders belastend zeigt sich Newplacement seit einigen Jahren für viele Hochschulabsolventen, die ein Studium abgeschlossen haben, mit dem sie auf dem Arbeitsmarkt keine ihren Erwartungen entsprechende Beschäftigung finden.

Öffentliches Arbeitsrecht

Das öffentliche Arbeitsrecht regelt mittels zwingender Schutzbestimmungen die direkte Unterstellung von Arbeitgeber und Arbeitnehmer. So setzt etwa der Staat selber in Zusammenarbeit mit Arbeitsämtern die Einhaltung der Bestimmungen des Arbeitsgesetzes ArG durch (z.B. Einhaltung der Höchstarbeitszeiten oder des Jugendschutzes).

Onlinebefragung

Die Online-Befragung gleicht der schriftlichen Befragung, doch wird sie via Internet realisiert. Meist handelt es sich um Intranetbefragungen, seltener um E-Mail-Befragungen. Einige wichtige Erfolgsvoraussetzungen sind: a) Konsequente Ausrichtung der Befragung auf die Ziele b) Offene, ehrliche und transparente Information c) Einfache, benutzerfreundliche Befragung und Garantie der absoluten Anonymität der Befragten d) Rascher, gut strukturierter Prozess und die Ableitung geeigneter Massnahmen e) Offene Kommunikation der Ergebnisse auf allen Ebenen. Online-Befragungen sind mit eher geringem Aufwand verbunden und wegen der elektronischen Befragungsführung stärker standardisier- und auswertbar. Die Möglichkeit der Online-Befragung (Siehe → Mitarbeiterbefragung) via Intranet bietet entscheidende Vorteile: a) Schnelligkeit b) geringer Aufwand vor allem in der Datenauswertung c) zeitnahe Ergebnisse und verkürzte Reaktionszeiten d) tagesaktuelle Ergebnisauswertungen mit direktem Online-Zugriff e) geringe Befragungskosten f) digitale und automatisierte Datenerhebung und Auswertung.

Online-Learning

Beim Online-Learning wird direkt auf Lerninhalte im Internet zugegriffen. Die Nutzung erfolgt dabei über einen normalen Webbrowser. Die wesentlichen Erfolgsfaktoren sind dabei: a) Verfügbarkeit aktueller Informationen, b) Möglichkeiten für realistische Simulationen, c) Motivation durch den Gebrauch neuer, attraktiver und komplexer Präsentationsformen und d) Einfluss auf die Lerngeschwindigkeit. Siehe → E-Learning.

Open door policy

Personalpolitik der offenen Türe, die die permanente Bereitschaft der offenen und sofortigen Gesprächsmöglichkeit zum Ziel hat und vor allem in mitarbeiterfreundlichen und kommunikativen Unternehmen mit einer modernen Führungspolitik Anwendung findet.

Ordentliche Kündigung

Eine ordentliche Kündigung liegt vor, wenn die vorgesehenen Kündigungsbedingungen eingehalten werden. Bei einer ordentlichen Kündigung müssen Kündigungsfristen, Kündigungstermine, Kündigungsverbote, Kündigungsvoraussetzungen und der Grundsatz der Verhältnismässigkeit berücksichtigt werden.

Organigramm

Die graphische Darstellung der formell geregelten Beziehungs- und Kompetenzstruktur. Es zeigt nicht den funktionalen Zusammenhang der Arbeitsabläufe oder den Grad der Kooperation, sondern es gibt nur eine Übersicht über die Grobstruktur der mehrstufigen Über- und Unterordnung und über das Gefüge der verschiedenen Abteilungen und Funktionsbereiche der Unternehmung.

Organisation

In kleineren Unternehmen werden die Aufgaben meistens vom Unternehmer selbst oder vom Verwaltungs- bzw. kaufmännischen Leiter und seinen Mitarbeitern wahrgenommen. Erst in mittleren Unternehmen ab ca. 80 bis 120 Mitarbeitern gibt es in der Regel eine Personalabteilung. In grossen Unternehmen findet man häufig Personalbereiche vor, die eine Reihe von Abteilungen umfassen, wobei die Personalhonorierung als Entgeltrechnung gelegentlich auch dem Rechnungswesen zugeordnet wird.

Organisationsentwicklung

Langfristiger Lern- und Entwicklungsprozess auf Basis eines gemeinsamen Lernprozesses aller Beteiligten, der auf die Steigerung der Wertschöpfungskraft der Unternehmen zielt. Beim OE geht es darum, die vorhandenen Potentiale der Mitarbeiter zu erschliessen und für das Unternehmen nutzbar zu machen. Dabei wird eine systematische, zielorientierte Veränderung der organisatorischen Strukturen und das Engagement aller Mitarbeiter für umfangreiche Restrukturierungsmassnahmen angestrebt.

Organisationsmittel

Die bei der organisatorischen Gestaltung anzuwendenden organisatorischen Ordnungsmittel. Konkret handelt es sich um Verfahren der praktischen Organisationsarbeit, z.B. Organisationspläne, Organigramme, Stellenbeschreibungen, Funktionendiagramme, Techniken der Darstellung von Strukturen, Abläufe und Methoden der Bestandesaufnahmen sowie der Aufgabenanalyse.

Organisationsplan

Ein Schaubild, das die vorhandene oder für die Zukunft vorgesehene betriebliche Aufbauorganisation übersichtlich darstellt und die für die Aufbauorganisation getroffenen Regelungen fixieren soll. Es lässt folgendes erkennen: das Verteilungssystem der Aufgaben; das Gefüge der Stellen und ihre horizontale Zusammenfassung zu Abteilungen;

die Rangordnung der Instanzen sowie die Unterstellungsverhältnisse; die Ein- bzw. Ausgliederung von Stäben, Fachvorgesetzten, Fachinstanzen und Zentralstellen; das System der vertikalen und diagonalen Kommunikations- und Anordnungswege und die Arbeitsflussgestaltung; die personelle Besetzung von Stellen; die Regelung der → Stellvertretung.

Outplacement

Outplacement ist die Unterstützung und Begleitung einer von Kündigung betroffenen Person mittels persönlichem Coaching noch während des aufrechten Dienstverhältnisses und danach. wichtig ist, dass die Betreuung der betroffenen Personen nicht zeitlich limitiert ist, sondern es gewährleistet wird, dass die MitarbeiterInnen solange betreut werden, bis sie eine neue Arbeitsstelle gefunden haben und zuweilen sogar noch darüber hinaus. Das Outplacement hat bei der Freisetzung von Mitarbeitern – es handelt sich oft um Führungskräfte – sowohl für den Unternehmer als auch für den betroffenen Mitarbeiter ein Reihe von Vorteilen: a) Vermeiden der → inneren Kündigung b) Kostenreduktion c) Vermeiden arbeitsrechtlicher Probleme mit gemeinsamen Lösungen c) Verbesserung des Arbeitgeberimages auf dem Arbeitsmarkt d) positive Auswirkungen auf das gesamte Betriebsklima. Ein Arbeitgeber, der sich von einem Mitarbeiter trennen will, kann diesen beraten und den Entlassenen so wirkungsvoll unterstützen, eine weiterführende berufliche Aufgabe zu finden.

Outsourcing

Ausgliederung von Unternehmensfunktionen auf externe Spezialisten. Insbesondere in konjunkturellen Krisenzeiten der Versuch, Unternehmensbereiche aus Kostengründen auszulagern und Kapazitäten abzubauen. Die Erfahrung, dass der Fremdbezug von Gütern oder Dienstleistungen auf dem freien Markt häufig günstiger als die Eigenfertigung ist, geht auf die Transaktionskostentheorie zurück. Outsourcing kann auch die Auslagerung von Wertschöpfungsprozessen aus dem Unternehmen in Zulieferunternehmen zur Verringerung der Wertschöpfungstiefe bedeuten. Dies entspricht der Strategie der "Konzentration auf Schwerpunkte" nach dem Bestseller von Peters & Waterman "In search of excellence". Die Auslagerung kann raumbezogen, produktbezogen oder funktionsbezogen (z.B. Forschung, Bildung, Buchhaltung) sein.

Pareto-Prinzip

Nach der vom Wirtschaftswissenschaftler Vilfred Pareto entdeckten Prinzip geht es im Kern darum, dass in Wirtschaft und Leben 20% des Aufwandes für 80% des Erfolges verantwortlich sind. Sich dieses Prinzips bewusst zu sein und es anzuwenden, hat Arbeitserleichterung, Effizienzsteigerung, Relevanzfokussierung, Erkennen von Erfolgsfaktoren und Zeitgewinn zur Folge. Konkret kann eine Tätigkeitsanalyse betroffen sein, in der man erkennt, dass es 20% der Aufgaben und Tätigkeiten sind, die zu 80% der Wertschöpfung beitragen. Bei der Analyse der Häufigkeitsverteilung von Fehlerursachen folgt das Pareto-Prinzip ebenfalls der 80:20-Regel: Häufig entstehen 80 % der Fehler durch 20 % der Ursachen. Mit Hilfe eines Pareto-Diagramms kann entschieden werden, welche Fehlerursachen in welcher Reihenfolge zu beseitigen sind. Es stellt die einzelnen Fehlerursachen graphisch in abfallender Reihenfolge dar.

Pausen

Gemäss OR ist die Arbeit durch Pausen zu unterbrechen, bzw. es besteht ein Recht auf Pausen.

Rechtsinformation: Nach Art. 15 ArG ist die Arbeit durch Pausen von folgender Mindestdauer zu unterbrechen: 15 Min. bei Tagesarbeitszeit von mehr als 5,5 Std., 30 Min. bei Tagesarbeitszeit von mehr als 7 Std., 1 Std. bei Tagesarbeitszeit von mehr als 9 Std. Die Pausen sind um die Mitte der Arbeitszeit anzusetzen. Entsteht vor oder nach einer Pause eine Teilarbeitszeit von mehr als 5 1/2 Stunden, so ist für diese eine zusätzliche Pause gemäss Art. 15 ArG zu gewähren (Art. 18 ArGV1). Die Pausen gelten als Arbeitszeit, wenn die Arbeitnehmer ihren Arbeitsplatz nicht verlassen dürfen. Nach Art. 15a ArG ist den Arbeitnehmern eine tägliche Ruhezeit von mindestens elf aufeinander folgenden Stunden zu gewähren. Die Ruhezeit kann für erwachsene Arbeitnehmer einmal in der Woche bis auf acht Stunden herabgesetzt werden, sofern die Dauer von elf Stunden im Durchschnitt von zwei Wochen eingehalten wird.

Pegulan-Modell

Eine Form des → gleitenden Ruhestandes. Freiwilliger Abbau der Tages-, Wochen- oder Monatsarbeitszeit bei Mitarbeitern über 60 Jahren. Zeitmöglichkeiten sind: Zwei Stunden je Tag oder einen Tag je Woche zzgl. einem Tag je Monat oder einer Woche je Monat.

Pensionierung

Aktiven Vorgang des Arbeitgebers, den Arbeitnehmer wegen Erreichens der Altergrenze oder aus Gründen einer Berufs- bzw. Erwerbsunfähigkeit in den Ruhestand zu versetzen. Von diesem Zeitpunkt an erhält der Mitarbeiter bei Vorliegen der Voraussetzungen eine gesetzliche Rente, darüber hinaus bei Bestehen betrieblicher Versorgungswerke Leistungen aus der betrieblichen Altersversorgung. Siehe → Alters- und Hinterlassenenversicherung (AHV).

Pensionsversicherungsexperte

Ein Pensionsversicherungsexperte (PVE) ist berechtigt, als gesetzlich anerkannter Experte der beruflichen Vorsorge (BVG) zu wirken. Als solcher überwacht er die Einhaltung der gesetzlichen Bestimmungen über die Alters- und Hinterbliebenen- und Invalidenvorsorge und berät in weiteren Bereichen der sozialen Sicherheit.

Performance Management

Der Begriff Leistungsmanagement oder englisch Performance Management bezeichnet ein Management, das sich mit den Regeln und Aspekten der aktiven Leistungssteuerung befasst. Ein leistungsfähiges Performance-

Management-System umfasst messbare Ziele und ein gemeinsames Verständnis über deren Zusammenhänge, relevante und ausgeglichene finanzielle und nicht finanzielle Leistungsindikatoren, akzeptierte Zielwerte und Konsens über die Aktionen, die zur Zielerreichung nötig sind. Die Abstimmung dieser Elemente über mehrere Unternehmensebenen und zwischen unterschiedlichen Funktionen ist letztlich der Nutzen eines Performance-Management-Systems.

Personalabbau

Freistellung: Es gibt mehrere Möglichkeiten des Personalabbaues z.b. die interne Personalfreistellung und die externe Personalfreistellung. Bei der internen Personalfreistellung wird die personelle Kapazität durch die Änderung bestehender Arbeitsverhältnisse angepasst, ohne dass es zu einem Personalabbau kommt, z.b. durch den Abbau von Mehrarbeit, Flexibilisierung der Arbeitszeit (Jahresarbeitskonten und kapazitätsorientierte variable Arbeitszeit), Umwandlung von Vollzeitstellen in Teilzeitstellen, Festlegung von Ferien, Kurzarbeit, Versetzungen oder Änderungskündigungen. Externe Freistellung: Bei der externen Personalfreistellung wird personelle Kapazität durch Beendigung bestehender Arbeitsverhältnisse angepasst. Dabei kommt es zu einem Personalabbau. Die externe Personalfreistellung kann bewirkt werden durch Ausnutzung der Fluktuation wie Kündigung, Unfälle, Tod oder Ruhestand (indirekter Personalabbau), Vereinbarung durch Aufhebungsverträge, Outplacement und ordentliche oder ausserordentliche Kündigung. Ein Personalabbau kann durch natürliche Fluktuation, (Pensionierungen, Kündigung durch Arbeitnehmer) vorübergehende Einstellungsstopps, Frühpensionierungen und arbeitgeberseitige Kündigungen vorgenommen werden.

Personalabbaumassnahmen müssen arbeitsrechtlichen Gesetzen entsprechen und machen eine offene und rechtzeitige Information gegenüber allen Betroffenen notwendig. Kernpunkte sind dabei Fairness und soziale Verantwortung, die beispielsweise mit Sozialplänen auch materiell erreicht werden können. Personalabbaumassnahmen haben oft gefährliche Auswirkungen für Arbeitnehmer und

Arbeitgeber (Angst um Arbeitsplatz, Verlust von Erfahrung und Know-how, und Abwanderung von Fachkräften zur Konkurrenz).

Personalakte

Eine Personalakte enthält die für das Unternehmen relevanten Personalinformationen in physischer oder elektronischer Form. Die klassische Akte besteht aus a) Bewerbungsunterlagen b) Vertrag c) Abwesenheitsinformationen und d) Allgemeines wie Memos zu Vereinbarungen, Teilnahmebescheinigungen, allfällige Zwischenzeugnisse e) Zielvereinbarungen, Resultate von Qualifikationen, Aktennotizen von Mitarbeitergesprächen usw. Immer mehr Unternehmen gehen zur digitalen Personalakte über, da sie zahlreiche Vorteile bietet. Sie unterstützt die Optimierung von Personalprozessen und Informationen und kann effizienter genutzt, bearbeitet, erschlossen und wiedergegeben werden. Über spezifische Zugriffsberechtigungen können relevante Daten zudem ausschliesslich von zuständigen Personen abgefragt, gepflegt und Änderungen zurückverfolgt werden, was bei einem qualitativ guten System die Datensicherheit und den Datenschutz erhöht. Eine digitale Personalakte ermöglicht zudem eine bessere Verfügbarkeit, das schnelle Auffinden von Dokumenten und eine höhere Zuverlässigkeit bei der Aktenführung. Hinzu kommen vereinfachte Analysemöglichkeiten und Beiträge zum HR-Controlling. Einsparungen von Transport- und Lagerkosten (Weiterleitung von Personalinformationen an Niederlassungen) können dadurch realisiert und Recherchezeiten optimiert werden.

Rechtsinformation: Der Mitarbeiter hat das Recht, jederzeit Einsicht in seine Personalakte zu den über ihn erfassten Informationen zu haben.

Personalarbeit

Unter Personalarbeit versteht man Massnahmen und Aufgaben, die zur Führung von Mitarbeitern gehören, sowie alle Aufgaben der Personalverwaltung. Wesentliche Komponenten der Personalarbeit sind zum Beispiel die Rekrutierung von Mitarbeitern, die Organisation von Information und Kommunikation sowie die Aus- und Weiterbildung. Innerhalb der strategischen Unternehmensführung nimmt die Personalarbeit unter dem Namen Human Resource Management einen wichtigen Platz ein, denn die Unternehmen befinden sich heute in der Situation, dass externe Wettbewerbsvorteile nur noch bedingt oder zeitlich befristet zu platzieren sind. Neue Formen der Arbeitsorganisation, mit den Zielen bessere Kundenorientierung, höhere Wertschöpfung sowie stärkere Berücksichtigung der Mitarbeiterbedürfnisse, müssen sich zunehmend durchsetzen. Dies bedeutet den Abschied von althergebrachten Formen und Organisationsstrukturen im Personalmanagement.

Personalaufwand

Der Personalaufwand umfasst alle Kosten, die durch den Einsatz von Arbeitnehmern einem Unternehmen entstehen. Unter dieser Begriffsdefinition fällt nicht der für Kalkulationszwecke herangezogene kalkulatorische Unternehmerlohn in Einzelunternehmen. Der Personalaufwand lässt sich untergliedern in den direkten Personalaufwand wie Personalkosten (z.B. Löhne und Gehälter, Ausbildungsvergütungen usw.) und den indirekten Personalaufwand wie z.B. Personalnebenkosten.

Personalaufwandsquote

Dies ist ein Begriff aus dem Personalcontrolling und bezeichnet eine HR-Kennzahl. Die Quote liefert Informationen zur Personal-, Produktivitäts- und Arbeitsintensität eines Betriebes. Häufig ist eine schwache Ertragslage auch mit zu hohen Personalkosten zu erklären, da diese oft den grössten Kostenanteil ausmachen und Sozialleistungen sowie Lohnnebenkosten zudem tendenziell steigen.

Personalauswahl

Die Entscheidung über die Stellenbesetzung stützt sich einerseits auf die Auswahlkriterien, die speziell in der Stellenbeschreibung und dem Anforderungsprofil verankert sind, und andererseits auf die Informationen über die Eignung des Bewerbers aus schriftlichen Unterlagen. Die Auswahlkriterien lassen sich grundsätzlich einteilen in: fachliche Kriterien (z.B. Intelligenz, Persönlichkeitsmerkmale) und sozialpsychologische Kriterien (z.B. soziale Qualifikation, Kooperations- und Verantwortungsbereitschaft, Teamfähigkeit).

Personalauswahlverfahren

Mangelhafte Personaleinstellungsentscheidungen sind mit hohen finanziellen Kosten verbunden, da hohe Personal- und Einführungskosten, Zielerreichungsverzögerungen und Zeitverlust die Folge sind. Deshalb werden verschiedene Personalauswahlverfahren eingesetzt, um Fehlentscheidungen zu vermeiden und bei wichtigen Positionen ein objektives und ganzheitliches Bild einer Person zu erhalten. Ein umfassender Auswahlprozess lässt sich wie folgt gliedern: a) Diskussion und Festlegung der Anforderungen an die Qualifikation b) Analyse und Bewertung von Bewerbungsunterlagen und Zeugnissen durch die Anwendung verschiedener Auswahlinstrumente z.B. Referenzeneinholung, Vorstellungsgespräche, Testverfahren, Psychologische Tests, Graphologische Gutachten, Assessment Center, Biografische Fragebögen c) Gesamtbewertung und Auswahl.

Personalbedarf

Der Personalbedarf wird aufgrund von Unternehmenszielen und aus der aus Zahl und Qualifikation erforderlichen Menge von Mitarbeitern, die zur Erfüllung der Aufgaben und Zielsetzungen in einem Betrieb notwendig sind, ermittelt. Man kann dabei folgende Personalbedarfsarten unterscheiden a) Ersatzbedarf b) Neubedarf c) Nachholbedarf d) Mehrbedarf e) Zusatzbedarf e) Bedarfsreduzierung. Mit Hilfe der Personaleinsatzplanung lässt sich erkennen, welche Veränderungen bei der Belegschaft bis zum betrachteten Zeitpunkt durchgeführt werden müssen. Da in diese Planung auch die erkennbaren zukünftigen Personalveränderungen schon eingeflossen sind, müssen nur noch die zusätzlichen auszuführenden Massnahmen geplant werden.

Personalbedarfsbestimmung

Die Personalbedarfsbestimmung nimmt einen hohen und wichtigen Stellenwert innerhalb des betrieblichen Personalmanagements und Unternehmens ein. Es wird ermittelt, wie viele Mitarbeiter, wo, wann und mit welchen Qualifikationen zur Realisierung der geplanten Aufgaben erforderlich sind. Ein stetiger Informationsaustausch zwischen allen beteiligten Bereichen (z.B. Produktions- und Absatzplanung, Controlling etc.) ist notwendig.

Personalbedarfsermittlung

Ermittlung bzw. Festlegung, wie viele Mitarbeitende welcher Qualifikation zu welcher Zeit an welchen Orten zur Verwirklichung des geplanten Leistungsprogramms erforderlich sind bzw. zur Verwirklichung zur Verfügung stehen sollen. Wird der auf Dauer erforderliche Personalbedarf ermittelt/festgelegt, spricht man auch von Ermittlung bzw. Festlegung des Stellenbedarfs. Die Personalbedarfsermittlung erfolgt mittels eines Stellenplans. Grundlage sind die Soll- und Ist-Daten eines Stellenplanes und vorgesehene Personalveränderungen wie Kündigungen, altersbedingte Austritte, Konjunktur und Absatzmenge. Weitere Informationsgrundlagen für eine ganzheitliche Personalbedarfsermittlung sind zum Beispiel Stellenbeschreibungen, Tätigkeitsanalysen und Anforderungsprofile.

Personalbedarfsplanung

Die Personalbedarfsplanung ist der zentrale Bereich der Personalplanung. Ausgehend vom heutigen Personalbestand wird durch die Personalbedarfsplanung ermittelt, wie viele Mitarbeiter mit welchen Qualifikationen zu einem künftigen Zeitpunkt benötigt werden. Der zukünftige Bedarf ergibt sich dann aus der Differenz zwischen dem zu einem bestimmten Stichtag erwarteten Bruttopersonalbedarf und der Einschätzung des zukünftigen Personalbestandes. Der geplante Personalbedarf hat Zielcharakter für die anderen Bereiche der Personalplanung. Es gibt verschiedene Methoden der Personalbedarfsplanung: a) Qualitativ mit Hilfe von: Stellenbeschreibungen, Mitarbeiterbeurteilungen, Arbeitsplatzbeschreibungen, Anforderungsprofilen b) Quantitativ mit Hilfe von: Prognose, Schätzung, Kennzahlenmethode und Studien.

Personalberatung

Eine Dienstleistung, die Personalabteilungen in der externen Personalrekrutierung und → Personalauswahl unterstützt. Bei der Wahl eines Personalberaters ist auf die für die vorgesehenen Aufgaben benötigte Erfahrung zu achten. Genügend Informationen, überzeugende Referenzen, eine gewisse Auswahl potenzieller Kandidaten sind ebenfalls wichtig. Eine auf Beziehungs- und Fachebene vertrauensvolle Zusammenarbeit zwischen Personalberater und Personalleiter ist unerlässlich.

Personalbeschaffung

Zur Personalbeschaffung zählen alle Aktivitäten, um Mitarbeiter für das Unternehmen zu gewinnen. Die Methoden der Personalbeschaffung sind vielfältig. Massnahmen der Personalwerbung können sich an den internen und externen Arbeitsmarkt richten (siehe → Personalmarketing). Ziel der Personalbeschaffung ist, durch den Einsatz geeigneter Auswahlmethoden Zeit und Kosten zu minimieren und gleichzeitig den für das Unternehmen und die Position geeignetesten Mitarbeiter zu finden.

Der Prozess der Personalbeschaffung und -auswahl besteht aus drei Stufen: a) Definition der Anforderungen, Erstellen von Stellenbeschreibungen und -spezifikationen, Festlegen von Entscheidungskriterien und Anstellungsbedingungen, Kandidatengewinnung b) Sichten und beurteilen von möglichen Bewerberquellen innerhalb und ausserhalb des Unternehmens, Werbung, Zusammenarbeit mit Personalberatungsfirmen Kandidatenauswahl c) Bewerbungen sichten, Interviews, Tests, und Assessment Center durchführen, Angebote abgeben, Referenzen einholen, Arbeitsverträge vorbereiten. Heute wird für das erfolgreiche Recruiting ein sich an das Marketing anlehnender Mix verschiedener Medien und Suchkanäle immer wichtiger. Siehe auch → Rekrutierungsmethoden, → E-Recruiting, → Rekrutierungsmethoden und → Personalgewinnung.

Personalbestand

Die Erhebung des Personalbestandes dient einer genauen Personalplanung und sagt aus, wie viele Mitarbeiter nach Anzahl, Qualifikation, Beschäftigungsverhältnis, Arbeitszeitverhältnis dem Unternehmen im definierten Zeitraum zur Verfügung stehen. Dabei unterscheidet man in der Praxis normalerweise nach aktuellem und künftigem Personalbestand, z.B. Geschäftsjahresende oder -beginn. Auf Basis des aktuellen Personalbestandes ermittelt man den künftigen Personalbestand. Die für den jeweiligen Zeitraum geplanten und bekannten Personalveränderungen (Pensionierungen usw.) werden dabei dem Ausgangsbestand gegenübergestellt. Im Vergleich von Personalbestand und Personalbedarf kann man dann den jeweils aktuellen oder künftigen Netto- Personalbedarf berechnen bzw. planen.

Personalbeurteilung

Teil der Eignungsprüfung, in dem Informationen über die Leistungen und Potenziale von Mitarbeitern durch dazu beauftragte Mitarbeiter (Vorgesetzten, Kollegen, Untergebene und die Mitarbeiter selbst) hinsichtlich arbeitsplatzbezogener Kriterien gewonnen und ausgewertet werden. Zur Vermeidung von Interpretationsschwierigkeiten bei der Verwendung von Checklisten und Beurteilungsformularen sollten fundierte Beurteilungsgespräche zwischen Vorgesetzten und Mitarbeiter ergänzend durchgeführt werden. Siehe auch → Mitarbeiterbeurteilung.

Personalcontrolling

Personalcontrolling ist ein Planungs-, Steuerungs- und Kontrollsystem im Personalwesen. Es erstreckt sich auf alle personalwirtschaftlichen Funktionen (z.B. Personalentwicklungscontrolling) und basiert auf quantifizierbaren Informationen. Das Personalcontrolling dient dazu, die personalwirtschaftlichen Ziele in Plandaten und konkrete

Massnahmen umzusetzen. Ebenso können erzielte Ergebnisse kontrolliert werden. Wesentliche Aufgaben des Personalcontrolling sind einerseits die Koordination und Überwachung der einzelnen Komponenten der Personalplanung (Bedarfsplanung, Beschaffungsplanung, Einsatzplanung, Freisetzungsplanung, Entwicklungsplanung, Kostenplanung), das Überwachen von Arbeitsmarktentwicklungen und die Ermittlung wichtiger Kennzahlen mit Statistiken und Analysen. Controlling liefert nicht nur vergangenheitsbezogene Informationen wie Fluktuationsquote, Personalstatistik, sondern in erster Linie Kennzahlen, die Rückschlüsse auf künftige Entwicklungen zulassen. Aufgaben des Personalcontrollings können sein: a) Fähigkeitscontrolling für die Personalbestandsanalyse b) Personalbedarfsbestimmung und Bewerberauswahlcontrolling für die Personalbeschaffung c) Bildungs- und Laufbahncontrolling für die Personalentwicklung, d) Arbeitsplatz-, Arbeitsaufgaben- und Arbeitszeitcontrolling für den Personaleinsatz e) Budget- und Kostenstrukturcontrolling für das Personalkostenmanagement sowie f) Motivations-, Führungs- und Kulturcontrolling für die Personalführung.

Personaldatenbank

Innerhalb von → Personalinformationssystemen ist die Personaldatenbank die Basis für die Personaldaten. Sie enthält alle Daten, die für administrative, operative und strategische Aufgaben relevant sind. Welche Daten konkret erfasst werden, hängt letztendlich vom Verwendungszweck des Personalinformationssystems ab. Wird in Klein- und Mittelbetrieben in der Regel nur eine Personaldatenbank eingesetzt und genutzt, die im Wesentlichen für Abrechnungszwecke eingesetzt wird, finden sich in Grossunternehmen mehrere Personaldatenbanken mit unterschiedlichen Inhalten, z.B. Personal-Stamm-Datenbank, Personal-Historie-Datenbank (erfasst werden Daten über den Werdegang des Mitarbeiters sowie besondere Ereignisse während der Betriebszugehörigkeit), Personal-Potenzialdatenbank (erfasst werden besondere Fähigkeiten, Kenntnisse und Gesundheitsdaten), Arbeitszeit-Datenbank, Vergütungs-Datenbank.

Personaldiagnostik

Die Personaldiagnostik liefert nach aktuellem Verständnis Entscheidungshilfen und systematische, ganzheitliche Vorgehensweisen im Bereich Persönlichkeit und Kompetenzen. Sie kann zur Beurteilung von Bewerbungen, aber auch bei der Förderung oder Versetzung bestehender Mitarbeiter im Rahmen der Personalentwicklung wertvolle Dienste leisten.

Personaleinsatz

Mit Personaleinsatz wird die Zuordnung der Mitarbeiter auf die Arbeitsplätze bezeichnet. Personaleinsatz beginnt mit der Einführung neuer Mitarbeiter und endet mit dem letzten Tag der Anwesenheit der Mitarbeiter im Unternehmen. Vorbedingung für eine optimale Personalzuordnung sind geeignete Arbeitsbedingungen (z.b. Arbeitszeitgestaltung) und eindeutige organisatorische Regelungen und Voraussetzungen (z.B. Anforderungsprofile). Auf diese Weise soll eine bestmögliche Übereinstimmung zwischen den Anforderungen der Arbeitsplätze und den Fähigkeiten der Mitarbeiter, und damit eine Steigerung der Leistungsmotivation erreicht werden.

Personaleinsatzplanung

Ziel einer professionellen und ganzheitlichen Personaleinsatzplanung ist eine möglichst optimale quantitative und qualitative Zuordnung und Planung von Mitarbeitern und Arbeitsaufgaben. Als Grundlage dienen aufgabenbezogene → Anforderungsprofile, die aus Tätigkeitsanalysen, Zeitstudien, Stellenbeschreibungen und anderen Unterlagen erstellt werden. Die Genauigkeit und Aussagekraft von Anforderungsprofilen ist eine wichtige Voraussetzung für richtige Einsatzentscheidungen, → Stellenbesetzungen und Versetzungen. Die Notwendigkeit einer zeitlichen und quantitativen Personaleinsatzplanung ist vor allem bei unregelmässiger Arbeitszeit, der immer häufiger eingesetzten Arbeitszeitflexibilisierung und vorhersehbaren Abwesenheiten wie Ferien und Militär von Bedeutung. Bei → Schichtarbeit, wechselnden Einsätzen, → Pikettdienst oder permanent zu besetzenden Stellen ist die Planung anspruchsvoll und besonders wichtig.

Personalentwicklung

Massnahmen zur Erhaltung, Entwicklung und Verbesserung der Arbeitsleistung bzw. des Qualifikationsprofils von Mitarbeitern, um die Ansprüche des Unternehmens an die Qualität seiner Arbeitskräfte sicherzustellen. Personalentwicklung zielt darauf ab, das Leistungs- und Lernpotential der Mitarbeitenden zu erkennen, zu erhalten und zu fördern. Für funktionierende Personalentwicklungskonzepte gibt es keine Standardlösungen und keine "Bedienungsanleitungen" – zu unterschiedlich sind die unternehmerischen Gegebenheiten und Anforderungen. PE umfasst über die Weiterbildung hinausgehende Qualifizierungsmassnahmen, zum Beispiel auch → Job Enlargement oder → Job Enrichement.

Personalfachfrau/-mann

Schweizer HRM-Ausbildung mit eidg. Fachausweis. Ziel und Berufsbild: Kompetenz in allen zentralen Aufgaben des Personalwesens: Mitarbeiter einstellen, fördern, beraten. Personalplanung, -organisation, -administration, Projekte im Bereich Personalwesen leiten, Instrumentarium entwickeln.

Personalfragebogen

Der Personalfragebogen ist in der Regel ein Formular mit Fragen und Angaben, die die Bewerber im Rahmen des Einstellungsverfahrens beantworten. Der Personalfragebogen soll dem Unternehmen Informationen zur Person, zum Werdegang sowie Kenntnisse und Berufserfahrungen vermitteln. Personalfragebögen dürfen die Privatsphäre der Bewerber nicht verletzen. Grundsätzlich darf der Arbeitgeber nur solche Fragen stellen, die seinem berechtigten Interesse im Hinblick auf den zu besetzenden Arbeitsplatz entsprechen. Dies sind insbesondere die personenbezogenen Angaben und Daten, Schul- und Ausbildung, Erfahrungen und Kenntnisse. Siehe → Datenschutz.

Rechtsinformation: Nicht oder nur in Ausnahmefällen unter bestimmten Umständen gefragt werden darf nach Themenkreisen wie Gesundheit, politische Zugehörigkeit, religiöse Fragen, Schwangerschaft, Leumund, Veranlagungen sexueller Art und ähnliches.

Personalführung

Zielorientierte Einflussnahme auf Personen bzw. Mitarbeiter im Gegensatz zur Unternehmensführung. Analog zur Einteilung der Unternehmensführung in strategische, taktische und operative Führung hat sich in der jüngsten Literatur auch bei der Personalführung diese Einteilung von Personalführungsebenen durchgesetzt. So hat die strategische Personalführung weitgehend konzeptionelle Aufgaben wie z. B. die Entwicklung von Führungsgrundsätzen oder -leitlinien zu erfüllen und hat dabei die Gesamtheit der Mitarbeiter im Blick (Führungskultur). Die taktische Personalführung leitet aufgrund der strategischen Vorgaben Führungsmodelle und -konzepte ab, die sich in Aussagen zum Führungsstil niederschlagen und Gruppen von Mitarbeitern betreffen (Kollektivführung). Die operative Führung hingegen betrachtet den einzelnen Mitarbeiter und die notwendigen situativen Verhaltensweisen der Führung bzw. Leitungsebenen. Die operative Führung überschneidet sich hier mit Themenstellungen der Personalwirtschaft. Im angloamerikanischen Sprachraum wird zunehmend der Begriff → Human Resource Management gebraucht.

Personalgewinnung

Heute zählt für Personalgewinnung immer mehr ein erfolgreicher Mix an verschiedenen Medien und Suchkanälen, in denen sich Unternehmen präsentieren und Arbeitgeber erfolgreich ihre Ziele kommunizieren und sich als attraktive Arbeitgeber positionieren. So wird die Personalkommunikation zunehmend zum entscheidenden Schlüssel des HR- und Unternehmenserfolgs. Siehe auch → Rekrutierungsmethoden, → E-Recruiting, → Rekrutierungsmethoden und → Personalbeschaffung.

Personalinformationssystem

Personalinformationssysteme dienen der Erfassung, Speicherung und Verwaltung von Informationen über Mitarbeiter und Arbeitsplätze. Die Informationen werden für Planungszwecke sowie Entscheidungs- und Kontrollaufgaben ausgewertet. Dabei sind die Vorschriften des → Datenschutzes zu berücksichtigen. Die Komponenten eines PIS sind zum Beispiel: Personaladministration, Stellenverwaltung, Rekrutierung, Personalentwicklung, Qualifikation und mehr.

Personalkosten

Die Personalkosten umfassen alle Teile der betrieblichen Gesamtkosten, die direkt oder indirekt für das beschäftigte Personal aufzubringen sind. Das sind, neben dem unmittelbaren Entgelt für die eigentliche Arbeitsleistung, die verschiedenen gesetzlichen, tariflichen und freiwilligen Personalnebenkosten. Die Personalnebenkosten wurden in den letzten Jahren besonders stark durch externe Faktoren beeinflusst.

Personalkostenplanung

Die Personalkosten haben je nach Branche und Wirtschaftszweig oft den höchsten oder einen sehr hohen Anteil an den Gesamtkosten eines Unternehmens. Eine kostenbewusste Unternehmensführung erfordert daher, die Personalkostenentwicklung und deren Kostenfaktoren und Entwicklung systematisch und periodisch zu planen, zu analysieren, zu kontrollieren und zu steuern. Relevant sind daher: a) Entwicklung der Personalkosten in einem bestimmten Zeitraum b) Welche Strukturen der Personalkosten bestehen und in welchen Verhältnissen zueinander und zu anderen Kostenarten bestehen c) Welche internen Faktoren (z.B. Hierarchieebenen, Organisation) und welche externen Faktoren (z.B. Arbeits- und Sozialgesetzgebung, Arbeitsmarktsituation) beeinflussen in welcher Form die Personalkosten? d) Mit welchen Massnahmen ist ein wirksames Personalkosten-Controlling möglich? Bewährt haben sich Personalkosten-Kennziffern in Relation zum

Umsatz sowie in Relation zur Unternehmens-Wertschöpfung. Das Verhältnis Wertschöpfung zu Personalkosten ist für viele Unternehmen eine wichtige Kennziffer zur Beurteilung und Entwicklung der Personalplanungseffizienz.

Personalleasing

Zeitlich befristete Arbeitnehmerüberlassung von Dritten (Leasing-Geber), die zunehmend als Instrument der Personalbeschaffung eingesetzt wird. Die gewerbliche Vermittlung von Leiharbeitnehmern wird durch das Arbeitsüberlassungsgesetz (AÜG) geregelt und bedarf der behördlichen Genehmigung. Das Personal-Leasing hat für den Leasingnehmer die Vorteile eines kurzfristig einsetzbaren, zeitlich befristeten und preislich fest kalkulierbaren Personaleinsatzes zum Ausgleich von Kapazitätsschwankungen und zur Flexibilisierung der Arbeitszeit für das Stammpersonal. Die evtl. negativen Auswirkungen auf die Motivation des Stammpersonals sind zu beachten.

Personalmanagement

Dieser Begriff wird hier primär auf die Führung, Leitung und Steuerung des Personals als eigenständige Managementaufgabe angewandt. Personalarbeit wird heutzutage als gestaltender, unternehmerisch agierender Faktor im Rahmen der Unternehmenspolitik begriffen. Im angelsächsischen Sprachgebrauch verwendet man dafür den Begriff → Human Resource Management (HRM). Das Personal wird nicht mehr nur als Produktionsfaktor gesehen. Neue Techniken und Verfahren führen zu höheren Anforderungen an die Mitarbeiter.

Personalmarketing

Beim Personalmarketing geht es um die Übertragung von Marketinggedanken und Marketingkonzepten auf den Personalbereich, insbesondere die zentrale strategische Leitidee der Markt- und Kundenorientierung. Dabei wird als Markt der interne und externe Arbeitsmarkt als Ort der Begegnung von Nachfrage und Angebot hinsichtlich des

Produktionsfaktors "Arbeitskraft" und die vorhandenen oder potenziellen Mitarbeiter als Kunden interpretiert. Beim Personalmarketing werden alle Aktivitäten auf den Markt ausgerichtet. Mit Markt ist hier der interne und externe Arbeitsmarkt gemeint, auf dem die Mitarbeiter als Nachfrager auftreten. Durch attraktive Arbeitsplätze und Arbeitsbedingungen wird auf vorhandene und künftige Mitarbeiter der notwendige Anreiz ausgeübt, um ins Unternehmen einzutreten bzw. darin zu verbleiben.

Personalplanung

Die Personalplanung ist die Grundlage vieler Aufgaben eines systematischen Personalmanagements. Durch eine kontinuierliche Personalplanung kann der Arbeitgeber frühzeitig Notwendigkeiten der Personalentwicklung und sich abzeichnende Veränderungen erkennen und adäquate Massnahmen ergreifen. Ziel der Personalplanung ist im Kern, das erforderliche Personal für zukünftige Aufgaben mit der entsprechenden Qualifikation in entsprechender Anzahl zum richtigen Zeitpunkt zur Verfügung zu stellen. Im Rahmen der Personalplanung sollten und können folgende Faktoren analysiert werden: Entwicklungen auf dem Arbeitsmarkt, Absatzmarkt-/Kundschaftsentwicklungen, Eigenes Personal (beispielsw. Altersstruktur, Fluktuation) quantitativer und qualitativer Personalbedarf und die →Qualifikationsstruktur.

Personalpolitik

Im Rahmen der Unternehmenspolitik werden generelle und strategische Entscheidungen getroffen. Inhalte der Personalpolitik können sein: 1. Allgemeine Grundsätze für alle Unternehmensbereiche (interne Stellenbesetzung, Mitarbeiterbeurteilung, Meinungsermittlung, Rechte und Pflichten der Mitarbeiter) 2. Führungsgrundsätze (offene Tür, Beurteilung, Delegation) 3. Grundsätze für das Personalwesen (Qualifizierungsangebot, Kooperation mit dem Betriebsrat etc.) Die systematische Planung von Zielen und Massnahmen zur Sicherstellung der Unternehmens- und personalpolitischen Ziele. Dazu gehören z.B. die Einsatzplanung, → Personalentwicklung, Personalbeschaffung, Personalkosten und Personalbudget.

Personalportfolio

Darstellung der Qualifikation des Personals mit der Portfolioanalyse, mit den Dimensionen Leistung und Entwicklungspotenzial. Aus der Analyse können Konsequenzen für die Personalentwicklung und weitere gezielte Massnahmen gezogen werden. Eine wichtige Voraussetzung für ein verlässliches Personalportfolio ist die Ausrichtung der Ziele des Personalbereichs mit den Unternehmenszielen. Die Planung und das Festlegen von Zielsetzungen und Kontrollinstrumenten im Personalwesen untergliedert sich in folgende entsprechend relevante Teilbereiche und Aufgabenstellungen a) Personalbedarf b) Personalbeschaffung c) Personalumstrukturierung d) Personalentwicklung e) Personalkosten f) Personalwirtschaftlichkeit.

Personal-Standardkosten

Einheitlich festgelegte Sätze für die Kostenrechnung, um die Planung und Berechnung zu vereinfachen und soziale Verwerfungen zu vermeiden (ein Mitarbeiter einer bestimmten Besoldungs- oder Vergütungsgruppe ist in der Kostenrechnung gleich teuer, ob er jung und ledig oder älter und verheiratet mit grosser Familie ist). Grundlage sind die Ist-Werte aus der Vergangenheit.

Personalstatistik

Personalstatistiken sind ein wichtiges Führungs- und Steuerungsinstrument von Personalabteilungen. Grundsätzlich geht es dabei um die Erhebung, Aufbereitung und Darstellung von Mitarbeiterdaten (Entwicklungen, Vergleiche Zeiträume, Kennziffern, Prognosen) mit dem Ziel, der Geschäftsleitung personalrelevante Informationen und Entscheidungsgrundlagen zur Sicherstellung der Erreichung von Unternehmenszielen vermitteln zu können. Wichtig sind eine kontinuierliche, aktuelle Datenerfassung, die zweckmässige und lesefreundliche Darstellung, Konzentration auf praxisrelevante Kennziffern und der unterschiedliche Informationsbedarf verschiedener Stellen wie Linienvorgesetzte, Finanzleitung, Geschäftsleitung im Unternehmen.

Personalstrategie

Eine Personal- bzw. HR-Strategie ist eine prägnante Leitplanke und ein Handlungsrahmen für das Personalmanagement und dessen Aufgaben und Zielschwerpunkte in der HR-Arbeit des Unternehmens. Strategisches Personalmanagement kann beispielsweise durch die Dimensionen der zeitlichen Ausrichtung und das Aktivitätsniveau charakterisiert werden und zeichnet sich durch eine langfristige und aktive Orientierung aus, die in die generelle Unternehmensstrategie eingebettet ist und mit dieser kompatibel sein sollte. Es geht letztlich um den Beitrag der Mitarbeiter und des Personalmanagements zum ökonomischen Unternehmenserfolg und die Mitarbeiterzufriedenheit. Konkrete strategische Ausrichtungen oder Schwerpunkte können in der HR-Praxis beispielsweise die Gestaltung der Unternehmenskultur, die Unternehmenskommunikation, die Mitarbeiterbindung, die Führungsphilosophie oder die Positionierung als Arbeitgeber im Arbeitsmarkt sein, verbunden mit dem Employer Branding (der Arbeitgeber als Marke, die Arbeitgeberreputation).

Personalstruktur

Die Personalstruktur kann man in folgende Bereiche gliedern: demographische Struktur (Alter, regionale Herkunft); bereichsbezogene Struktur (Abteilungs- oder Betriebszugehörigkeit); hierarchische Struktur (Zuordnung nach Führungspositionen und Ebenen); Qualifikationsstruktur (Aus- und Weiterbildungsabschlüsse, Hilfskräfte, Lehren usw.); Tätigkeitsstruktur (z.B. Mitarbeiter im Servicebereich, Ersatzteilemechaniker, Verkauf-Innendienst-Sachbearbeiter); Statusstrukturen (Arbeiter, Angestellte, Lehrlinge). Über die Analyse von Strukturmerkmalen sowie der Eruierung von Bezugsgrössen und Kennziffern (z.B. Zeiträume, Branchendurchschnitte, Planvorgaben, Personalkosten) ergeben sich wichtige Hinweise zur Optimierung der Personalplanung und Ermittlung des Personalbedarfs.

Personalverwaltung

Jene Aufgaben im Personalwesen, die mit der Suche und Einstellung, der administrativen Betreuung, der Qualifizierung und dem Austritt von Mitarbeitern zu tun haben. Dazu zählen z.B. Daten- und Informationsverarbeitung, Statistiken, Anlegen von Personalakten, Abrechnungen, Arbeitszeiterfassung, Verwaltung der Sozialeinrichtungen. Moderne Verfahren zur Bewältigung solcher Aufgaben sind → Personalinformationssysteme. Zu Beginn war die Personalarbeit weitgehend auf Personalverwaltung beschränkt und wurde auch so aufgefasst. Inzwischen sind die Anforderungen und das Verständnis jedoch deutlich gestiegen und → Personalpolitik wird zunehmend als wichtiger Eckpfeiler moderner Unternehmensführung verstanden.

Personalzusatzkosten

Personalzusatzkosten – auch Lohnzusatzkosten oder Lohnzusatzaufwand genannt – sind sämtliche Personalkosten eines Arbeitgebers, die neben dem reinen Arbeitsentgelt anfallen. Dazu gehören im wesentlichen die Sozialversicherungsbeiträge der Arbeitgeber, die Kosten für die Entgeltfortzahlung im Krankheitsfall und bei Urlaub sowie die Aufwendungen für Gratifikationen, 13. Monatsgehälter und die betriebliche Altersversorgung. Da ein wesentlicher Teil der Personalzusatzkosten durch Gesetz bestimmt wird, ist der Gestaltungsspielraum der Unternehmen für die Senkung der Personalzusatzkosten gering.

Personenfreizügigkeit

Das Abkommen über die Personenfreizügigkeit sieht eine schrittweise Öffnung des schweizerischen und europäischen Arbeitsmarktes vor. Den Staatsangehörigen der EU und der Schweiz wird das Recht eingeräumt, sich mit ihren Familien im Gebiet der Vertragsstaaten aufzuhalten und dort zu arbeiten. Inländische und ausländische Arbeitnehmer bzw. selbstständige Erwerbstätige werden gleichgestellt. Ein Arbeitnehmer aus Frankfurt, welcher in Zürich arbeiten möchte, wird z.B. gleich behandelt wie ein St. Galler, der sich in einem anderen Kanton anmelden will. Anstelle des Bewilligungserfordernisses besteht nur noch eine Meldepflicht. Die Schweizer Aufenthaltskategorien werden aufgewertet und denjenigen der EU angepasst. Ausserdem wird der Dienstleistungsverkehr zwischen der Schweiz und der EU teilweise liberalisiert. Diese Liberalisierungen werden durch die gegenseitige Anerkennung der Diplome und Berufszeugnisse begleitet, ebenso durch die Koordination der Sozialversicherungsleistungen und den punktuell erleichterten Erwerb von Immobilien.

Persönlichkeitsentwicklung

Massnahmen, die die Stärkung oder Förderung wichtiger nichtfachlicher Qualifikationen und die Entwicklung und Festigung der Persönlichkeit des Mitarbeiters bezwecken. Wichtig sind dabei soziale Kompetenz und Fähigkeiten, wie Führungsfähigkeit, Belastbarkeit, Kommunikations- und Teamfähigkeit und in einem weiteren Sinne generelle Persönlichkeitsstärken wie Selbstbewusstsein und Motivation.

Persönlichkeitstests

Am häufigsten werden psychologische Persönlichkeitstests bei Einstellungsentscheiden und zur Auswahl von Auszubildenden und Trainees angewandt, um Informationen über Persönlichkeitsmerkmale erfassbar zu machen. Persönlichkeitstests und ähnliche Verfahren versuchen, ein möglichst objektives Bild über das Verhalten und die Persönlichkeit einer Person zu bekommen und unbewusste Verhaltensweisen oder Einstellungen zu erfassen. In den meisten Fällen geht es darum, bestimmte Eigenschaften und deren Ausprägungen zu messen, z.B. Leistungswille, Durchsetzungsvermögen, Emotionale Stabilität, Gewissenhaftigkeit, Verträglichkeit, Aggression, Labilität. Mitunter soll aber auch ein "Gesamtbild der Persönlichkeit" gewonnen werden, um so über das engere Qualifikationsprofil hinaus tiefgreifende Eindrücke zur möglichst umfassenden Beurteilung von Bewerbern zu erhalten.

Persönlichkeitstests konfrontieren die Bewerber häufig mit bis zu 100 und mehr Fragen, die bei vielen Tests über einfaches Ankreuzen vorgegebener Antwortmöglichkeiten zu beantworten sind. Der Einsatz von Persönlichkeitstests wird vielfach als heikel betrachtet, da der geprüfte Kandidat keine Beziehung zur vakanten Position hat und daher nur bedingt eine anforderungsgerechte Auswahlentscheidung getroffen werden kann.

Zu diesem Thema finden Sie im Kapitel „Arbeitshilfen und Vorlagen" eine Übersicht bzw. Checkliste von Testmöglichkeiten.

Peter-Prinzip

Ein von Peter und Hill ironisch gemeintes und entwickeltes Prinzip, wonach jeder so lange befördert wird, bis er seine individuelle Stufe der Unfähigkeit erreicht hat. Die Hierarchie ist also weitgehend eine "Hierarchie der Unfähigen" und funktioniert nur noch deshalb, weil es Mitglieder gibt, die noch nicht ausreichend oft befördert worden sind, also ihre Stufe der Unfähigkeit noch nicht erreicht haben, oder die die Beförderung bewusst verweigert haben.

Pflichtenheft

Das Pflichtenheft ist die Gesamtheit der für eine bestimmte Problemlösung massgebenden Zielvorstellungen, Rahmenbedingungen und Bewertungskriterien. Ein Pflichtenheft kann auch für eine Personalabteilung oder eine Ausbildungspolitik erstellt werden.

Pieroth-Modell

Eine Form des → gleitenden Ruhestandes. Ab vollendetem sechzigsten Lebensjahr beträgt die wöchentliche Arbeitszeit 35 Stunden bei einer Vergütung für 37,5 Stunden – Ab vollendetem dreiundsechzigsten Lebensjahr beträgt die wöchentliche Arbeitszeit 30 Stunden bei einer Vergütung für 35 Stunden. Für Mitarbeiter mildert der schrittweise Übergang in den Ruhestand gegenüber dem plötzlichen Verlust der Stelle evtl. Krisen (Pensionsschock).

Pikettdienst

Wird der Pikettdienst im Betrieb geleistet, auch wenn ein Ruheraum zur Verfügung gestellt wird, gilt die gesamte im Betrieb geleistete Pikettzeit als Arbeitszeit. Wird der Pikettdienst ausserhalb des Betriebes, also zuhause und nicht in einer zum Betrieb gehörenden nahe gelegenen Wohnung geleistet, so gilt als Arbeitszeit die Wegzeit zu und von der Arbeit nach Hause sowie die effektiv geleistete Zeit im Betrieb zusammen als Arbeitszeit.

Rechtsinformation: Kann durch Piketteinsätze eine minimale Ruhezeit von vier aufeinander folgenden Stunden nicht erreicht werden, so muss im Anschluss an den letzten Einsatz die tägliche Ruhezeit von 11 Stunden nachgewährt werden. Ein an die Pikettzeit anschliessender Arbeitseinsatz ist somit nicht möglich und verboten.

Planungszeitraum

Bei der klassischen Planungslehre (auch für die Personalplanung gültig in zeitlicher Hinsicht), werden drei Arten der Planung unterschieden. 1) Die kurzfristige Personalplanung, bei welcher nur der Zeitraum eines Jahres in die Planung einbezogen wird. Dies kommt bei Arbeitern und Angestellten mit ausführender Tätigkeit (Routineaufgaben) zum Tragen. 2) Die mittelfristige Personalplanung bezieht sich auf einen Zeitraum von ein bis drei Jahren. In diesen Rahmen fallen in der Regel auch alle grösseren personalrelevanten Aktionen, Projektdurchführungen und Massnahmen. Im Bereich mittleres, unteres Management und Spezialisten wird mittelfristig geplant. 3) Die langfristige Personalplanung geht über Jahre hinaus. In der betrieblichen Praxis findet fast selten eine Personalplanung statt, die wesentlich länger ist als fünf Jahre. Bei Führungskräften und im Top Management kann eine Personalplanung über einen langfristigen Zeitraum gehen.

Portfolio Worker

Freelancer, selbständiger Projektarbeiter, oder Lebensunternehmer. Dieser neue Typus steht in einem permanenten Wechsel von Arbeits- und Beschäftigungsformen. Portfolio Worker versuchen, ihr Wissen und ihre Fähigkeiten auf dem Arbeitsmarkt optimal einzusetzen und zu entwickeln und stellen ihre Arbeitskraft wechselnden Unternehmen zur Verfügung. Einmal haben sie gleichzeitig mehrere Arbeitgebende, einmal nur einen, dann sind sie wieder in einer Qualifikationsphase oder selbst Arbeitgebende.

Potenzialanalyse

Die Potenzialanalyse ist eine Diagnose, die sich auf allgemeine oder künftige Anforderungen bezieht. Persönlichkeits- und Intelligenztests können wichtige Daten liefern, auf deren Grundlage Potenzialanalysen vorgenommen werden können. Tests zur Erfassung von Neigungen und Begabungen, das Erkennen der Belastbarkeit, angestrebte Weiterbildungen und persönliche und berufliche Ziele und Entscheidungen werden vorgenommen und besprochen. Eine umfassende Potenzialbeurteilung strebt in einem weiteren Sinne an, Fach-, Methoden-, Sozial- und Persönlichkeitskompetenz einzubeziehen, also insbesondere nicht nur die Leistung in der Vergangenheit. Modernes Personalmanagement muss die Kompetenzen und Talente der einzelnen Mitarbeiter erkennen und fördern. Die Potenzialanalyse erfasst auch Wissen, Fähigkeiten, Motivation und Persönlichkeitsmerkmale der Mitarbeiter. Aus den erfassten Merkmalen wird ein Potenzialprofil erstellt, welches beispielsweise den betrieblichen Anforderungen gegenübergestellt wird. Man kann zwischen Analysen unterscheiden, die das Potenzial in Bezug auf die nächsthöhere Laufbahnstufe bestimmen und absoluten Analysen, die aufzeigen, wie weit sich ein Mitarbeiter überhaupt entwickeln kann.

Potenzial

Das Leistungsvermögen eines Mitarbeiters oder einer Führungskraft, das sich in seiner Gesamtheit aus diversen Kenntnissen, Fertigkeiten und Wertorientierungen ergibt. Dabei sind "Schlüsselqualifikationen" diejenigen Elemente des Potenzials, die es dem Mitarbeiter ermöglichen, sein eigenes Potenzial weiterzuentwickeln.

Potenzialbeurteilung

Erfassung und Bewertung des Potenzials von Mitarbeitern oder Bewerbern, um die Eignung für die künftige Verwendung zu beurteilen. Eine umfassende Potenzialbeurteilung strebt an, Fach-, Methoden-, Sozial- und Persönlichkeitskompetenz einzubeziehen, also insbesondere nicht nur die Leistung in der Vergangenheit. Eingesetzte Instrumente sind u.a. das Assessment Center, strukturierte Interviews und mehr. Siehe → Qualifikation.

Praktikum

Diese Form des verbreiteten und beliebten Arbeitseinsatzes hat den Erwerb praktischer Kenntnisse und Erfahrungen in einem Unternehmen zum Ziel. Viele Unternehmen betrachten inzwischen das Praktikum als wichtiges Instrument der Personalgewinnung und des Personalmarketings, insbesondere des Hochschulmarketings, zur frühzeitigen Ansprache und Auswahl geeigneter Zielgruppen und Bewerbersegmente im Personalmarkt. So gibt es immer mehr Unternehmen, die für Studenten attraktive Praktikantenprogramme entwickeln, die sich wegen ihrer Praxisorientierung und ihres Lerneffektes zunehmender Beliebtheit erfreuen.

Prämien

Variable Komponenten eines leistungsorientierten Vergütungssystems mit Bezug auf die geleistete Arbeitsmenge und Arbeitsqualität, oft mit dem Ziel, eine gute Auslastung von Anlagen oder Ersparnissen zu erreichen. Von besonderer Bedeutung sind Prämien im Bereich des betrieblichen Vorschlagswesens (Verbesserungsvorschlage von Produktionsverfahren oder von Produktentwicklungen). Der Unterschied zwischen Prämien und Zulagen besteht darin, dass Prämien sich grundsätzlich an objektiven, messbaren Bezugsgrössen orientieren, während für Zulagen alle Aspekte der Mitarbeiterleistungen und damit einer leistungsorientierten Vergütung herangezogen werden können. Hierzu zählen z.B. das Verhalten gegenüber Kunden, die Bereitschaft zur eigenen Weiterbildung, die Qualität der Mitarbeiterführung, die Kreativität oder ein besonderer Arbeitseinsatz im Rahmen von Projekten.

Prämienlohn

Diese Lohnart ist eine Zulage für quantitativ oder qualitativ überdurchschnittliche Leistungen. Es können dabei produzierte Mengen eines Artikels, erzielte Abschlüsse im Verkauf oder die Einsparung während eines Produktikonsprozesses entschädigt werden.

Probezeit

Mittel zur Eignungsprüfung beim Antritt einer neuen Stelle für Arbeitgeber und –nehmer, welche auch die Möglichkeiten von gekürzten → Kündigungsfristen bieten. Sofern nichts anderes schriftlich vereinbart ist, beträgt bei einem auf unbestimmte Zeit abgeschlossenen Arbeitsvertrag der erste Monat als Probezeit (OR Art. 335b).

Rechtsinformation: Wird auf eine Probezeit verzichtet, so muss dies schriftlich vereinbart werden. Die Probezeit darf höchstens 3 Monate betragen. Während der Probezeit kann das Arbeitsverhältnis jederzeit mit einer Frist von 7 Tagen gekündigt werden.

Probezeitzeugnis

Zeugnis, das nach Beendigung einer Probezeit ausgestellt wird. Durch die kurze Dauer der Beurteilungszeit fällt es entsprechend kürzer und weniger detailliert aus oder kann auch in Form einer → Arbeitsbestätigung gemacht werden.

Process Reengineering

Radikale Durchforstung aller im Unternehmen ablaufenden Prozesse, insbesondere nach Kostensenkungs- und Effizienzsteigerungsmöglichkeiten mit nachfolgender Um- und Neugestaltung der Strukturen und Abläufe. Zentrale Zielsetzungen sind im einzelnen: Abflachung der Hierarchie, Erweiterung der Entscheidungsbefugnisse der Mitarbeiter (→ Empowerment), Einbindung der Mitarbeiter in den Entscheidungsprozess (Partizipation), ständige Optimierung der Organisation.

Profildatenbank

Mitarbeiterdaten in der Onlinedatenbank einer Internet-Stellenbörse. Man kann dabei sein Ist- und Wunschprofil eingeben und sich von Arbeitgebern nach genauen Bedarfskriterien suchen lassen. Oft ist auch ein jederzeit aktualisierter und gut strukturierter → Lebenslauf in einer Profildatenbank enthalten, den man bei Bedarf per E-Mail verschicken kann.

Profit Center

"Unternehmen in Unternehmen", in denen Abteilungen wirtschaftlich eigenverantwortliche Organisationsformen sind, deren Ziel eine eigenständige Gewinnerzielung ist.

Projektmanagement

Zeitlich befristete Aufgaben mit Terminvorgaben und klaren Zielsetzungen bezüglich der Arbeitsergebnisse. Aus Sicht des Personalmanagements bieten Aufgaben der Projektbearbeitung und des Personalmanagements oft neue, sehr anspruchsvolle Herausforderungen für die fachliche und soziale Kompetenz der in einem Projekt engagierten Mitarbeiter.

Provision

Darunter wird eine erfolgsabhängige und materielle Vergütungsform verstanden. Sie wird regelmässig auf Verkaufs- oder anderen Geschäftserfolgen basierend ausbezahlt. Provisionen sollten klare und messbare Regelungen zugrunde liegen. Die Provision kann für die Vermittlung eines Geschäfts (Vermittlungsprovision) oder auch wegen Umsatzsteigerungen oder hoher Auftragsvolumina gezahlt werden. Im Gegensatz zum Anteil am Geschäftsergebnis knüpft die Provision nicht am Unternehmensgewinn, sondern an einzelnen Geschäften an.

Die Provision ist meistens ein Prozentsatz des Umsatzes, den der Mitarbeiter erzielt. Die Umsatzentlöhnung des Servicepersonals im Gastgewerbe ist ein Anwendungsfall davon. Provisionsregelungen können sehr komplex sein, indem sie nicht nur vom Wert des einzelnen vom Mitarbeiter abgeschlossenen Geschäfts abhängen, sondern ausserdem auch vom bisher erreichten Gesamt-Umsatz oder von anderen Faktoren.

Q

Qualifikation

Ein wichtiges Instrument der Personalentwicklung, welches eine Standortbestimmung und die Bewertung und Optimierung zukünftiger Leistungen und Verhaltensweisen des Arbeitnehmers umfasst. Moderne Qualifikationsgespräche sind nicht mehr vergangenheitsorientiert, sondern zukunftsgerichtet und zielorientiert. Ein solches modernes Verständnis beinhaltet auch keine Abqualifizierung und "Schulnotenvergabe", sondern das gemeinsame Sicherstellen der persönlichen und unternehmerischen Ziele zwischen Vorgesetztem, Arbeitnehmer und Unternehmen.

Man spricht in der Praxis von Probezeit-Qualifikationen, Zwischenqualifikationen und Schlussqualifikationen beim Austritt eines Mitarbeiters. Man kann ferner zwischen formaler und faktischer Qualifikation unterscheiden: Unter "formalen Qualifikationen" werden solche verstanden, die durch ein Zeugnis einem Arbeitnehmer zugesprochen wurden. Sie können dabei immer nur einen Ausschnitt aus der tatsächlich vorliegenden Qualifikation der Personen wiedergeben. Die "faktische Qualifikation" entspricht dem tatsächlich aktuell vorhandenen Kennen, Können und Wollen.

Qualifikationsgespräch

Das zentrale Element einer Qualifikation. Unterlagen und Punkte sind: a) aktuelles Tätigkeitsprofil b) Unternehmenszielsetzungen c) Ausfüllen des Beurteilungsbogens durch Vorgesetzten und Mitarbeiter d) Gesprächsrahmen und Gesprächsziele festlegen e) Unterlagen und Leistungsnachweise bereitstellen, die im vergangenen Jahr als Fakten und Belege vorliegen.

Qualifikationspotenzial

Das potenzielle Arbeitsvermögen einer Person im Sinne von realisierbaren individuellen Leistungsvoraussetzungen. Qualifikationsmerkmale, die von einer Person nicht aktuell realisierbar sind, aber von denen man annimmt, dass sie im Zeitablauf nach entsprechender Selbst- und/oder Personalentwicklung aktualisiert werden können.

Qualifikationsprofil

Darunter versteht man vom Aufbau und der Darstellung her eine Art Lebenslauf, der aber nicht die beruflichten Tätigkeiten und Personaldaten enthält, sondern besondere Fähigkeiten, Erfahrungen, Talente und Neigungen, die für die betreffende Stelle von Bedeutung sind. Ein Qualifikationsprofil von Bewerbern wird in der Praxis oft im Verlauf der Bewerbungsanalyse, als Ergebnis von Eignungstests oder nach einem Vorstellungsgespräch erstellt. Es kann in Form einer textlichen oder graphischen Darstellung die jeweiligen beruflichen Aufgaben, für wichtig erachtete fachliche, soziale und persönliche Qualifikationsmerkmale aufzeigen. Siehe → Anforderungsprofil.

Qualifikationsstruktur

Dies ist ein Begriff aus dem Personalcontrolling und bezeichnet eine HR-Kennzahl. Die auf Ziele, Strategien und Kompetenzen abgestimmte Qualifikation von Mitarbeitern, um bestehenden und künftigen Herausforderungen gewachsen und auf neue Aufgaben und Technologien vorbereitet zu sein. Es geht darum, zu erfahren, wie viele Mitarbeiter einer bestimmten Qualifikationsstufe (Hilfskräfte, Fachausbildungs-Absolventen, Akademiker) mit welchen Qualifikationen bezüglich Ausbildung, Fachkenntnissen, Fachdiplomen, Fachwissen usw. im Betrieb arbeiten.

Qualitätsmanagement (QM)

Qualitätsmanagement umfasst alle Tätigkeiten des Managements, die die Qualitätspolitik, die Ziele und Verantwortungen im Rahmen des Qualitätsmanagementsystems festlegen. Verwirklicht werden diese durch Qualitätsplanung, Qualitätslenkung, Qualitätssicherung bzw. Qualitätsmanagementdarlegung und Qualitätsverbesserung. Entwickelt hat sich das Qualitätsmanagement aus der Qualitätskontrolle, der nachgeschalteten Überprüfung der Qualität und der später entwickelten Qualitätssicherung, der vorbeugenden Einhaltung von Qualitätsmassstäben. Qualitätsmanagement ist die konsequente Weiterentwicklung dieses Gedankens, indem Qualität als Verantwortung aller Ebenen im Unternehmen gesehen wird, einschliesslich des Managements.

Qualitätszirkel

Unter Qualitätszirkel versteht man Arbeitsgruppen mit einer gemeinsamen Erfahrungs- und Qualifikationsgrundlage, die regelmässig, oft auf freiwilliger Basis, zusammenkommen. Ziel sind Arbeitsanalysen und Problemerkennungen, um geeignete Massnahmen ergreifen zu können. Verbesserungsvorschläge werden innerhalb der Gruppe ausgearbeitet und Vorgesetzten präsentiert, wobei die Arbeitsgruppe durch einen Moderator betreut werden kann. Durch die Freiwilligkeit soll neben Qualitätsvorteilen ein lockereres und ungezwungeneres Arbeitsklima mit besserem → Commitment erreicht werden.

Ranking

Ein Verfahren, nach dem z.B. Organisationen, Unternehmen, Teams, Gruppen oder Personen in Bezug auf bestimmte Kriterien oder Merkmale in einer Rangfolge gebracht werden. Ein Beispiel sind Universitäten, Fachhochschulen und ihre Fachbereiche und Studiengänge nach Qualität und Praxisbezug der vermittelten Ausbildungsinhalte, durchschnittlicher Studiendauer u.a. und in einer bestimmten Rangfolge zu bewerten und Aufschluss zu deren Qualität zu geben. Da es oft an geeigneten, objektiven Leistungs- und Bewertungskriterien mangelt – auch wegen der fehlenden Homogenität der Hochschulen und Studiengänge -, konnten sich aber diese Rankings bislang nicht etablieren.

Rapport

Eine durch gegenseitige Anerkennung und Vertrauen gekennzeichnete Beziehung zwischen mindestens zwei Personen. Dieser Begriff wird vorwiegend in der Psychologie verwendet und ist im Zusammenhang arbeitspsychologischer Aspekte relevant. Als Kennzeichen eines guten Rapports kann die stabile Tragfähigkeit einer Beziehung angesehen werden. Rapport kann somit als notwendige Grundlage einer Beratungsbeziehung angesehen werden.

Rationalisierung

Massnahmen mit dem Ziel, einen höheren Output (z.B. Menge, Umsatz, Gewinn) mit demselben Input (z.B. Arbeit, Betriebsmittel, Werkstoffe) oder einen gleichen Output mit geringerem Einsatz von Produktionsfaktoren (Input) zu erzielen. Das Rationalisierungsprinzip entspringt einer wirtschaftlichen Grundhaltung, nach der eine Verbesserung der Produktivität, Rentabilität oder Wirtschaftlichkeit zu den wichtigen Unternehmensprinzipien gehört. Rationalisierungspotentiale lassen sich bei allen Produktionsfaktoren vorstellen. So können beispielsweise bei dem Faktor Arbeit durch Automatisierung, d. h. Ersetzen von menschlicher Arbeit (z.B. Schweisser) durch schnellere oder leistungsfähigere Maschinen (z.B. Schweissroboter) Kosten eingespart werden. Die Auswirkungen auf die Motivation von Mitarbeitern bei Rationalisierungsmassnahmen sind zu beachten.

REFA-System

Das REFA-System orientiert sich weitgehend am → Genfer Schema, eine wissenschaftlich erarbeitete Kategorisierung von Merkmalen bzw. Eigenschaften, die bei der Leistungsbewertung verwendet werden kann und unterscheidet folgende Eigenschaften und Merkmale: a) Kenntnisse b) Geschicklichkeit c) Verantwortung d) geistige Belastung e) physische Belastbarkeit f) Umgebungseinflüsse. Weiterführende und hilfreiche Informationen findet man im Internet unter folgender Webadresse:

www.refa.de

Referenzen

Eine Referenzauskunft ist meist erst dann einzuholen, wenn ein Kandidat in den engeren Bewerberkreis kommt. Die Referenzen mehrerer Arbeitgeber objektivieren und komplettieren das Bild, sollten aber nicht die ausschlaggebenden Informationen zur Entscheidung geben; aber sie sind mitentscheidend bei der definitiven Wahl des neuen Mitarbeiters. Nach eingehender Beurteilung dient die Referenzauskunft a) zur Klärung von Widersprüchen und Ungereimtheiten b) zur Absicherung und Überprüfung wichtiger Aussagen in Unterlagen oder Gesprächen c) zur Abrundung oder Bestätigung des persönlichen Eindruckes. Der Verfasser einer Referenz ist in der Regel eine vom Bewerber bestimmte Auskunftsperson, womit die Objektivität und bisweilen auch die Glaubwürdigkeit nur bedingt gegeben sind. Es lässt sich nur schwer feststellen, wann es sich um Gefälligkeitsreferenzen oder gar um manipulierte handelt und wann um einigermassen objektive. Sind es solche von Zeugnissen, die ausgewogen verfasst sind und werden auch relativierende oder kritische Aussagen gemacht, sind sie meistens als glaubwürdig zu betrachten.

Zu diesem Thema finden Sie im Kapitel „Arbeitshilfen und Vorlagen" ein Kurzformular zur Erfassung von Refenzen.

Regionale Arbeitsvermittlungszentren

Die regionalen Arbeitsvermittlungszentren (RAV) sind Zentren, die auf den Bereich Arbeitsmarkt, Stellenvermittlung und Arbeitslosigkeit spezialisiert sind. Die Schweizerische Arbeitsmarktbehörde ist verantwortlich für das Arbeitsvermittlungs- und das Arbeitslosenversicherungsgesetz. Ihre Partner bei der Durchführung dieser Aufgaben sind die Kantone, die Regionalen Arbeitsvermittlungszentren, die Logistikstellen für arbeitsmarktliche Massnahmen und die Arbeitslosenkassen. Die Schweizerische Arbeitsmarktbehörde bekämpft mit ihren Partnern die Arbeitslosigkeit. Sie sorgt für ein angemessenes Ersatzeinkommen und bemüht sich um eine rasche Wiedereingliederung der Stellensuchenden in den Arbeitsmarkt. Dabei sucht und fördert sie die Zusammenarbeit zwischen den arbeitsmarktrelevanten Institutionen und schützt die Arbeitnehmenden in den Bereichen der Arbeitsvermittlung und des Personalverleihs. Weiterführende und hilfreiche Informationen findet man zu Arbeitsvermittlungszentren inklusive allen Adressen im Internet unter folgender Webadresse:

www.treffpunkt-arbeit.ch

Rekrutierungsmethoden

Dies sind die bei der Personalsuche eingesetzten Methoden, Mittel und Wege, geeignete Mitarbeiter zu finden und zu gewinnen. Das Internet und die Internationalisierung haben die Methoden und deren Vielfalt stark verändert. Klassische Methoden sind: a) Stellenanzeigen, b) Personalvermittlungen, c) interne Stellenausschreibungen, d) Universitäts-Aushänge und andere. Neuere und oft ergänzende Methoden und Instrumente sind: a) Online-

Jobbörsen, b) Karriere- und Branchenmessen, c) Events für High Potentials. Heute zählt für das Recruiting immer mehr ein sich an das Marketing anlehnender, erfolgreicher Mix an verschiedenen Medien und Suchkanälen, in denen sich Unternehmen zielgruppengenau präsentieren. Die Rekrutierung über soziale Netzwerke, auch online via Internet, gewinnt an Bedeutung. Diese Empfehlung geeigneter Kandidaten kann auch durch ein erfolgsabhängiges Anreizsystem unterstützt werden. Siehe auch →Rekrutierungsmethoden, →E-Recruiting, →Rekrutierungsmethoden und →Personalgewinnung.

Rekrutierungsveranstaltung

Im Gegensatz zu Absolventenmessen dienen Rekrutierungsveranstaltungen in aller Regel einer sehr gezielten und individuellen Ansprache geeigneter Bewerber in Form von kleineren, überschaubaren Workshops. Häufig sind damit auch schon eine oder zwei Phasen der Bewerberauswahl, z.B. ein Vorstellungsgespräch, ein → Assessment Center verbunden. Eine Rekrutierungsveranstaltung dauert ein bis zwei Tage, sie kann aus einem Workshop mit 10 bis 30 Teilnehmern oder mehreren parallelen Workshops bestehen.

Rentenalter

Personen, die das Rentenalter erreichen, haben Anspruch auf eine Altersrente. Männer erreichen das Rentenalter mit 65 Jahren. Wer seine Rente ein oder zwei Jahre vor dem ordentlichen Rentenalter bezieht, erhält eine gekürzte Rente. Wer umgekehrt den Bezug der Rente um 1 bis maximal 5 Jahre aufschiebt, erhält eine erhöhte Rente. Der Rentenanspruch entsteht, sobald die versicherte Person das im jeweiligen Land geltende Rentenalter erreicht hat. Da das Rentenalter nicht in jedem Land gleich hoch ist, kann es vorkommen, dass die verschiedenen Altersrentenansprüche zu unterschiedlichen Zeitpunkten entstehen.

Retention Management

Die Gestaltung von verschiedenen positiven Anreizen, qualifizierte Mitarbeiter zu gewinnen und zu halten, wird als Retention Management bezeichnet. Ziel ist es, die Mitarbeiterbindung (Commitment) zu verbessern. Leistungsanerkennung, die Unternehmenskultur und das Unternehmensimage nach innen und aussen ist ebenso von Bedeutung. Vorgesetzte und Führungsstil, Tätigkeit mit herausfordernden Aufgaben und Freiräumen zur Persönlichkeitsentwicklung, Laufbahnperspektiven und flexible Arbeitszeitmodelle bis zur Vereinbarkeit von Beruf und Privatleben (Work-Life-Balance) sind gemäss Untersuchungen und Befragungen ebenfalls wichtige Anreize.

Rentenwert-Umlageverfahren

Begriff aus der Unfallversicherung. Dabei wird die Finanzierung so geregelt, dass die Beiträge in einer festzulegenden Periode (in der Regel ein Jahr) den Deckungskapitalbedarf für alle in dieser Periode anfallenden Renten bereitstellen. Diese Finanzierungsart gelangt in der Unfallversicherung für Langzeitleistungen (Renten und Hilflosenentschädigungen) zur Anwendung.

Rollenspiele

Eine bestimmte Trainingsform, die bei der Aus- und Weiterbildung verwendet wird, sei es als Mitarbeitergespräch oder Gesprächssituation mit einer Kollegin oder als Rollenspiel mit anderen Gruppenteilnehmern. Man gewinnt so Erkenntnisse über Beziehungen in Gruppen. Beim Rollenspiel übernehmen die Teilnehmer meistens teilweise bestimmte definierte Rollen im Rahmen simulierter und realer Situationen und Prozesse. Die Zielsetzung ist entweder auf eine einzelne Person ausgerichtet, die ihre → Qualifikation entwickeln soll, oder auf eine Gruppe, deren Zusammenarbeit, z.B. in einem Projekt oder bei einer neu gegründeten Abteilung zur Erreichung wichtiger Ziele optimiert werden soll.

Ruhezeit

Das Gesetz sieht vor, Arbeitnehmern nach Einsatz- und Arbeitszeiten definierte Ruhezeiten zu gewähren.

Rechtsinformation: Die → Pausen können für einzelne Arbeitnehmer oder Arbeitnehmerinnen oder Gruppen von Arbeitnehmern und Arbeitnehmerinnen gleichmässig oder zeitlich verschieden angesetzt werden. a) Die Pausen sind um die Mitte der Arbeitszeit anzusetzen. Entsteht vor oder nach einer Pause eine Teilarbeitszeit von mehr als 5½ Stunden, so ist von Gesetzes wegen eine zusätzliche Pause zu gewähren. b) Pausen von mehr als einer halben Stunde dürfen aufgeteilt werden. c) Bei flexiblen Arbeitszeiten, wie etwa bei der gleitenden Arbeitszeit, ist für die Bemessung der Pausen die durchschnittliche tägliche Arbeitszeit massgebend. d) Ein Arbeitsplatz ist im Sinne des Gesetzes jeder Ort im Betrieb oder ausserhalb des Betriebes, an dem sich der Arbeitnehmer oder die Arbeitnehmerin zur Ausführung der ihm bzw. ihr zugewiesenen Arbeit aufzuhalten hat.

S

Sabbatical

Eine besondere, aus den USA stammende Art von Ferien, die sich über einen längeren Zeitraum hinwegstrecken mit teilweisem, keinem oder vollem Lohnausgleich. Zu klären sind Zweck (z.B. Weiterbildung) die Länge, die Wartezeit und die betriebliche Regelung, wer z.B. unter welchen Umständen Sabbaticals beziehen kann.

Sammelstiftung

Dieser Begriff wird mehrheitlich im Zusammenhang mit der beruflichen Vorsorge und der Pensionskasse verwendet. Für Unternehmungen, die BVG-pflichtige Angestellte aber keine eigene Pensionskasse haben, können dabei von der professionellen Betreuung der Vorsorgegelder ihrer Mitarbeiter in der obligatorischen beruflichen Vorsorge gemäss BVG 2. Säule) profitieren.

Schichtarbeit

Schichtarbeit liegt vor, wenn zwei oder mehrere Gruppen von Arbeitnehmern und Arbeitnehmerinnen nach einem bestimmten Zeitplan gestaffelt und wechselweise am gleichen Arbeitsplatz zum Einsatz gelangen.

Rechtsinformation: a) Bei der Gestaltung von Schichtarbeit sind die arbeitsmedizinischen und arbeitswissenschaftlichen Erkenntnisse zu beachten. b) Bei zweischichtiger Tagesarbeit, die nicht in den Nachtzeitraum fällt, darf die einzelne Schichtdauer, Pausen inbegriffen, 11 Stunden nicht überschreiten. Die Leistung von Überzeitarbeit ist von Gesetzes wegen nur an sonst arbeitsfreien Werktagen zulässig und soweit, als an diesen Tagen nicht gesetzliche Ruhe- oder Ausgleichsruhezeiten bezogen werden. c) Bei drei- und mehrschichtigen Arbeitszeitsystemen, bei denen der Arbeitnehmer oder die Arbeitnehmerin alle Schichten durchläuft, gilt folgendes: 1. die einzelne Schichtdauer darf 10 Stunden, Pausen inbegriffen, nicht überschreiten; 2. der Schichtwechsel hat von der Früh- zur Spät- und von dieser zur Nachtschicht (Vorwärtsrotation) zu erfolgen. Eine Rückwärtsrotation ist ausnahmsweise zulässig, wenn dadurch der Arbeitnehmer oder die Arbeitnehmerin regelmässig längere wöchentliche Ruhezeiten von drei und mehr Tagen erhält; 3. die Leistung von Überzeitarbeit ist laut Gesetz nur an sonst arbeitsfreien Werktagen zulässig und soweit, als an diesen Tagen nicht gesetzliche Ruhe- oder Ausgleichsruhezeiten bezogen werden.

Schlechtwetterentschädigung

Die Schlechtwetterentschädigung deckt ein Sonderrisiko einzelner Branchen und Wirtschaftssektoren ab. Schlechtwetterausfälle im Sinne der Arbeitslosenversicherung sind unmittelbare, direkt durch das Wetter und klimatische Einflüsse verursachte Arbeitsausfälle. Die Fortführung der Arbeit muss trotz genügenden Schutzvorkehrungen a) technisch unmöglich, wirtschaftlich unvertretbar, und b) für den Arbeitnehmer unzumutbar sein. Um den Arbeitsausfall anrechnen zu können, muss er mindestens einen halben oder ganzen Tag dauern. Einzelne Ausfallstunden können nicht berücksichtigt werden. Nur indirekt auf das Wetter zurückzuführende Ausfälle wie das Fernbleiben von Kunden oder Terminverzögerungen werden nicht als wetterbedingte Arbeitsausfälle akzeptiert. Die Vorteile und der Zweck der Schlechtwetterentschädigung sind: 1) Das Vermeiden von Entlassungen 2) Aufrechterhaltung der vertraglichen Abmachungen und das Einhalten arbeitsrechtlicher Vorschriften 3) Vermeiden von Sozialversicherungslücken 4) Kosteneinsparungen durch eine reduzierte Personalfluktuation.

Schlechtwetterentschädigung kommt im allgemeinen in den folgenden Branchen zum Einsatz: Hoch- und Tiefbau, Zimmerei-, Steinhauer- und Steinbruchgewerbe; Sand- und Kiesgewinnung; Geleise- und Freileitungsbau; Landschaftsgartenbau; Waldwirtschaft, Baumschulen und Torfabbau, soweit sie nicht Nebenzweig eines landwirtschaftlichen Betriebes sind; Ausbeutung von Lehmgruben sowie

Ziegelei; Berufsfischerei; Transportgewerbe, soweit Fahrzeuge ausschliesslich für den Transport von Aushub oder Baumaterial von und zu Baustellen oder für den Abtransport von Sand oder Kies von der Abbaustelle verwendet werden.

Schlüsselqualifikationen

Der Begriff Qualifikation schliesst alle Komponenten ein, welche die Eignung der Mitarbeiter für die Ausübung einer bestimmten Tätigkeit bezeichnen. Demgegenüber sind Schlüsselqualifikationen weitgehend zeit- und berufsunabhängige Fähigkeiten, die keinen unmittelbaren Bezug zu einer bestimmten Tätigkeit haben. Sie werden bereits bei der Personalauswahl durch ein Eignungsprofil des Bewerbers gefordert oder durch gezielte Trainingsmassnahmen im Aus- und Weiterbildungsbereich entwickelt. Schlüsselqualifikationen sind erforderlich, um Aufgaben überhaupt zu bewältigen und sich auf neue Situationen einstellen zu können. Beispiele von Schlüsselqualifikationen: a) Problemlösungsfähigkeit b) Lern- und Denkfähigkeit c) Begründungs- und Bewertungsfähigkeit d) Kooperations- und Kommunikationsfähigkeit e) Verantwortungsfähigkeit f) Selbständigkeit und Leistungsfähigkeit.

Schnittstellen

Das Sich-Berühren bzw. Überlappen der unterschiedlichen Aufgaben- und Kompetenzbereiche der einzelnen Mitarbeiter. Probleme können häufig dadurch entstehen, dass z.B. bestimmte, in den jeweils persönlichen Aufgaben- und Kompetenzbereich übergreifende Aktivitäten zunächst als Einmischung betrachtet werden. Eine dynamische Stellenbeschreibung fördert die Entwicklung des Bewusstseins bei den Mitarbeitern, dass zum eigenen Aufgaben- und Kompetenzbereich auch ein Verantwortungsbereich gehört, der noch über das eigene Tätigkeitsfeld hinausgeht, und dass ein Stelleninhaber Mitverantwortung an der Arbeit und den Aufgaben benachbarter, in einem Wirkungszusammenhang befindlichen Stellen und Bereiche des Unternehmens trägt.

Schnupperlehre

Die Schnupperlehre soll jungen künftigen Arbeitnehmern die Gelegenheit bieten, vor Abschluss eines unbefristeten Arbeitsvertrags oder vor Antritt einer Anstellung einen ersten Eindruck zu gewinnen. Der Schnupperlehrling verschafft sich so ein realistisches Bild der Arbeit und Arbeitsumgebung und der Arbeitgeber kann den Schnupperlehrling anhand praktischer Leistungen und Verhaltensweisen besser beurteilen.

Schriftprobe

In der Regel wird eine Schriftprobe in Form des Lebenslaufes oder eine handgeschriebene A4-Seite bei der Besetzung von Führungspositionen als Schriftprobe verwendet. Die Handschrift des Bewerbers wird in solchen Fällen zumeist einer schriftpsychologischen bzw. → graphologischen Analyse und Begutachtung durch spezialisierte Psychologen unterzogen.

Rechtsinformation: Ohne Einwilligung des Bewerbers darf eine Schriftprobe nicht erstellt werden. Das Einreichen einer Handschriftprobe im Rahmen der Bewerbungsunterlagen bedeutet zudem noch keine Einwilligung zu einem graphologischen Gutachten. Ein Arbeitgeber, der sich nicht an diesen Grundsatz hält, verletzt die Persönlichkeitsrechte des Bewerbers.

Schwangerschaft

Schwangere Frauen und stillende Mütter sind durch das revidierte Arbeitsgesetz (ArG) besser geschützt als vorher. Der gesetzliche Schutz besteht in drei Hauptbereichen: dem Kündigungsschutz, dem Gesundheitsschutz und der Lohnfortzahlungspflicht. Während die allgemeine Lohnfortzahlungspflicht und der Kündigungsschutz im Obligationenrecht (OR) geregelt sind, sind die Vorschriften zum Gesundheitsschutz im Arbeitsgesetz enthalten (ArG).

Vor allem zu beachten ist bei einer schwangeren Arbeitnehmerin der zeitliche Kündigungsschutz (OR Art. 336c), da dieser nämlich erst nach Ablauf der Probezeit gilt. Erfährt der Arbeitgeber noch während der Probezeit von der Schwangerschaft der Arbeitnehmerin und kündigt deshalb das Arbeitsverhältnis, so ist diese Kündigung zwar wirksam, verstösst jedoch vom Prinzip her gegen das Diskriminierungsverbot des Gleichstellungsgesetzes. Es ist dann eine missbräuchliche Kündigung mit eventuell daraus entstehenden Entschädigungsansprüchen. Diese Entschädigung wird normalerweise unter Einbezug aller Umstände festgesetzt und kann maximal sechs Monatslöhne betragen. (GlG Art. 5 Abs. 4). Der Arbeitgeber trägt dann die Verantwortung, dass Frau und Kind durch die Arbeitstätigkeit gesundheitlich keinen Schaden nehmen (ArG Art. 35 Abs. 1). Diese wird im Arbeitsgesetz übrigens durch konkrete Schutzvorschriften näher umschrieben.

Rechtsinformation: Wöchnerinnen dürfen während acht Wochen nach der Niederkunft gar nicht und danach bis zur 16. Woche nur mit ihrem Einverständnis beschäftigt werden (vgl. Art. 35 bis 35b ArG). Gleichzeitig darf Arbeitnehmerinnen während der ganzen Schwangerschaft und während 16 Wochen nach der Geburt nicht gekündigt werden. Dieses → Kündigungsverbot bezieht sich jedoch nur auf den Arbeitgeber. Eine schwangere Mitarbeiterin darf ferner nur mit ihrem Einverständnis beschäftigt werden. Schwangere dürfen auf blosse Anzeige hin der Arbeit fern bleiben, erhalten dafür aber auch keinen Lohn. Lediglich wenn eine Schwangere aus medizinischen Gründen arbeitsunfähig ist, besteht ein Lohnanspruch. Man darf einer schwangeren Angestellten nach Ablauf der Probezeit während der Schwangerschaft und in den ersten 16 Wochen nach der Niederkunft zudem nicht kündigen. Schwangere oder Mütter dürfen während dieser Zeit jedoch das Arbeitsverhältnis kündigen.

Schwarzarbeit

Schwarzarbeit ist auch in der Schweiz ein volkswirtschaftliche Kosten verursachendes Problem mit steigender Tendenz. Man schätzt 5 bis 10% des Bruttoinlandproduktes als Schwarzarbeit, die Ausfälle bei Steuern und Sozialversicherungen verursachen. Ein ernstzunehmendes Problem stellt auch das Arbeiten gegen Entgelt ohne Bezahlung der Steuern oder Sozialversicherungsbeiträge, das Arbeiten von Arbeitslosen bei gleichzeitigem Bezug von Arbeitslosengeldern sowie das Verletzen gesamtarbeitsvertraglicher Regelungen dar.

Schwarzarbeit tritt in den verschiedensten Formen auf und schadet der Gesellschaft in vielfacher Hinsicht: Die Schwarzarbeit ist schwer zu quantifizieren, da sie in keinen offiziellen Statistiken erscheint. Den derzeit verfügbaren (auf einer indirekten wirtschaftlichen Schätzung beruhenden) Daten zufolge wurde im Jahr 2001 in der Schweiz Schwarzarbeit im Wert von ca. 37 Milliarden Franken geleistet (9,3% des BIP). Auf politischer Ebene versucht man das Problem auf vier Ebenen zu meistern: administrative Erleichterungen im Sozialversicherungsbereich, wobei im Fall von geringfügigen wirtschaftlichen Aktivitäten eine einzige Anmeldung der Arbeitnehmenden bei der AHV-Ausgleichskasse vorzunehmen ist, verstärkte Kompetenzen für die Kontrollorgane, Vernetzung der Verwaltungsdaten und eine vorgeschriebene Weitergabe der Kontrollergebnisse und schärfere Sanktionen.

Schweiz. Arbeitgeberverband

Der Schweizerische Arbeitgeberverband ist der Dachverband von 60 regionalen und branchenweiten Arbeitgeberorganisationen. Er wurde 1908 in der juristischen Form eines Vereins als Zentralverband schweizerischer Arbeitgeber-Organisationen gegründet. Sein Sitz befindet sich in Zürich. Weiterführende und hilfreiche Informationen findet man im Internet unter folgender Webadresse:

www.arbeitgeber.ch

Schweiz. Konferenz für Sozialhilfe

Die von der SKOS herausgegebenen Richtlinien zur Ausgestaltung und Bemessung der Sozialhilfe definieren das soziale Existenzminimum. → Working Poor. Sie beruhen auf Erfahrungen in der Praxis und berücksichtigen gleichzeitig Ergebnisse aus der Sozialforschung. Die SKOS-Richtlinien sind in der schweizerischen Sozialpolitik zu einer zentralen Richtgrösse geworden.

Weitere Informationen findet man im Internet unter folgender Webadresse:

www.skos.ch

Schweiz. Unfallversicherungsanstalt

Die SUVA ist eine selbständige Unternehmung des öffentlichen Rechts und befindet sich in Luzern. Sie ist die wichtigste Trägerin der obligatorischen Unfallversicherung in der Schweiz und versichert rund 1,9 Millionen Berufstätige gegen Berufsunfälle, Berufskrankheiten und ausserberufliche Unfälle. Weiterführende und hilfreiche Informationen findet man zu diesem wichtigen Themenkreis im Internet mit wertvollen Informationsmitteln unter folgender Webadresse:

www.suva.ch

Seco

Das Staatssekretariat SECO versteht sich grundsätzlich als Kompetenzzentrum des Bundes für alle Kernfragen der Wirtschaftspolitik und befasst sich mit der Binnen- wie der Aussenwirtschaft. In der SECO finden Kantone, Unternehmen, Wirtschaftsorganisationen und Sozialpartner kompetente und effiziente Ansprechpartner. Das SECO trägt dazu bei, Schweizer Gütern, Dienstleistungen und Investitionen den Zugang zu allen Märkten zu öffnen. Aussenpolitisch arbeitet es aktiv an der Gestaltung effizienter, fairer und transparenter Regeln für die Weltwirtschaft mit. Die Beziehungen der Schweiz zur EU werden durch das Integrationsbüro, eine gemeinsame Dienststelle von EDA und EVD, koordiniert.

Weiterführende und hilfreiche Informationen und eine Folienpräsentation zur Arbeit der Seco findet man im Internet unter folgender Webadresse:

www.seco-admin.ch

Selbstbeurteilung

Ein Instrument der → Mitarbeiterbeurteilung, Leistungsbeurteilung und kooperativen Mitarbeiterführung. Mit der Selbstbeurteilung will man die Eigenverantwortung und Selbstmotivation der Mitarbeiter fördern und die Akzeptanz und Objektivität verbessern und verfeinern. Normalerweise nehmen Vorgesetzte und Mitarbeiter getrennt voneinander eine Beurteilung nach dem jeweils gleichen Schema bzw. Beurteilungsformular vor. Dabei werden die Bewertungen in einem → Beurteilungsgespräch detaillierter besprochen, um zu einer gemeinsam abgestützten und beidseitig getragenen abschliessenden Beurteilung des Mitarbeiters zu gelangen. Es liegen dann oft nur noch geringfügige Abweichungen vor, die im gemeinsamen Gespräch erörtert werden. Unlösbare Konflikte können entstehen, wenn gravierende Meinungsdifferenzen vorliegen. Meistens wird in solchen Fällen dem gemeinsamen, übergeordneten Vorgesetzten die Rolle eines objektiven und unparteiischen Schlichters zugewiesen.

Selbstkoordination

Die Delegation von Koordinierungsfragen an die Mitarbeiter, so dass diese ihre Massnahmen und Aktivitäten, ohne Einschaltung übergeordneter Instanzen, durch direkten Kontakt selbständig untereinander in Einklang bringen können. Das bedeutet, sie stimmen sich, dem vorgegebenen oder vereinbarten Ziel entsprechend, untereinander ab, arrangieren sich selbst, fassen ihre Aktivitäten zusammen und richten ihre Massnahmen so aufeinander aus, dass sie sich gegenseitig nicht widersprechen, sondern ergänzen und verstärken.

Selbstmanagement

Individuelle und selbstbestimmte Bemühungen, das persönliche Arbeitsverhalten und die berufliche Leistung zu verbessern. Dies kann konkret betreffen: a) die individuell optimale Arbeitsplanung und Arbeitsorganisation b) die Optimierung der individuellen Techniken zur Lern- und Aufnahmefähigkeit wie Lern- und Kreativitätstechniken, aber auch die Verbesserung der Arbeitsmotivation. Auch die Selbständigkeit des Arbeitens im Rahmen von Zielvereinbarungen, die Fähigkeit zur Planung und Organisation und die Arbeitstechnik können ein verbessertes Selbstmanagement beinhalten.

Selbstverwirklichung

Dies bezeichnet die Entwicklung und Durchsetzung eigener Lebensvorstellungen im privaten und beruflichen Lebensbereich, unter Berücksichtigung der berechtigten Interessen anderer und der Wahrung ökologischer Notwendigkeiten. Negativ kann sich der Drang nach Selbstverwirklichung auswirken, wenn damit nur noch egoistischen Interessen einzelner Individuen nachgegeben wird. Siehe → Menschenbild.

Selbstwertgefühl

Das Selbstwertgefühl ist ein wichtiger Faktor einer gesunden Persönlichkeitsentwicklung. Es besteht in der Einschätzung der eigenen Person und der eigenen Fähigkeiten und der Abschätzung des eigenen Werts innerhalb der beruflichen Tätigkeit und im sozialen und privaten Umfeld. Es ist ein vergleichendes Gefühl, das durch Selbsttätigkeit und Anerkennung von aussen gestärkt wird, in einer übersteigerten Anspruchshaltung aber allerdings auch ins Negative kippen kann. Minderwertigkeitsgefühle führen zu persönlicher Verunsicherung oder einem kompensativen Verhalten.

Seminare

Veranstaltungen mit einer Anzahl von Teilnehmern zwecks Wissensvermittlung von verschiedenen Themen oder der Persönlichkeitsentwicklung. Themenschwerpunkte sind Führung, Verkauf, Motivation, Kommunikation, Rhetorik, Selbstmanagement, Mitarbeitergespräche führen, Personalwesen, Projektmanagement u.a. Vor allem als Folge des hohen Stellenwertes der → Fortbildung und Personalentwicklung hat sich das Angebot stark ausgeweitet. Vor der Selektion sollten deutliche Vorstellungen über die

Zielgruppe im Unternehmen, Seminarinhalte und die angestrebten Seminarziele vorhanden sein. Anschliessend können dann Kontakte zu geeignet erscheinenden Seminaranbieter aufgenommen werden, wobei dessen Hintergrund, z.B. die fachliche und didaktische Kompetenz oder eingesetzter Trainer, gründlich ermittelt werden sollte.

Sexuelle Belästigung

Als sexuelle Belästigung gilt ein gegenüber dem anderem Geschlecht anzügliches, sexistisches und seine Würde verletzendes Verhalten, welches sich verbal und nonverbal äussern kann. Sexuelle Belästigung am Arbeitsplatz hat gravierende Auswirkungen auf das Vertrauensverhältnis, Arbeitsklima und die Arbeitsproduktivität. Arbeitgeber sind gesetzlich verpflichtet, ihre Mitarbeiterinnen und Mitarbeiter vor sexueller Belästigung zu schützen, da dies den Persönlichkeitsschutz betrifft. Die Prävention sexueller Belästigung ist eine Führungs- und HR-Aufgabe. Als sexuelle Belästigung gelten im allgemeinen a) Anzügliche und sexistische Bemerkungen und Witze b) Scheinbar „zufällige" Körperberührungen und aufdringliches Verhalten c) Annäherungsversuche oder Einladungen, die mit Vorteilen locken d) Pornografische Bilder im Arbeitsumfeld, zum Beispiel in Garderoben oder als Bildschirmschoner und e) Sexuelle und körperliche Übergriffe. Die drei wichtigsten Pfeiler der Prävention sind: a) Information der Mitarbeitenden, was unter sexueller Belästigung zu verstehen ist und Thematisierung des Problems b) Grundsatzerklärung, dass sexuelle Belästigung im Unternehmen nicht geduldet wird c) vertrauensvolle, diskrete und geschulte Ansprechpersonen mit der notwendigen Sensibilität, an die sich betroffene Mitarbeiterinnen und Mitarbeiter wenden können.

Rechtsinformationen: Das Gleichstellungsgesetz verpflichtet Unternehmen, ein Arbeitsklima zu schaffen, das sexuelle Belästigung ausschliesst. Können Unternehmen im Klagefall nicht nachweisen, dass sie präventive Massnahmen gegen sexuelle Belästigung getroffen haben, kann das Gericht oder die Verwaltungsbehörde sie verpflichten, betroffenen Personen eine Entschädigung zu zahlen. Weitere Bestimmungen zu sexueller Belästigung finden sich im Obligationenrecht (Art.328 Abs. 1 OR), im Arbeitsgesetz (Art. 6 Abs. 1 ArG) sowie im Strafgesetzbuch (Art. 187 bis 200 StGB, insbesondere Art. 198 StGB).

Eine sehr informative Website bietet das „Eidgenössische Büro für die Gleichstellung von Frau und Mann" EBG, auch mit Präventionsmassnahmen und Interventionsmöglichkeiten unter:

www.sexuellebelästigung.ch

Situative Führung

Nach den situativen Ansätzen ist der jeweils erfolgsversprechende Führungsstil abhängig von der jeweiligen Situation massgebend und angebracht und nicht ein vom Modell her fix festgelegter Führungsstil. So kann eine Leistungsbeurteilung oder unterschiedliche Arbeitnehmerpersönlichkeiten einen anderen Führungsstil erfordern, als zum Beispiel das Führen in einer Projektgruppe.

Sofortarbeit

Eine zeitlich nicht flexible und festgelegte, nicht "speicherfähige" Arbeit, z.B. Kundenbedienung, Auskunftserteilung. Wegen der fehlenden zeitlichen Flexibilität entstehen besondere Organisationsprobleme für eine zeitgerechte und kostengünstige Aufgabenerledigung.

Soft skills

Dieser Begriff wird teilweise sehr unterschiedlich definiert. Es handelt sich um Eigenschaften, die über rein fachliche und berufsspezifische Kompetenzen (→ Hard skills) hinaus gehen und eher im Bereich der → Sozialkompetenzen und → emotionalen Intelligenz liegen. Es sind in diesem Bereich beispielsweise Kommunikations-, Team- und Konfliktlösungs- sowie die Motivations- und Leadership-Fähigkeiten. Soft skills haben auf den beruflichen Erfolg und die Karrierechancen einen erheblichen Einfluss, was in verschiedenen Studien und Untersuchungen immer wieder nachgewiesen wird. Sie sind vor allem auch für die Mitarbeiterführung ein oft entscheidender und ausschlaggebender Erfolgsfaktor: Erfolgreiche Führungskräfte verfügen oft über überdurchschnittlich ausgeprägte Soft skills. Soft skills können aber mindestens teilweise erlernt und trainiert werden, wenn dafür die Motivation und Einsicht besteht und konkrete Anforderungen definiert werden können.

Sonntagsarbeit

Grundsätzlich ist die Sonntagsarbeit verboten und andernfalls unter bestimmten Umständen und gesetzlichen Auflagen bewilligungspflichtig.

Rechtsinformation: Der betriebliche Sonntagszeitraum beträgt 24 Stunden, von Samstag 23.00 Uhr bis Sonntag 23.00 Uhr. Wird nur ausnahmsweise sonntags gearbeitet, muss ein Lohnzuschlag von 50% bezahlt werden. Für regelmässige Sonntagsarbeit gibt es Ersatzruhezeit. Mit dem Einverständnis der Arbeitnehmer kann diese Zeitspanne unter bestimmten Bedingungen geändert werden. Für einige Wirtschaftszweige wurde das Arbeitsverbot an Sonntagen zudem ausgeschlossen.

Sorgfaltspflicht

Der Arbeitnehmer muss im Interesse des Arbeitgebers handeln und alles in seiner Macht stehende vermeiden, was diesem Schaden zufügen könnte. Er muss sorgfältig arbeiten und mithelfen, Störungen und Probleme zu beseitigen. Im Notfall sind demnach auch Arbeiten zu verrichten, die nicht in den üblichen Aufgabenbereich gehören. Daneben darf ein Arbeitnehmer seine Arbeitgeberin nicht konkurrieren und darf selbst nach Beendigung des Arbeitsverhältnisses Betriebs- und Fabrikationsgeheimnisse nicht ausplaudern. Im Vertrag könnten weitere Treuepflichten vereinbart werden.

Sozialkompetenz

Nach langer Über- und Alleinbewertung der Rationalität und des Intelligenzquotienten hat die Sozialkompetenz an Bedeutung gewonnen. Von sozialer Kompetenz spricht man bei Menschen, die im kommunikativen und sozialen Bereich befähigt und stark sind und sich vor allem durch Geschick im Beziehungsverhalten und im Bereich der Führungskompetenzen auszeichnen. Es sind also jene, die zum Beispiel über Selbstsicherheit verfügen und mit Souveränität ihre persönlichen Ziele bei sozialen Problemen oder Herausforderungen erreichen. In der Praxis sind Merkmale sozialer Kompetenz in den folgenden Fähigkeiten und Verhaltensweisen zu finden: a) Selbstbewusstsein b) Kritikfähigkeit und Belastbarkeit c) Empathie d) Kooperationsfähigkeit e) Kompetenzen anderer achten f) Kommunikationsfähigkeit g) Humor und Kontaktfreudigkeit h) positives Menschenbild i) Fähigkeit und Bereitschaft, Anerkennung und Lob auszusprechen.

Sozialplan

Der Sozialplan bezweckt einen Ausgleich für den Verlust des Arbeitsplatzes und hilft, menschliche und wirtschaftliche Härten für die von Abbaumassnahmen betroffene Belegschaft zu vermeiden oder zumindest zu mildern. Es ist auf umfassende Information, Gültigkeitsdauer, Geltungsbereich, Gewährleistung gesetzlicher und vertraglicher Ansprüche sowie Verpflichtungen, Austrittsabfindung und Einbezug aller betroffenen Parteien in der Ausarbeitung und Festlegung zu achten.

Sperrfristen

Sperrfristen sind eine spezielle im OR geregelte Art des → Kündigungsschutzes.

Rechtsinformation: Ist ein Arbeitnehmer ganz oder teilweise durch Unfall oder Krankheit verhindert zu arbeiten, so kann ihm im 1. Dienstjahr während 30 Tagen, ab dem zweiten bis und mit 5. Dienstjahr während 90 Tagen und ab dem sechsten Dienstjahr während 180 Tagen nicht gekündigt werden. Würde trotzdem eine Kündigung ausgesprochen, wäre sie nichtig, d.h. sie würde gar nie wirksam. Zusätzlich sind die Wehrpflichtigen während eines mindestens 12 Tage dauernden Einsatzes sowie 4 Wochen vorher und nachher, sowie die Schwangeren während der ganzen Dauer der Schwangerschaft und 16 Wochen nach der Niederkunft vor Kündigungen geschützt.

Sperrklauseln

Sperrklauseln kommen im Zusammenhang mit vertraglichen Bestimmungen betr. → Konkurrenzverbot zur Sprache und sind Vereinbarungen des Arbeitgebers, die besagen, dass ein Arbeitnehmer nach Beendigung des Arbeitsverhältnisses von einem anderen bestimmten Arbeitgeber nicht angestellt werden darf.

Rechtsinformation: Solche Klauseln können die Laufbahn und künftige berufliche Weiterentwicklung eines Arbeitnehmers massiv behindern und faktisch zu einem Berufsverbot führen. Vor dem Arbeitsgericht halten solche Sperrklauseln daher oft nicht stand und sind deshalb sorgfältig festzulegen.

Sprachencoaching

Sprachencoaching ist ein modernes Konzept, Fremdsprachen örtlich und zeitlich flexibler mit individuellen Programmen auf unterschiedliche Unternehmens- und Mitarbeiter-Bedürfnisse ausgerichtet, lernen zu können. Die Situationen, in denen die Fremdsprache verwendet wird, können sehr unterschiedlich sein: ob es um das Leiten eines Meetings im internationalen Unternehmen, um die Erstellung einer Bilanz in einer fremden Sprache oder um das Verbessern des Sprachflusses bei Verkaufsgesprächen geht, die Anforderungen bezüglich des Erlernens von Fremdsprachen können dabei sehr unterschiedlich sein.

St. Gallener Führungsmodell

Prinzip des Management by Systems und damit der Systemtheorie, das Anfang der siebziger Jahre von Hans Ulrich und dessen Schülern in St. Gallen entwickelt wurde. Dieses Modell soll Personal- und Unternehmensführungsaspekte integrieren, einen klaren und einheitlichen, aus der Systemtheorie abgeleiteten Begriffsapparat zur Verfügung stellen und in der Praxis leicht implementierbar sein.

Stabsmitarbeiter

Ein vom Vorgesetzten beauftragter Mitarbeiter, der als Spezialist die Befugnis hat, bei der Erfüllung seiner Aufgaben informierend und beratend tätig zu werden. Der Stabsmitarbeiter wirkt auf der Basis seiner Spezialkenntnisse und Spezialerfahrungen an der Entscheidungsvorbereitung des Vorgesetzten mit, sei es durch Untersuchung von Problemen, durch Unterbreitung von Vorschlägen oder durch die Darstellung von Alternativen.

Stafettenmodell

Dies ist eine der zahlreichen Möglichkeiten von → Arbeitszeitmodellen. Das Stafettenmodell kombiniert den gleitenden Ausstieg aus dem Erwerbsleben mit einem gleitenden Einstieg von ausgelernten Lehrfrauen und -männern, d.h. Personen teilen ihre Stelle in der letzten Phase vor der Pensionierung mit LehrabgängerInnen. Dieses Modell kombiniert betriebliche Flexibilität mit Solidarität zwischen den Generationen und die Kombination von langjähriger Erfahrung mit dem neuesten Stand theoretischen Wissens.

Stakeholder

Unter Stakeholder werden Personen und Partner verstanden, die als Kapitalgeber, Führungskräfte, Mitarbeitende agieren und Kunden oder Personen, die mit einer Unternehmung zu tun haben und dadurch zu diesem in einem bestimmten Verhältnis stehen.

Statusgespräch

Das Statusgespräch dient der regelmässigen Überprüfung der Zielerreichung. Ist- und Sollzustände werden verglichen und Gründe für Zielabweichungen aufgedeckt. Bei Bedarf finden Anpassungen statt, die den Mitarbeiter in die Lage versetzen, seine Aufgabe trotz Zielabweichungen zu erfüllen.

Stelle

Die kleinste organisatorische Handlungs- und zugleich Dispositions-, Planungs-, Kontroll- und meist örtliche Einheit, der im Rahmen der Gesamtorganisation bzw. von deren Subsystemen, z.b. den Abteilungen, auf Dauer ein bestimmter Aufgabenkomplex oder Aufgabenbereich zur selbständigen Erfüllung übertragen ist. Weil nur Menschen Kompetenzen und Verantwortung haben können, muss jede Stelle durch mindestens einen Mitarbeiter als Aufgabenträger (Stelleninhaber) besetzt sein.

Stellenanzeige

Die Stellenanzeige ist eine der Möglichkeiten des Unternehmens bei der Personalsuche. Auf Grund der Vielzahl der wöchentlich veröffentlichten Stellenanzeigen auch eine der gebräuchlichsten Formen. Damit eine Stellenanzeige möglichst erfolgreich ist, kommt es auf drei wesentliche Punkte an: *1. Inhalt der Stellenanzeige:* Die Stellenanzeige sollte klare Aussagen enthalten. Sie muss dem Bewerber Anreize für seine Bewerbung bieten und vor allem auch Perspektiven darstellen. Selbstverständlich muss eine Stellenanzeige die Anforderungen an die Bewerber und die von ihnen zu erfüllenden Aufgaben enthalten.

Die Ansprache muss zielgruppengerecht und freundlich sein. Ein weiterer wesentlicher Schwerpunkt ist die Darstellung des Unternehmensimages und des Unternehmensprofils. *2. Form der Stellenanzeige:* Bei der Form der Stellenanzeige kommt es insbesondere auf die Textanordnung und damit auf die Lesbarkeit der Anzeige an. Schlagzeilen und eventuell ein Blickfang müssen die potenziellen Bewerber zum Lesen animieren. Unternehmen, die mehrfach Stellenanzeigen schalten, sollten auf einen eindeutigen Wiedererkennungswert achten. *3. Medium der Stellenanzeige:* Neben Inhalt und Form der Stellenanzeige ist das Erscheinungsmedium ein ganz wesentlicher Teil für den Erfolg einer Stellenanzeige. Eine Stellenanzeige, die im falschen Medium erscheint, ist wirkungslos. Heute zählt für das Recruiting allerdings immer mehr ein erfolgreicher Mix an verschiedenen Medien und Suchkanälen, bei dem die Stellenanzeige oft nur ein Suchkanal unter mehreren ist.

Zu diesem Thema finden Sie im Kapitel „Arbeitshilfen und Vorlagen" ein Formular zur Qualitätsbeurteilung einer Stellenanzeige.

Stellenausschreibung

Ausschreibung freigewordener oder neugeschaffener Arbeitsplätze. Die interne Ausschreibung offener Stellen wird durch Stellenbeschreibungen erleichtert, weil diese die verschiedenen Anforderungen an den Arbeitsplätzen allgemein sichtbar machen.

Stellenbeschreibung

Stellenbeschreibungen sind personenunabhängige, in schriftlicher Form abgefasste Zusammenfassungen aller wesentlichen Merkmale einer Stelle. Sie enthalten neben Hinweisen auf die Einordnung der Stelle in die Organisationsstruktur umfassende Angaben über die Stellenziele sowie die Aufgaben, Rechte und Pflichten der Stelleninhaber. Stellenbeschreibungen sind gleichermassen ein Hilfsmittel der Personalorganisation (Gestaltung der Aufbau- und Ablauforganisation; Festlegung von Funktionen und Verantwortungsbereichen) und ein Führungsinstrument (Informationsgrundlage bei der Personalbeschaffung, Orientierungshilfe bei der Einführung und Beurteilung, Ermittlung von Qualifikationslücken).

Stellenbesetzung

Die Funktion, welche die Frage der personellen Besetzung der Stellen regelt. Diese Funktion ist in a) Anwerbung und b) Auswahl gegliedert. Wichtige Faktoren um geeignete Aufgabenträger zu bekommen oder zu halten, sind die in einem Unternehmen gegebenen Möglichkeiten der Beförderung, der Weiterbildung, des innerbetrieblichen Stellenwechsels sowie die Art der Gehalts- bzw. Lohnfestlegung. Die Stellenbeschreibung kann als organisatorisches Hilfsmittel der Stellenbesetzung gute Dienste leisten.

Stellenbezeichnung

Die Kennzeichnung der Stelle, die der Stelleninhaber einnimmt, z.B. Marketingleiter, Export-Sachbearbeiterin, Aussendienst-Mitarbeiter. Die Stellenbezeichnung soll so lauten, dass sie mit der Tätigkeitsbezeichnung des betreffenden Stelleninhabers übereinstimmt. Sind Abweichungen festzustellen, so müssen sie durch eine Änderung entweder der Tätigkeit, der Stelle oder der Stellenbesetzung bereinigt werden.

Stellenplan

Ein Instrument der → Personalplanung, welches auf vorliegenden Stellenbeschreibungen basiert, zur Bedarfsermittlung von Stellen (nach Zahl, Art und Qualifikation). Ein Stellenplan kann als Organigramm und in Tabellenform erstellt werden. Stellenpläne sind eine wichtige Voraussetzung für die Erarbeitung von Stellenbeschreibungen, die wiederum eingesetzt werden können, um vorhandene Stellenpläne zu korrigieren und zu verbessern.

Stellenziel

Ein in der Stellenbeschreibung festgelegtes Ziel beinhaltet die Hauptaufgabe eines Stelleninhabers. Es handelt sich faktisch um ein Funktionsziel und weniger um ein Leistungsziel. Man kann ein Stellenziel als Dauerauftrag betrachten, welcher letztlich eine Vorgabe der Unternehmensleitung ist.

Stellvertretung

Wer beim Ausfall eines Mitarbeiters seine Tätigkeit weiterführt und übernimmt und wie das Problem gelöst werden kann, wie dringende Aufgaben im Verhinderungsfall von einer oder mehreren anderen Personen übernommen werden können. Sinn und Zweck der Stellvertretung soll die Aufrechterhaltung der Kontinuität des Entscheidungsablaufs sein, und dies in bezug auf Tempo, Qualität und Vollzug der Entscheidungen.

Stock Option Plan (SOP)

Unter einem Stock Option Plan (SOP) versteht man ein Beteiligungs- und Mitarbeiter-Motivationsprogramm, bei welchem den Mitarbeitern Optionen auf Beteiligungsinstrumente des Arbeitgebers zugeteilt werden.

Strategie

Das langfristig orientierte Vorgehen in grundlegenden Fragen, Verfolgung der strategischen Ziele im Unterschied zu operativen Zielen. Eine übergreifende und längerfristige Zielsetzung, mit der kurzfristige oder taktische Ziele manchmal in bestimmten Situationen zum Beispiel einer Unternehmensstrategie untergeordnet werden können.

Stressforschung

Die Stressforschung der vergangenen Jahre hat gezeigt, dass im Rahmen der Stressverarbeitung bestimmten Verhaltensweisen im Hinblick auf Erkrankungsrisiken eine besondere Bedeutung zukommt. Beim Stressgeschehen ist zu beachten: Stressoren sind Ereignisse bzw. Situationen, die Stressreaktionen auslösen. Solche Stressoren können zu verschiedensten psychischen wie auch körperlichen Stressreaktionen führen. Für die Stressbewältigung gibt es unterschiedliche Strategien, die die Intensität von Stressreaktionen reduzieren können.

Stressinterview

Mit Bewerbern für Positionen oder Aufgaben, die mit besonderen, evtl. sogar extremen Anforderungen an die psychische Belastbarkeit des Mitarbeiters verbunden sein können, wird das Vorstellungsgespräch manchmal als sog. "Stressinterview" geführt. Die Bewerber werden hier absichtlich provoziert, unter Druck gesetzt, ganz bewusst mit für sie als unangenehm, unverständlich oder sinnlos erscheinenden Fragen konfrontiert. Damit sollen Situationen und ein Gesprächsklima herbeigeführt werden, die Selbstbewusstsein und → Frustrationstoleranz des Bewerbers oder seine Fähigkeit und Bereitschaft zur sachlichen Gesprächsführung stark belasten und herausfordern.

Strukturierte Interviews

Anhand von standardisierten Interview-Leitfäden mit bestimmten Fragetechniken und einem optimalen und durchdachten Aufbau folgend werden die Auswahl-Gespräche mit den Bewerbern durchgeführt. Auch hier hat man nach dem Interview nicht nur ein "Gefühl" für den richtigen Kandidaten, sondern ein klares Stärken-Schwächen Profil. Siehe → Potenzialanalyse.

SWOT-Analyse

Mit diesem Instrument lassen sich einzelne Projekte analysieren und konkrete Verbesserungsvorschläge zur Optimierung herausfinden. Die SWOT-Analyse bietet die Möglichkeit, das eigene Potenzial und die externen Rahmenbedingungen für einen Entscheidungsprozess zu visualisieren. Die SWOT-Analyse bezieht sich auf 1. Strengths (Stärken) 2. Weaknesses (Schwächen) 3. Opportunities (Chancen) und 4. Threats (Gefahren). Die SWOT-Analyse ist ein Modell, das die internen Faktoren eines Unternehmens und die externen Gegebenheiten abgleicht, um daraus eine Strategie zu entwickeln. Zu den internen Faktoren zählen im Falle des HRM Fähigkeiten und Ressourcen wie die Qualifikation der Mitarbeiterinnen und Mitarbeiter. Die externen Voraussetzungen werden von den Veränderungen auf dem Markt bestimmt, auf die das Unternehmen keinen Einfluss hat: Arbeitsmarkt, Bildungsangebot, Arbeitsrecht und mehr.

Suchtproblem

Verantwortung gegenüber den Mitarbeitenden, wirtschaftliche Überlegungen sowie die Sorge um die Betriebssicherheit sind die Hauptgründe, welche Unternehmensleitungen dazu motivieren, Massnahmen zur Bewältigung von betriebsinternen Suchtproblemen zu ergreifen. Dabei wird in der Regel in allen Phasen der Programmentwicklung und -einführung die Hilfe eines externen Beraters in

Anspruch genommen. Weiterführende und ausführliche Informationen findet man zu diesem wichtigen Themenkreis im Internet unter folgender Webadresse:

www.sfa-ispa.ch/

Supervision

Emotions- und beziehungsorientierte Beratungsform zur Thematisierung beruflicher Zusammenhänge. Historisch begründet lassen sich bei der Supervision folgende Funktionsbereiche erkennen: Administrative Supervision (Führung, Beratung und Kontrolle durch Vorgesetzte) und Clinical Supervision (psychotherapeutische Supervision und Supervision in der Sozialarbeit).

Szenario-Technik

Die Szenario-Technik erlaubt anhand verschiedener Einflussfaktoren, Annahmen über zukünftige Entwicklungen zu treffen und kann ein modernes Instrument der Aus- und Weiterbildung sein. Es handelt sich um die Beschreibung der zukünftigen Entwicklung des Projektionsgegenstandes bei alternativen Rahmenbedingungen. Wichtige Arbeitsschritte in der Szenario-Technik sind: a) Analyse der gegenwärtigen Situation b) Bestimmung wichtiger Einflussfaktoren c) begründete, alternative Annahmen für Einflussfaktoren mit unsicherer Zukunftsentwicklung d) Entwicklung mehrerer alternativer Zukunftsbilder.

Tages- und Abendarbeit

Die Arbeit von 6 bis 20 Uhr gilt arbeitsrechtlich als Tagesarbeit, die Arbeit von 20 bis 23 Uhr als Abendarbeit.

Rechtsinformation: Die Tages- und Abendarbeit, d.h. die Zeit zwischen 6 und 23 Uhr ist bewilligungsfrei. Die betriebliche Tages- und Abendarbeitszeit darf höchstens 17 Stunden betragen, Beginn und Ende muss mit Einschluss der Pausen und allfälliger Überzeit innerhalb von 14 Stunden liegen.

Tageslohn

Die meisten Löhne werden als Monatslöhne vereinbart. Wenn einzelne Tage zu entschädigen sind, wird der Monatslohn auf den Tageslohn wie folgt umgerechnet: Es gibt dafür zwei Methoden: Berechnen nach Kalendertagen und nach Arbeitstagen. Bei Kalendertage-Berechnungen wird der Monatslohn durch 30 (bzw. durch die Anzahl Kalendertage des betreffenden Monats) geteilt. Resultat ist der Lohn pro Kalendertag. Diese Berechnungsart schreibt der Landesgesamtarbeitsvertrag des Gastgewerbes vor. Die Berechnung nach Arbeitstagen teilt den Monatslohn durch die durchschnittliche Anzahl Arbeitstage. Diese Zahl wird wie folgt berechnet: Ein Jahr hat 52 Wochen und daher 52 mal 5 Arbeitstage (ohne Feiertage), somit 260 Arbeitstage plus den 365. Tag (261). Teilt man diese Zahl durch 12 erhält man 21,75. Der Taglohn berechnet sich dann aus dem Monatslohn geteilt durch 21,75. Bei nur 260 Arbeitstagen erhält man 21,666 Arbeitstage. Wenn keine besonderen Berechnungsvorschriften bestehen, rechnet das Arbeitsgericht nach Arbeitstagen.

Taggeldversicherung

Die Taggeldversicherung dient der teilweisen Deckung des Erwerbsausfalls bei Krankheit oder Unfall, sowie anderer krankheits- oder unfallbedingter Kosten, die nicht anderweitig gedeckt sind. Sie kann auf freiwilliger Basis und zwar auch bei einem anderen Krankenversicherer als demjenigen, bei dem die obligatorische Grundversicherung besteht, abgeschlossen werden. Wenn eine Person beim Versicherungsbeitritt an einer Krankheit leidet, hat der Krankenversicherer die Möglichkeit, diese Person maximal 5 Jahre lang von der Leistungsberechtigung für diese Krankheit auszuschliessen. Auf diese 5 Jahre werden ausländische Versicherungszeiten in einer Taggeldversicherung angerechnet. Daneben bieten die Krankenversicherer auch Taggeldversicherungen als Zusatzversicherung an.

Talent Review Process

In diesem geschäfts- und funktionsübergreifendem gesteuerten Prozess werden gezielt und permanent als institutionalisierte Daueraufgabe die Stärken und der Entwicklungsbedarf der Führungskräfte und die dafür besonders talentierten Mitarbeiter für den Führungsnachwuchs im Unternehmen analysiert. Das Ergebnis ist dann die Basis für die Planung von Weiterbildungsaktivitäten und Karriereschritten. Dazu gehören Job-Rotationen, aufeinander aufbauende Inhouse-Programme sowie die Zusammenarbeit mit allfälligen externen Anbietern.

Talentmanagement

Talentmanagement bezeichnet die Gesamtheit aller personalpolitischer Massnahmen des Unternehmens und Human Resource Management zur langfristigen Erkennung, Förderung und Sicherstellung von Talenten insbesondere in der Besetzung von unternehmensrelevanten Schlüsselpositionen. Die Globalisierung, demografische Faktoren und oft ein Mangel an talentierten Fachkräften und der Talenterkennung erfordern einen verstärkten Fokus auf Identifikation, Selektion, Förderung und adäquatem Einsetzen und Binden von Talenten bzw. Mitarbeitern mit besonderen Fähigkeiten und Begabungen im Unternehmen. Talentmanagement beginnt bei der Personalgewinnung, geht über das Talent-Bewusstsein und die entsprechende Mitarbeiterförderung der Führungskräfte in der Personalentwicklung bis zur aktiven Mitarbeiterbindung.

Tandeminterview

Eine vor allem in Bewerbergesprächen verwendete Technik, bei der zwei Personen mit dem Bewerber ein koordiniertes und aufeinander abgestimmtes Gespräch führen. Jeder Interviewer ist dabei für bestimmte, vorher definierte Themen- oder Fragenbereiche zuständig, die er mit dem Bewerber behandelt, während sich der andere auf das genaue Zuhören konzentriert oder die Verhaltensweise des Bewerbers genau beobachtet.

Tantieme

Eine Tantieme ist ein variabler Entgeltbestandteil, die den Arbeitnehmer am Gewinn des Unternehmens beteiligt. Die Tantieme wird meistens als einmalige Auszahlung im Rahmen eines generell definierten Entgeltsystems eingesetzt, zum Beispiel als materielle Form der Leistungsanerkennung. Die Kriterien orientieren sich mit Vorteil an objektiv messbaren Daten, z.B. am erzielten Umsatz oder am erreichten Betriebsergebnis. Die Koppelung der Tantieme an bestimmte Grössendefinitionen kann ungerecht und kontraproduktiv sein, weil je nach den dann geltenden Rahmenbedingungen hinter einem bescheiden ausfallenden Gewinn oder minimen Verlust effektiv eine grössere Leistung erbracht worden sein kann, als bei sehr günstigen Ergebnissen, die z.B. mehr auf eine günstige Konjunktur als auf ausserordentliche Leistungen zurückzuführen sind.

Tätigkeitsanalyse

Systematische Untersuchung der Aufgaben und Tätigkeiten an einem Arbeitsplatz, um zum Beispiel die Zeitbeanspruchung und Verteilung von Tätigkeiten zu analysieren.

Aufgrund solcher Tätigkeitsanalysen können in der Praxis Rationalisierungen, Schnittstellenprobleme, die Tauglichkeit von Arbeitshilfsmitteln, die Prioritätensetzung und Entscheidungen im → Job enrichment oder → Job enlargement getroffen werden.

Teamarbeit

Zunehmender Wettbewerbsdruck führt dazu, dass Unternehmen effektivere Arbeitsstrukturen suchen. Durch die Zunahme von Projektarbeit und das Bestreben, Unternehmen zu lernenden Organisationen zu entwickeln, erlangt Teamarbeit eine immer grössere Bedeutung. Teamarbeit erreicht durch Kombination unterschiedlicher individueller Stärken und Fähigkeiten ein Vielfaches der Summe der Einzelleistungen. Darüber hinaus ist Teamarbeit ein gutes Instrument, um Mitarbeiter zu fördern und zu motivieren. Kennzeichen erfolgreicher Teamarbeit sind gemeinsame Leistungsziele und partnerschaftliche Zusammenarbeit. Sorgfältige Planung bei der Einführung von Teamarbeit trägt entscheidend zum Erfolg bei.

Team-Coaching

Spezialvariante des → Coaching, bei der eine im beruflichen Funktionszusammenhang stehende Personengruppe in ihrem Umfeld gecoacht wird. Ziel ist die effektive Teamentwicklung und Verbesserung von Kommunikation, Motivation und Kooperation. Team-Coaching ist eine Unterform des Gruppen-Coachings und wird oft durch Einzel-Coaching für die Team-Mitglieder ergänzt.

Teamentwicklung

Eine anerkannte und ganzheitliche Methode, mit der die Entwicklung eines Teams begleitet und gefördert wird. Angestrebt wird durch eine Schulung eine verbesserte Kommunikation, Kooperation und Klärung von Konflikten. Teamentwicklung dient der Optimierung der Beziehungen, der Verbesserung der Kommunikation und Zusammenarbeit und geht Methoden zur Konfliktbehandlung an. Gründe für eine Teamentwicklung können verschiedener Natur sein: Neubildung von Teams, neue Aufgaben, umstrukturierte Aufgaben, Führungsprobleme, Krisen und Konflikte. In der Praxis konkrete Aufgaben und Vorgehensweisen sind: a) Ziele erarbeiten und klären b) Lösungen finden und ausarbeiten c) Begleitung bei Fragestellung d) Teams beim Gründen begleiten e) Teams zusammenführen und coachen f) Schwierigkeiten im Team konstruktiv lösen.

Teamorganisation

Aufbauorganisation, bei der auf Hierarchieebenen und klare Weisungsbefugnisse verzichtet wird und statt dessen kollektive Gruppenentscheidung und -verantwortung gelten sollen. Durch das Fehlen von eindeutigen Stellenbeschreibungen, Statussymbolen und hierarchischen Strukturen soll die Motivation der Mitarbeiter durch die Partizipation an sämtlichen Entscheidungen und durch die völlige Transparenz über das betriebliche Geschehen maximiert werden. Die Problematik von Gruppen, die langwierigen Entscheidungs- und Koordinationsprozesse sowie vorprogrammierte aber evtl. auch gewollte Konflikte sind als mögliche Nachteile zu beachten. Aufgrund soziologischer Untersuchungen kann behauptet werden, dass die Effizienz dieser Organisationsform bei zunehmender Organisationsgrösse abnimmt. Eventuell ist bei dem zunehmenden Wertewandel hinsichtlich der Infragestellung von Autoritäten und Hierarchien künftig mit einer zunehmenden Bedeutung dieser Organisationsform zu rechnen. Kreativität und Selbstverwirklichung lässt diese Form jedenfalls zu.

Teilzeit à la carte

Die Teilzeit à la carte wurde in den USA zur Verhinderung von Entlassungen bekannt. Die Arbeitnehmer bestimmen bzw. wählen dabei die Dauer (z. B. zwischen zwanzig und achtzig Prozent der tariflichen Arbeitszeit) und die Lage (z.B. Früh- , Spät-, Nachtschicht, Gleittage, -wochen oder -monate) ihrer Arbeitszeit, entsprechend ihren Vorstellungen, basierend auf den Möglichkeiten und Vorgaben des Unternehmens.

Teilzeitarbeit

Bei der Teilzeitarbeit ist die vom einzelnen Arbeitnehmer zu erbringende Wochenarbeitszeit gegenüber der betriebsüblichen Arbeitszeit vergleichbarer vollzeitbeschäftigter Arbeitnehmer verkürzt.

Rechtsinformation: Teilzeitangestellte sind Vollbeschäftigten grundsätzlich gleichgestellt und haben ebenfalls Anspruch auf Arbeit und Ferien, und zwar mindestens im gesetzlich oder vertraglich vorgesehenen Umfang. Arbeitszeiten und Arbeitstage sollten verbindlich geregelt werden. Eine häufige Unklarheit: Fällt ein Feiertag in eine Arbeitszeit, muss er nicht nachgeholt werden bzw. es gelten in diesem Fall die an diesem Wochentag vereinbarten üblichen Arbeitsstunden als gearbeitet. Siehe → Arbeitszeitflexibilisierung.

Telearbeit

Eine moderne und zukunftsträchtige neue Arbeitsform. Mit Hilfe neuer Informations- und Kommunikationstechnologien wird ganz oder teilweise zu Hause gearbeitet. Dabei geht es im Gegensatz zu → Home Office Arbeiten um eher einfache Arbeiten. Mögliche Vorteile für den Arbeitgeber: a) Kosteneinsparungen durch wegfallende Raumbeanspruchung b) veränderte Sozialkonditionen c) Motivation von Mitarbeitern d) konzentrierte Arbeitsweise e) Wegfall des Arbeitsweges.

Temporärarbeit

Ein zeitlich befristetes Arbeitsverhältnis, welches meistens durch ein Temporärbüro oder spezialisiertes Personalvermittlungs-Unternehmen zustandekommt. Temporärarbeit gestattet dem Unternehmen, anfallende befristete Aufgaben ohne den Aufbau von Fixkosten einer Festanstellung zu bewältigen. Die Kosten betragen im allgemeinen zwischen 10 und 15% des Jahressalärs des Temporärangestellten.

Testimonial

Person oder Experte, die eine Aussage untermauert oder bestätigt, um Glaubwürdigkeit und Authentizität zu erzeugen. Testimonials können auch im Personalmarketing angewandt werden, indem Mitarbeiter derselben Abteilung Aussagen zu Aufgabe, Stelle, Arbeitsklima oder Produkten machen können und so das Arbeitgeberimage positiv und glaubwürdig beeinflussen.

Todesfallkapital

Dieser Begriff wird mehrheitlich im Zusammenhang mit der beruflichen Vorsorge und der Pensionskasse verwendet. Stirbt ein Versicherter vor Erreichen des Rücktrittsalters, so wird den Anspruchsberechtigten ein Todesfallkapital ausbezahlt. Das Todesfallkapital beträgt 200% der im Zeitpunkt des Todes versicherten → Altersrente bzw. 200% der laufenden Alters- oder Invalidenrente. Der Versicherte kann durch handschriftliche Mitteilung an die Pensionskasse eine andere Reihenfolge wählen und die Ansprüche der Begünstigten näher bezeichnen mit der Massgabe, dass der Ehegatte oder, wenn nicht vorhanden, die Kinder mindestens die Hälfte erhalten. Die Pensionskasse kann bei Vorliegen besonderer Gründe oder in Härtefällen von der genannten Ordnung oder der Wahl des Versicherten abweichen und das Todesfallkapital nach ihrem Ermessen unter den Hinterlassenen verteilen.

Tonalität

Charakter oder Grundstimmung einer Aussage, die die Atmosphäre des Erscheinungsbildes prägt. Die Tonalität kann auch für die Wirkung oder den Charakter einer → Stellenanzeige oder anderen Personalgewinnungs-Massnahmen von Bedeutung sein, z.B. ob das Unternehmen kommunikationsfreudig, modern, eher verschlossen oder konservativ wirkt oder wirken soll. Gerade bei einer Websitepräsenz sollte die HR-Seite mit der Tonalität des Gesamtbildes und –auftrittes des Unternehmens harmonieren.

Total-Compensation

Es besteht international die Tendenz, dass Vergütungssysteme als Total-Compensation-Modelle konzipiert werden. Es wird dabei eine Zielvergütung festgelegt, die aus mehreren fixen und variablen Komponenten bestehen kann und die dann auch hinsichtlich ihrer Verwendung den sogenannten Cafeteria-Modellen folgt. Vergütungsempfänger können dabei mitbestimmen, welchen Anteil ihrer Vergütung sie ausbezahlt bekommen und den restlichen Anteil zur Finanzierung von Zusatzleistungen, beispielsweise Firmenwagen und eine Altersversorgung, verwenden.

Total Quality Management (TQM)

Total Quality Management ist ein langfristiges und ganzheitliches Konzept, die Qualität von Produkten und Dienstleistungen eines Betriebes umfassend und konsequent durch die Mitwirkung aller Mitarbeiter termingerecht, kostengünstig zu gewährleisten und zugleich kontinuierlich zu verbessern, um eine optimale Bedürfnisbefriedigung von Kunden und Markt zu erreichen.

Trainee

Trainee entspricht der Bedeutung eines Auszubildenden, wird aber oft im Zusammenhang von Hochschulabsolventen verwendet, die durch Traineeprogramme geführt werden. Grossunternehmen rekrutieren ihren Führungskräftenachwuchs oft auf diese Weise.

Trainee-Programm

Trainee-Programme sind zeitlich begrenzte, berufs- und unternehmensspezifische Einsteigerprogramme, die Hochschulabgänger dazu befähigen sollen, bestimmte Zielfunktionen zu übernehmen. Diese Funktionen können sehr allgemein gehalten oder genau festgelegt sein. In der Regel wird eine überwiegend praktische Ausbildung am Arbeitsplatz mit einer oder mehreren Job-Rotationen verbunden, entweder im ganzen Unternehmen oder auch innerhalb einer Abteilung. Ein Trainee-Programm wird von grösseren

Unternehmen für Hochschulabsolventen zwecks Führungsnachwuchs zum praxisorientierten Einstieg in die Berufspraxis angeboten. Die Unternehmen können so ein Reservoir qualifizierter Führungskräfte mit breiten Einsatzmöglichkeiten heranbilden. Ein Trainee-Programm dauert meistens 18 bis 24 Monate und sieht üblicherweise ein bereichsübergreifendes Ausbildungs- und Einarbeitungsprogramm vor.

Training-near-the-job

Aus- und Weiterbildung, welche räumlich und inhaltlich nahe am Arbeitsplatz und den Aufgaben und Tätigkeiten der Mitarbeiter liegen. Anhand von konkreten Aufgabenstellungen wird so die Effizienz und Praxisnähe wesentlich gesteigert. Eingesetzte Methoden sind u.a. → Qualitätszirkel, Lernstatt, Mentoring, Coaching, Projektgruppenarbeit, Mitarbeitergespräche und Ausbildungswerkstatt.

Training-off-the-job

Beim Training-off-the-job wird ein Training räumlich und didaktisch von den Aufgaben und Tätigkeiten der Stelle weg in Lehrgängen, Seminaren, Vorträgen, Workshops und Tagungen gelernt. Gegenstück zum → Training-on-the-job.

Training-on-the-Job

Unter Training-on-the-Job (Learning by doing) versteht man das Lernen am Geschehen des Arbeitsplatzes mit praktischen Aufgabenstellungen und Lernmöglichkeiten. Dies ist eine sehr effektive Form der Einführung, sollte aber dennoch geplant und nicht nur mit einem "Nebenansitzen" vorgenommen werden. In der Praxis angewandte Trainingsmethoden sind Modell-Lernen, → Job Enlargement, → Job Enrichment, → Job Rotation und Gruppenautonomie.

Transaktionsanalyse

Die TA geht von der Annahme aus, dass jeder Mensch drei verschiedene Zustände in sich vereinigt, welche ihm bereits in der Kindheit vermittelt werden und die er lebenslang erhält. Das Erleben und Verhalten des Menschen wird als Ausdruck wechselnder Ich- Zustände aufgefasst und führt die Beziehungen zwischen den Personen auf die Transaktionen zwischen den oben genannten Zuständen zurück. Die Transaktionsanalyse kennt folgende drei Archetypen, aus denen heraus der Mensch handelt und die angesprochen werden: Kindheits-Ich, welches als natürlich, rebellisch oder angepasst qualifiziert wird - Eltern-Ich, welches sich fürsorglich oder auch autoritär verhalten kann - Erwachsenen-Ich, das die partnerschaftlichen und emotional ausgeglichenen Wesenszüge eines Menschen enthält.

Überforderung

Eine Überforderung eines Mitarbeiters liegt dann vor, wenn eine Arbeit oder Aufgabe höhere Anforderungen an ihn stellt, als er auf Grund seiner Qualifikation und seiner Fähigkeiten bewältigen kann. Auswirkungen der Überforderung sind nicht zu unterschätzen und können Demotivation, Unsicherheit, Angst um den Arbeitsplatz, Frustration und ähnliches bewirken. Die gegenteilige Form ist die → Unterforderung.

Überstunden

Überstunden sind geleistete Arbeitsstunden, die über das wöchentlich festgesetzte Pensum bei Vollzeit- oder Teilzeitbeschäftigten hinausgehen, jedoch die gesetzliche Höchstarbeitszeit von 45 Stunden pro Woche nicht überschreiten. Bei ausserordentlicher Geschäftslast oder wegen dringender Arbeit kann in einer angemessenen Frist Überstunden oder Überzeit angeordnet werden.

Rechtsinformation: Überzeit liegt dann vor, wenn die gesetzliche Höchstarbeitszeit von 45 Stunden pro Woche überschritten wird. Pro Jahr können höchstens 170 Stunden Überzeit geleistet werden. Geleistete Überstunden und Überzeit sind durch Freizeit von gleicher Dauer zu kompensieren. Können Überstunden nicht kompensiert werden, so hat der Arbeitgeber dafür den Normallohn ohne Zuschlag zu entrichten. Überzeit, die nicht kompensiert werden kann, wird mit einem Zuschlag von 25 Prozent, für Sonn- und Feiertage von 50 Prozent vergütet.

Überstundentwicklung

Dies ist ein Begriff aus dem Personalcontrolling und bezeichnet eine HR-Kennzahl. Sie informiert darüber, wie effizient und gut organisiert in einem Betrieb gearbeitet wird. Über einen längeren Zeitraum hinweg verfolgt und im Abteilungsvergleich betrachtet, können hier Hinweise für Probleme in der Arbeitstechnik, der Organisation oder dem Personalbestand vorhanden sein. Zu viele Überstunden in zu vielen Abteilungen oder zu grosse Unterschiede können hohe Mehrkosten verursachen oder auf zu starken Stress hinweisen, der sich auf Dauer auch in anderen Bereichen, zum Beispiel der Krankheitsquote, Produktivität oder Qualitätsanforderungen auswirken kann.

Überzeit

Überzeit ist die Arbeitszeit, die über die gesetzlich erlaubte wöchentliche Höchstarbeitszeit hinaus geleistet wird.

Rechtsinformation: Überzeit soll die Ausnahme sein. Sie kann nur unter bestimmten Voraussetzungen und nur in einem klar begrenzten Umfang geleistet werden. Arbeitszeit, welche nach der Leistung von Überstunden über die gesetzliche wöchentliche Höchstarbeitszeit hinausgeht, zählt als Überzeit. Gründe für die Leistung von Überzeit zählt das Gesetz in ArG Art. 12 Abs. 1 auf, in der Wegleitung zum ArG sind die Details umschrieben.

Überzeitarbeit

Arbeitsgesetzliche Überzeitarbeit liegt vor, wenn die wöchentliche Höchstarbeitszeit ausnahmsweise überschritten wird, namentlich wegen der Dringlichkeit von Arbeiten, für Inventaraufnahmen, bei Betriebsstörungen u.Ä. (Art. 12 ArG). Die Überzeit darf - ausgehend von der wöchentlichen Höchstarbeitszeit von 45/50 Stunden - zwei Stunden am Tag nicht überschreiten, ausser an arbeitsfreien Werktagen und in Notfällen, und im Kalenderjahr insgesamt nicht mehr betragen als: - 170 Stunden für Arbeitnehmer mit einer wöchentlichen Höchstarbeitszeit von 45 Stunden, - 140 Stunden für Arbeitnehmer mit einer wöchentlichen Höchstarbeitszeit von 50 Stunden.

Der Arbeitnehmer ist zur Leistung von Überzeitstunden verpflichtet, soweit diese notwendig ist und sie ihm nach Treu und Glauben zugemutet werden kann. Nicht zumutbar ist Überzeitarbeit beispielsweise dann, wenn der Arbeitgeber durch eine zweckmässigere Arbeitseinteilung deren Notwendigkeit vermeiden kann, wenn ihm bei dauernd erhöhtem Arbeitsanfall vernünftigerweise die Einstellung von Hilfskräften zugemutet werden kann oder wenn der betroffene Arbeitnehmer ausserberuflich ausgelastet ist oder aus gesundheitlichen Gründen nicht zusätzlich belastet werden darf.

Die geleistete Überzeitarbeit kann im gegenseitigen Einverständnis durch Freizeit von mindestens gleicher Dauer ausgeglichen werden. Die Freizeitkompensation kann jedoch weder einseitig vom Arbeitnehmer beansprucht, noch vom Arbeitgeber gegen den Willen des Arbeitnehmers diktiert werden. Der Ausgleich von Überzeitarbeit ist innert 14 Wochen vorzunehmen, sofern nicht eine längere Frist vereinbart wird, die aber 12 Monate nicht übersteigen darf (Art. 25 Abs. 2 ArGV1). Wird Überzeit nicht durch Freizeit ausgeglichen, so hat der Arbeitgeber gemäss Art. 13 ArG für die Überzeit Lohn zu entrichten, der sich nach dem Normallohn samt einem Zuschlag von 25% bemisst. Weiterführende und ausführliche Informationen findet man zu diesem wichtigen Themenkreis im Internet unter folgender Webadresse:

www.arbeitsinspektorat.ch

Umsatzbeteiligung

Eine Beteiligungsform speziell für Mitarbeiter des Absatzbereiches und/oder für das Management, soweit sie unmittelbar Einfluss auf den Umsatz ausüben. Mögliche Änderungen der Marktgegebenheiten wie auch Produktverbesserungen erschweren allerdings eine exakte Zurechnung der erfolgswirksamen Aktivitäten. Zu den flexiblen Vergütungsbestandteilen zählt bei vielen Unternehmen eine Umsatzbeteiligung, oft ein Prozentsatz einer Umsatzsteigerung oder ein Bonus, der bei Erreichung eines Umsatzzieles fällig wird.

Wichtige Voraussetzung für flexible Lohnbestandteile ist, dass der Angestellte oder Arbeitnehmer einen direkten Einfluss auf Umsatz, Kosten, Ertrag, etc.) hat. Dabei müssen gesetzte Ziele realistisch sein, um motivierend zu bleiben. Unrealistische Ziele führen bei vielen Mitarbeitern zur Frustration und zu einem geringeren Leistungseinsatz. Auch sollte im mittleren Management-Bereich die Umsatzbeteiligung nicht mehr als 20-30% des Gesamtlohns betragen, da ansonsten bei Nichterreichung der Ziele Einnahmenreduktionen entstehen.

Umschulung

Berufliche Bildungsmassnahmen, die den Übergang eines Arbeitnehmers in eine andere Berufstätigkeit ermöglichen, sollen die berufliche Zukunft sichern. Hierzu gehören Bildungsinhalte, die auf Tätigkeiten vorbereiten, die ihrer aktuellen → Eignung besser entsprechen. Umschulung sollte mit einem allgemein anerkannten und qualifizierten Abschluss oder einem Diplom enden, das auf dem Arbeitsmarkt einen entsprechenden Wert aufweist. Siehe → Lernverpflichtung → New Placement.

Unfall

Arbeitnehmende sind obligatorisch gegen Betriebsunfälle versichert. Arbeiten sie mehr als acht Stunden wöchentlich, sind auch Nichtbetriebsunfälle versichert. Versicherer sind die SUVA für die ihr unterstellten Betriebe, private Versicherungsfirmen, die öffentlichen Unfallversicherungskassen sowie anerkannte Krankenkassen. Weiterführende und hilfreiche Informationen zu diesem wichtigen Themenkreis findet man im Internet unter folgender Webadresse:

www.suva.ch

Unfallverhütung

Der Arbeitgeber sorgt dafür, dass alle in seinem Betrieb beschäftigten Arbeitnehmer, einschliesslich der dort tätigen Arbeitnehmer eines anderen Betriebes, über die bei ihren Tätigkeiten auftretenden Gefahren informiert und über die Massnahmen zu deren Verhütung angeleitet werden. Diese Information und Anleitung haben zum Zeitpunkt des Stellenantritts und bei jeder wesentlichen Änderung der Arbeitsbedingungen zu erfolgen und sind nötigenfalls zu wiederholen. Die Information und die Anleitung müssen während der Arbeitszeit erfolgen und dürfen nicht zu Lasten der Arbeitnehmer gehen. Weiterführende und hilfreiche Informationen findet man im Internet unter folgender Webadresse:

www.suva.ch

www.admin.ch

Unfallversicherung (UV)

Die UV finanziert die Behandlung von Unfallfolgen. Für Angestellte ist sie obligatorisch und wird von der Firma bezahlt, Gründer einer Personengesellschaft müssen sich privat gegen Unfall versichern. Die Firma kann die Prämie für Nichtbetriebsunfälle ganz oder teilweise den Angestellten überwälzen. Die bekannteste Versicherungsanstalt ist die → SUVA. Gewisse Firmen können nicht frei wählen, sondern müssen ihre Unfallversicherung bei der SUVA abschliessen.

Unfallversicherungsgesetz (UVG)

Die obligatorische Unfallversicherung ist eine Personenversicherung, welche sich mit den wirtschaftlichen Folgen von Berufsunfällen, Nichtberufsunfällen und Berufskrankheiten befasst. Mit ihren Leistungen hilft sie, den Schaden wiedergutzumachen, der bezüglich Gesundheit und Erwerbstätigkeit entsteht, wenn die Versicherten verunfallen oder beruflich erkranken. Obligatorisch versichert sind alle in der Schweiz beschäftigten Arbeitnehmerinnen und Arbeitnehmer. Dazu gehören auch: Heimarbeiterinnen, Lehrtöchter und Lehrlinge, Praktikantinnen und Praktikanten, Volontärinnen und Volontäre, Personen, die in Lehr- und Invalidenwerkstätten tätig sind, Hausangestellte und Reinigungspersonal in privaten Haushaltungen. Zudem sind grundsätzlich auch arbeitslose Personen obligatorisch versichert.

Nicht versichert sind nicht erwerbstätige Personen wie: Hausfrauen und -männer, Kinder, Studentinnen und Studenten, Rentnerinnen und Rentner. Diese Personen müssen sich im Rahmen der obligatorischen Krankenversicherung gegen Unfälle versichern. Weiterführende und hilfreiche Informationen findet man zu diesem wichtigen Themenkreis im Internet unter folgender Webadresse:

www.bsv.admin.ch

www.unfallstatistik.ch

Unterforderung

Bei einer Unterforderung eines Mitarbeiters ist dieser für eine Aufgabe oder Stelle überqualifiziert, seine Fähigkeiten und Qualifikation entsprechen nicht den Aufgaben und Tätigkeiten. Dies kann zu Demotivation und Frustration führen. Massnahmen gegen Unterforderung sind → Job Enrichment und → Job Enlargement, eine interne Versetzung oder Beförderung.

Unternehmenskultur

Die Persönlichkeit und Qualitätsmerkmale eines Unternehmens und von Mitarbeitern gelebte und als wichtige empfundene Werte, Normen, Grundhaltungen und Umgangsstile. Kriterien können Eigenverantwortung, Transparenz und Kommunikation sein. Eine Unternehmenskultur ist oft in einem → Leitbild festgehalten. Siehe → Corporate Identity. Eine gesunde und gute Unternehmenskultur zeichnet sich durch bestimmte Merkmale aus, wie beispielsweise: Eine auf Respekt und Menschenbejahung basierende Unternehmenskultur, die gute Rahmenbedingungen zur Förderung und Stärkung des Selbstvertrauens bietet. Menschen ins Zentrum stellende Unternehmenskulturen sind zum Beispiel streng bei der Selektion ihrer Führungskräfte, legen Wert auf Kommunikation und Mitarbeitergespräche, pflegen ritualähnliche und symbolhafte Events, praktizieren Karrieremodelle und Laufbahnberatung , machen Motivation zur permanenten "Chefsache", bieten konsequent Entfaltungs- und Freiräume, haben eine grosse Fehlertoleranz und Risikobereitschaft und beziehen Mitarbeiter konsequent in Gestaltungsprozesse ein. Daher erreichen Unternehmen mit guten Unternehmenskulturen oft auch eine weit überdurchschnittliche Mitarbeiterbindung und Identifikation der Mitarbeiter mit dem Unternehmen.

Unternehmenspolitik

Die Unternehmensführung (Einzelunternehmer, Geschäftsführung) legt die Unternehmenspolitik fest und bestimmt damit, in welcher Weise die Aufgaben erledigt und wie die angestrebten Ziele erreicht werden sollen. Im Rahmen der Unternehmenspolitik werden die Teilziele für die einzelnen Unternehmensbereiche, also auch für das Personalmanagement, und Zwischenziele zur Erreichung der Endziele bestimmt. Die Personalstrategie setzt konsequentes Ausrichten an den Zielen des Unternehmens voraus und ist damit Teil der Unternehmensstrategie.

Variable Arbeitszeit

Das Konzept der kapazitätsorientierten variablen Arbeitszeit (KAPOVAZ) wird auch Arbeit auf Abruf genannt. Sie ist ein Flexibilisierungsinstrument, mit dessen Hilfe sowohl die Lage als auch die Dauer der Arbeitszeit an den Arbeitsanfall angepasst werden kann. Der Arbeitgeber spart damit die Entgeltkosten für Leerzeiten. Die Wünsche der Arbeitnehmer hingegen berücksichtigt es in der Regel nicht.

Verband Schweiz. Arbeitsämter

Der Verband Schweizerischer Arbeitsämter ist die Dachorganisation der öffentlichen Arbeitsämter der Schweiz. Mitglieder sind: das Staatssekretariat für Wirtschaft (seco), alle 26 kantonalen Arbeitsämter, rund 50 städtische und kommunale Arbeitsämter, das Amt für Volkswirtschaft des Fürstentums Liechtenstein. Der Zweck des Verbandes ist die Unterstützung seiner Mitglieder bei der Durchführung einer im Landesinteresse liegenden Arbeitsmarktpolitik. Dieses Ziel verfolgt der VSAA durch Förderung der fachlichen Aus- und Weiterbildung der rund 3000 Personen, die heute in Verbandsämtern und regionalen Arbeitsvermittlungszentren (RAV) tätig sind.

Verdiensterhöhungsbeitrag

Ein Begriff aus der beruflichen Vorsorge. Bei einer Erhöhung des → versicherten Verdienstes ist die Erhöhung mit einem Verdienstserhöhungsbeitrag von 40% einzukaufen. Der Verdiensterhöhungsbeitrag wird auf 12 Raten verteilt, wobei man beim Abzug der ersten Rate Anspruch auf einen Prämienausweis hat.

Vergütung

Dies ist der Oberbegriff für Lohn und Gehalt, also die zwischen Arbeitnehmer und Arbeitgeber meistens vertraglich vereinbarte materielle Gegenleistung für die Arbeitsleistung eines Arbeitnehmers. Unter *Lohn* wird im allgemeinen das Entgelt für die geleistete Arbeit eines gewerblichen Arbeitnehmers, unter *Gehalt* das Entgelt für einen kaufmännisch tätigen Angestellten verstanden.

Vergütungspolitik

Die betriebliche Vergütungspolitik ergibt sich aus der Summe der Zielsetzungen, die ein Unternehmen mit Umfang und Art der an die Mitarbeiter gezahlten Löhne und Gehälter verfolgt. Die Vergütungspolitik eines Unternehmens kann, je nach den wirtschaftlichen Rahmenbedingungen, Unternehmenstraditionen und -kulturen sowie den personalpolitischen Zielsetzungen, sehr unterschiedliche Zwecke verfolgen. Aus Gründen des Kostenmanagements kann eine Eingrenzung der Personalkosten über die Vergütungspolitik angestrebt werden. Umgekehrt können Vergütungsverbesserungen angesteuert werden, um Leistungsträger an das Unternehmen zu binden, neue interessante Mitarbeiter zu gewinnen sowie die Attraktivität auf dem Arbeitsmarkt generell zu steigern. Weiter kann die Vergütungspolitik mehr oder weniger leistungsorientiert sein, und zwar sowohl bezüglich der regelmässigen Bezüge als auch hinsichtlich von Einmalzahlungen. Eine klare Vergütungspolitik vereinfacht auch Lohnfestlegungen und Lohngespräche. Siehe auch → Compensation Management.

Verhaltenstherapie

Psychotherapeutische Verfahrensweisen, die auf der Annahme basieren, dass psychische Störungen erlernt sind und wieder verlernt bzw. verändert werden können. Bekannte Methoden der Verhaltenstherapie (VT) sind die Konditionierung, Lernen am Modell, systematische Desensibilisierung und Flooding u.a.

Versetzung

Darunter versteht man die Zuweisung eines anderen oder neuen Aufgabenbereichs und Tätigkeitsfeldes, wobei die Unterschiede gegenüber der bisher erbrachten Tätigkeit sich auch auf den Arbeitsort, den Arbeitsinhalt und die hierarchische Stellung beziehen kann. Eine Versetzung kann einvernehmlich oder in Ausnahmefällen einseitig z.B. mittels einer Änderungskündigung vorgenommen oder ausgesprochen werden.

Versicherter Verdienst

Teil des Jahreslohnes, der für die Festlegung der Pensionskassenbeiträge sowie der Rentenansprüche massgebend ist. Er berechnet sich wie folgt: Jahresgrundbesoldung einschliesslich 13. Monatsgrundbesoldung plus Teuerungszulagen, abzüglich prozentualer Koordinationsabzug von 6 Prozent der Bezüge, abzüglich summenmässiger Koordinationsabzug von einer maximalen einfachen jährlichen AHV-Altersrente.

Versicherungsausweis AHV

Alle beitragspflichtigen Personen erhalten bei der Aufnahme in die Versicherung einen persönlichen Versicherungsausweis. Der Ausweis enthält die persönliche Nummer des oder der Versicherten und die Nummern derjenigen AHV-Ausgleichskassen, die für die versicherte Person das individuelle Konto führen. Der Versicherungsausweis ist unbedingt aufzubewahren. Er muss dem Arbeitgeber bei jedem Stellenwechsel und bei der Anmeldung für die AHV-Leistungen vorgelegt werden.

Versicherungsgericht

Kantonale Instanz, welche über sich aus einem Vorsorgeverhältnis ergebenden Streitigkeiten entscheidet. Entscheide können dabei beim → Eidg. Versicherungsgericht angefochten werden.

Versicherungspflicht

Versicherungspflichtig sind a) Personen mit Wohnsitz in der Schweiz; b) Personen mit einer Aufenthaltsbewilligung, die mindestens 3 Monate gültig ist; c) unselbständig erwerbstätige Personen mit einer weniger als 3 Monate gültigen Aufenthaltsbewilligung, sofern sie für Behandlungen in der Schweiz nicht über einen gleichwertigen Versicherungsschutz verfügen; d) Asylsuchende, Schutzbedürftige (Art. 66 Asylgesetz) und e) vorläufig Aufgenommene (Art. 14a des Bundesgesetzes über Aufenthalt und Niederlassung der Ausländer, ANAG).

Vertrauensarbeitszeit

Dies ist eines von zahlreichen möglichen Arbeitszeitmodellen. Im Rahmen einer Vertrauensarbeitszeitregelung verzichtet der Arbeitgeber auf die Kontrolle der Vertragsarbeitszeit und vertraut darauf, dass die Beschäftigten ihren vertraglichen Verpflichtungen auch ohne betriebliche Überprüfung nachkommen. Die Mitarbeiter entscheiden eigenverantwortlich, wann sie ihre Aufgaben erfüllen und erhalten volle Zeitsouveränität.

Vertrauensarbeitszeit kann auch als ein flexibles Arbeitssystem betrachtet werden, bei dem es für den Arbeitnehmer bezüglich Lage und Verteilung keine festgelegte Arbeitszeit gibt und man auf die technische Arbeitszeiterfassung verzichtet. Es wird eine stärkere Ergebnis- und Resultatorientierung auf Basis gegenseitigen Vertrauens angestrebt und nicht die Präsenzzeit als Massstab der Arbeitsleistung betrachtet.

Vertrauensarzt

Dieser Begriff wird mehrheitlich im Zusammenhang mit der beruflichen Vorsorge und der Pensionskasse verwendet. Darunter versteht man ein vom Unternehmen bestimmter Arzt. Der vertrauensärztliche Dienst bei den anerkannten Krankenkassen bezweckt, durch medizinisch sachverständige Beratung die berechtigten Interessen von Patienten, Kassen und Ärzten in der sozialen Krankenversicherung zu wahren.

Verwarnung

Eine Erklärung des Arbeitgebers zu Fehlverhalten oder Mängel in Verhalten oder Leistung eines Arbeitnehmers. Gegenüber der Abmahnung, die im Wiederholungsfalle eine Kündigungsandrohung zur Folge hat, ist die Verwarnung eine Vorstufe, bzw. weniger schwere Form der Kritik. Begrifflich gesehen wird auch oft von einer Ermahnung oder einem Verweis gesprochen. Ist es die Absicht des Arbeitgebers kündigungsrechtliche Konsequenzen im Wiederholungsfalle vorzubehalten, dann muss er dies dem Arbeitnehmer klar zum Ausdruck bringen. Dabei ist besonders der Inhalt und der Konkretisierungsgrad der Kritik von Bedeutung. Entscheidend ob eine Abmahnung oder eine Verwarnung vorliegt, ist also, ob im Wiederholungsfall eine Kündigung angedroht wird oder nicht. Siehe → Fristlose Kündigung.

Video-Recruiting

Das Video-Recruiting ist eine besondere Form der Bewerbung, die mit Beginn der 80er Jahre in den USA entstanden ist und heute hin und wieder (jedoch noch selten!) auch in Europa und Deutschland anzutreffen ist. Die Bewerber reichen hier ergänzend zu den üblichen Bewerbungsunterlagen eine Videokassette mit einer kurzen (ca. 5 – 10 Minuten) Selbstpräsentation ein. Sie versprechen sich davon eine grössere, überzeugendere Wirkung, weil man sich hier über optische, verbale sowie non- und pariaverbale Informationen und Akzente individueller und positiver vorstellen kann als etwa nur über Bewerbungsschreiben und Lebenslauf. Inhaltlich stellen die Bewerber meistens kurz ihren beruflichen Werdegang und ihre damit verbundenen Leistungen und Erfolge, die Motive ihrer Bewerbung sowie ihre besonderen fachlichen wie ausserfachlichen Qualifikationen vor. Inzwischen gibt es einige Institute und Agenturen, die den Bewerbern hier auch professionelle Hilfe anbieten.

Virtuelle Unternehmen

Von virtuellen Unternehmen spricht man, wenn sich mehrere Firmen aus verschiedenen Geschäftsfeldern zusammenschliessen und jede der Firmen ihre Kernkompetenz nicht als Organisation, sondern als Kompetenzoptimierung in die virtuelle Firma einbringt und ihr so das Know-how temporär für bestimmte Aufträge zur Verfügung stellt.

Vision

Die Unternehmensvision ist ein Fernziel in manchmal etwas idealisierter Form, welches die Entwicklung und die Prosperität eines Unternehmens sicherstellen soll. Aus der Vision werden Unternehmensziele abgeleitet. In der Mitarbeiterführung erfolgreiche und aktive Unternehmen verstehen es sehr gut, Visionen zu pflegen und zu kommunizieren und diese in die Unternehmensziele einzubinden.

Vollmachten

Zu unterscheiden sind folgende Arten der Vollmachten: Unterschriftsvollmacht: Die Berechtigung eines Mitarbeiters auf einer bestimmten Führungsebene, rechtsverbindlich zu unterschreiben. Finanzielle Vollmacht: Die Berechtigung eines Mitarbeiters auf einer bestimmten Führungsebene, finanzielle Entscheidungen (z.B. ein Kostenbudget aufstellen, eine Bestellmenge festlegen) bis zu einer bestimmten Höhe zu treffen. Personelle Vollmacht: Die Berechtigung eines Mitarbeiters auf einer bestimmten Führungsebene, Entscheidungen in personellen Angelegenheiten der ihm direkt unterstellten Mitarbeiter zu treffen, z.B. Genehmigung des Personalbedarfs, Einstellung, Übernahme in das feste Arbeitsverhältnis nach der Probezeit, Beurteilung, Versetzung, Beförderung, Leistungszulagen, Entlassung.

Vollzeugnis

Diese Zeugnisart, welche auch als qualifizierendes Zeugnis bezeichnet wird, enthält alle Angaben zu Tatsachen und Bewertungen, die für die Gesamtbeurteilung der Arbeit eines Arbeitgebers wichtig sind, insbesondere auch Aussagen zu Leistung und Verhalten. Der grobe Aufbau eines Vollzeugnisses: a) Personaldaten, Arbeitsdauer b) Tätigkeitsbeschreibung c) Arbeitsbereitschaft und Arbeitsbefähigung d) Qualifikation der Leistung und Fähigkeiten e) Verhalten f) Zusammenfassende Gesamtbeurteilung (optional) g) Kündigungsgrund e) Schlussformel. Eine erklärende Überschrift sollte zudem auch enthalten sein. Siehe → Arbeitszeugnis.

Volontariat

Ein nach einer mehr theoretisch ausgerichteten Ausbildung oder Schule für einen bestimmten und begrenzten Zeitraum nachfolgendes Praktikum. Das Volontariat hat die praktische Gewinnung von Kenntnissen, Erfahrungen und Fertigkeiten zum Ziel. Der Beendigung eines Volontariats folgt bei beidseitiger Zufriedenheit und Zielsetzung dann der definitive Berufseinstieg.

Vorgesetzte

Mitarbeiter, die anderen Mitarbeitern organisatorisch übergeordnet sind und spezifische Aufgaben für das Unternehmen zu erfüllen haben. Der Übergang zu einem kooperativen Führungssystem verlangt von einem Vorgesetzten, dem offiziell Führenden, die Änderung der inneren Einstellung zu seiner Rolle. Dazu gehören insbesondere: die Bereitschaft zur Delegation von Aufgaben, Kompetenzen und Verantwortung auf die nachgeordnete Ebene; die Bereitschaft, Vertrauen in seine Mitarbeiter zu setzen und sich nicht zu viel um sachliche Details zu kümmern; die Bereitschaft, die Mitarbeiter rechtzeitig mit den erforderlichen Informationen zu versorgen und die Gründe für seine Entscheidungen und Massnahmen zu erläutern; die Bereitschaft die Leistungsmotive und die Kreativität seiner Mitarbeiter zu aktivieren und dabei Moderator, Problemlöser und Coach zu sein.

Vorgesetztenbeurteilung

Eine Vorgesetztenbeurteilung ist als systematisches und verbindliches Personalentwicklungsinstrument zu betrachten. Ziel ist es, die Zusammenarbeit zwischen den Vorgesetzten und den Mitarbeitern zu verbessern und Informationen für künftige Personalentscheidungen zu gewinnen. Grundsätze des Systems: a) Bewertung des Führungsverhaltens des Vorgesetzten b) Die Vorgesetztenbeurteilung beschränkt sich auf die Beschreibung des Führungsverhaltens und der sozialen Kompetenz durch die Mitarbeiter c) Einsatz klassischer Instrumente wie Fragebogen, Gespräch, Selbsteinschätzung, Zielvereinbarung und mehr können auch bei der Vorgesetztenbeurteilung angewandt werden.

Zu diesem Thema finden Sie im Kapitel „Arbeitshilfen und Vorlagen" ein Formular zur Vorgesetztenbeurteilung.

Vorschlagswesen

Ein etabliertes Führungsinstrument, womit die Kreativität, die Erfahrungen und das Wissen von Mitarbeitern für Innovationen und Verbesserungen auf systematische Weise mit klar formulierten Regeln besser genutzt werden kann. Das Vorschlagswesen ist ein für Mitarbeiter und Unternehmen gewinnbringendes Instrument und führt zu verbesserter Motivation, Förderung von Kreativität und Innovation und verstärkt das Engagement. Erfolgsrelevante Faktoren sind unter anderem: a) Konkrete Lösungen mit Soll-Ist-Zustand anfordern mit Ziel und Nutzen des Vorschlages b) quantitative und qualitative Aspekte miteinbeziehen c) Unterstützung geben (Formulierung, Systematik, Konzept usw.) d) motivierende Prämien- und Belohnungen e) bei Realisierung genaue Kriterien für Erfolg festlegen.

Vorstellungsgespräch

Das Vorstelltungespräch ist ein zentrales Instrument der Personalselektion und hat in nahezu allen Unternehmen einen hohen Stellenwert, da es einen authentischen und direkten, persönlichen Kontakt ermöglicht. Die Kernpunkte eines Vorstellungsgespräches sind: der persönliche Eindruck, die Ermittlung von effektiven Motiven, genaue Abklärung der Erwartungen und Vorstellungen des Bewerbers, zusätzliche Fragen zum Lebenslauf, Fragen zu Lücken oder Unklarheiten in den Bewerberunterlagen und die Prioritäten des Bewerbers. Ein professionell geführtes Vorstellungsgespräch setzt das Beherrschen von Gesprächsführungs- und Fragetechniken und psychologische Grundkenntnisse voraus. Zudem sollte die Informationsgewinnung und Beobachtungen auf beiden Ebenen – der Persönlichkeit und der Qualifikationen – vorgenommen werden. Ein Vorstellungsgespräch ist in der Praxis oft ein Zwei- oder Mehrpersonengespräch, mit der Zielsetzung, das Bild vom Bewerber durch einen unmittelbaren Eindruck über wichtige Persönlichkeitsmerkmale zu vervollständigen und unter Umständen zu korrigieren.

Wahlarbeitszeit

Bei dieser sehr flexiblen und liberalen Arbeitszeitform wird Mitarbeitern die Möglichkeit gegeben, im Rahmen vorgegebener Bandbreiten – z.B. 30-40 Stunden pro Woche – ihre vertragliche Arbeitszeit immer wieder – meistens im Jahresrhythmus – neu festzulegen. Diese Regelung stellt eine entscheidende Weichenstellung für eine völlig freie Arbeitsgestaltung dar, die sowohl dem Arbeitnehmer wie auch dem Arbeitgeber Vorteile bringen kann.

Wahrheitspflicht

Gemäss Art. 330a des Obligationenrechtes hat der Arbeitgeber die Pflicht, wahrheitsgemässe Zeugnisse zu verfassen, welche Leistung, Verhalten und Tätigkeiten wahrheits- und den Tatsachen gemäss aufzeigen. Zu beachten ist dabei:

Rechtsinformation: Unbedeutende Verfehlungen (mangelnde, die Arbeitsqualität nicht beeinflussende, Pünktlichkeit oder fehlende Ordnung) fallen nicht in diesen Grundsatz. Wer aber schweren Alkoholismus, gravierende Qualifikationsmängel, Suchtprobleme usw. verschweigt, kann für daraus entstehende Schäden bei einem neuen Arbeitgeber haftbar gemacht werden.

War for Talents

Der demografische Wandel, die Entwicklung hin zur Wissensgesellschaft und der globale Wettbewerb machen den Kampf „um die Besten" immer wichtiger und dringlicher. Für Unternehmn und HR-Manager bedeutet das unter anderem, dass sie neue Strategien gegen den Fachkräftemangel entwickeln müssen. War for Talents ist das Bestreben von Unternehmen, den Wettlauf um die Spitzenkräfte zu gewinnen und diese langfristig zu binden. Solche → High Potentials zu finden, kann insbesondere in bestimmten Branchen und Bereichen (Forschung, Technologie) entscheidende Bedeutung im Hinblick auf den verschärften Wettbewerb und härtere Arbeitsmarktbedingungen haben.

Weiterbildung

Die Wiederaufnahme organisierten Lernens mit dem Ziel der Spezialisierung der Berufsqualifikation und damit der Befähigung zur Tätigkeit in spezifischen Bereichen. Eine Weiterbildungsmassnahme schliesst oft mit einer Prüfung ab und einer zusätzlich qualifizierenden Berufsbezeichnung. Der korrekten Anwendung und Unterscheidung dieser oft missverständlich verwendeten Begriffe dienen folgende Definitionen: → Fortbildung und → Ausbildung.

Welcome Package

Begrüssungspaket für neu eintretende Mitarbeiter, welches diesen mit wichtigen Informationen versorgt und einen positiven ersten Eindruck verschaffen soll. Dies kann sein: a) Stellen-Leitfaden b) Organigramm c) Telefonverzeichnis d) Unternehmensleitbild e) Fort- und Weiterbildungsangebote f) aktuelle Ausgabe der Mitarbeiterzeitschrift g) Blumenstrauss h) Einladungskarte für ein Mittagessen.

Wertewandel

In den letzten zwei bis drei Jahrzehnten können Werteverschiebungen und Relativierungen des Stellenwertes von Beruf, Erwerbsarbeit und Arbeitsleistung festgestellt werden. Dabei scheinen besonders Werte wie Strebsamkeit, Fleiss, Disziplin und Anpassung an Attraktivität und Stellenwert abzunehmen und ausserberufliche Interessen und Freizeitaktivitäten an Bedeutung zu gewinnen. Mehr Bedeutung wird zunehmend der Sinnvermittlung und persönlichen Selbstentfaltung in der Berufsarbeit und Arbeitsqualität und grösseren individuellen Selbstbestimmungsfreiräumen beigemessen.

Die Bewusstseinshaltung vieler arbeitender Menschen tendiert stärker nach Selbstverwirklichung und wird dabei oft von einer gegenüber der Wirtschaft und Unternehmen kritischen und distanzierten Haltung begleitet. Ob es sich dabei effektiv um einen tiefgreifenden Wertewandel oder um eine vorübergehende rationale Reaktion auf verringerte Arbeitszeit und der Einführung neuer Technologien handelt, ist schwer zu beurteilen. Der Wertewandel heisst für die Betriebspraxis und die Personalarbeit daher konkret, bei der Mitarbeiterführung und in der Wahl der Anreizsysteme entsprechende Massnahmen zu ergreifen und die Arbeitsqualität punkto Sinngebung und Entwicklungspotential zu verbessern. Dies heisst letztendlich, ein Gleichgewicht herzustellen zwischen den ökonomischen und technischen Gegebenheiten und Anforderungen des Unternehmens sowie den persönlichen und individuellen Lebensansprüchen und Erwartungen von Mitarbeitern. In diesem Zusammenhang sind auch gesellschaftliche Strömungen im Bereich der → Worklife Balance von Interesse.

Wertschöpfungskette

Prozesse, Methoden, Vorgehensweisen, Technologien usw. eines Unternehmens, die der permanenten Bildung neuer Werte dienen und die Substanz bestehender Werte erhalten und weiterentwickeln. Siehe → Process Reengineering.

Wissensmanagement

Verwaltung bzw. Verfügbarmachung unternehmensweiten Wissens. Die nötigen Informationen oder das nötige Wissen sind oft nicht zur richtigen Zeit, am richtigen Ort und in der richtigen Form und Qualität vorhanden. Durch den richtigen Einsatz von Informationstechnologie lassen sich viele dieser Probleme beheben. Wissensmanagement muss jedoch auch die Aspekte Mensch und Organisation berücksichtigen. Wissensmanagement betrachtet das in einer Organisation, d.h. in den Köpfen, Akten und kollektiven Erfahrungen steckendes Wissen, das zur Wertschöpfung beiträgt, als eine Ressource und damit einen Wert, den es systematisch zu bewerten, zu sichern, zu dokumentieren und für alle zugriffsbereit zu erhalten gilt. Dieser neue Managementansatz wird durch die technische Entwicklung (Datenverarbeitung, Inter- und Intranet) ermöglicht. Wissensmanagement geht von der Erfahrung aus, dass in einer Organisation an vielen Stellen Wissen vorhanden ist, das aber nicht breit genug genutzt wird ("Wenn VW wüsste, was VW weiss").

Wissenstransfer

Begriff aus der Personalentwicklung, welcher die Umsetzung von Gelerntem und die Anwendung des Wissens überhaupt in der Betriebspraxis beinhaltet. Dies ist oft auch ein wichtiger Bestandteil der Erfolgskontrolle von Personalentwicklungs-Massnahmen. Wissensvermittlung hat erst dann ihren Zweck erfüllt, wenn sie zu Verhaltensänderungen und Leistungsverbesserungen führt und im Berufsalltag auch wirklich angewendet wird. Forschungen und Untersuchungen zeigen folgendes klar: Ob Gelerntes in der Realität zur Anwendung kommt, steht in einem nachweisbaren Zusammenhang damit, wie das Gelernte erworben wurde. Konkrete Wege und Methoden, den Wissens- und Lerntransfer zu gewährleisten und zu verbessern, sind: a) Definition von klaren und messbaren Lernzielen b) Theorievermittlung im Teilnehmer-Praxisumfeld c) Lernende mit kreativen Eigenerarbeitungen aktivieren d) nach Lernabschluss am Arbeitsplatz Projekte initiieren und vorbereiten, die Gelerntes zum Thema und Ziel haben e) Kleingruppenarbeiten mit aktuellen Aufgabenstellungen aus der Praxis e) Erfolgskontrollen mit messbaren Fortschrittserfassungen und Training-on-the-Job-Begleitungen.

Wohlwollen

Ein gesetzlicher Anspruch, den ein Zeugnis zu erfüllen hat. Unter wohlwollenden Zeugnissen sind allerdings keine Gefälligkeits-Zeugnisse mit beschönigenden Aussagen, sondern solche, die die Eignungen, Stärken und Neigungen des Arbeitnehmers aufzeigen, wenn notwendig zu Schwächen ebenso Stellung nehmen bzw. Aussagen machen.

Workflow Management

Workflow Management kann als ein ganzheitliches Konzept verstanden werden, das von der Definition über die Steuerung bis zur Kontrolle bzw. Überwachung von Geschäftsprozessen reicht. Es gilt heute für viele Organisationen als wichtiges Instrument zur Optimierung von Prozessen in Büro und Verwaltung. Mit einer Workflow-Management-Lösung lassen sich identifizierte und modellierte Prozesse eines Unternehmens effizient steuern. Die Informationstechnologie ist dabei ein entscheidender Erfolgsfaktor, ohne den die Umsetzung innovativer Ablaufstrukturen und deren technische Unterstützung heute nicht mehr möglich ist.

Working poor

Menschen, die trotz Einkommen und Arbeit keinen genügend hohen Lohn zur Sicherung des Existenzminimums erhalten. Siehe → Schweiz. Konferenz für Sozialhilfe (SKOS). Weiterführende und hilfreiche Informationen findet man zu diesem wichtigen Themenkreis im Internet unter folgender Webadresse:

www.skos.ch

Work-Life-Balance

Darunter wird das Gleichgewicht von Beruf und Privatleben und das Bestreben von Arbeitnehmerinnen und Arbeitnehmern verstanden, die Anforderungen der Arbeitswelt und die Anforderungen ihres privaten Lebens miteinander in Einklang zu bringen. Ist dieses Gleichgewicht gestört, sind die Folgen gemäss Untersuchungen verringerte Arbeitszufriedenheit, verminderte Produktivität, häufigere und gehäufte innere Kündigungen und Stellenwechsel. Konkrete Anwendungsmöglichkeiten und Instrumente sind: Work-Life-Balance-Kommunikation und Thematisierung gegenüber Mitarbeitenden, firmeneigene Kinderkrippen, Job Sharing, Teilzeitarbeitangebot oder unbezahlten Urlaub, Sabbaticals, Kompensation von Überzeit, Gleitzeit, Möglichkeit teilweise zu Hause zu arbeiten, Lebensarbeitszeitkonto, Programme für ältere Mitarbeitende (z.B. Einsatz als interne Berater/innen) und Vaterschaftsurlaubs-Angebote.

Zu diesem Thema finden Sie im Kapitel „Arbeitshilfen und Vorlagen" eine konkrete Ideenliste für Work-Life-Balance-Massnahmen.

Workshop

Eine besondere Form der Lernaktivität von meistens 4-15 Teilnehmern, in dem auf praxisnahe Weise Probleme diskutiert und gelöst werden. Darüber hinaus wird der Begriff auch für Präsentationszwecke verwendet, wenn z.B. einem bestimmten Personen- oder Mitarbeiterkreis neue Produkte, Verfahrensweisen, Ergebnisse oder Strategien demonstriert werden. Es werden häufig Visualisierungs-, Moderations- und Kreativitätstechniken eingesetzt, um die Effizienz und Wirkung zu steigern.

Wunsch-Soll

Unbefangene Darlegung (auf einem vorbereiteten Fragebogen) zunächst dessen, was nach Meinung des Stelleninhabers im Bereich der Stelle verbesserungs- oder änderungswürdig wäre, ferner seiner Vorstellungen von den künftigen Verhältnissen sowie seiner Vorschläge zur Überwindung vorhandener Schwierigkeiten und Fehler durch eine Reorganisation in Form der Stellenbeschreibung. Bei den Resultaten dieser Ermittlungsaktion handelt es sich zumeist um organisatorische Verbesserungsvorschläge, die als solche schon einen gewissen Eigenwert haben.

Z

Zeitsouveränität

Oder auch Zeitkonten genannt, ist eine Form der flexiblen Arbeitszeit und bietet dem Arbeitgeber eine unabhängigere und souveräne Arbeitszeitform ohne starre betriebliche Vorgaben. Je nach betrieblichen Erfordernissen wird länger oder kürzer gearbeitet und damit Arbeitszeitguthaben oder Zeitschulden auf ihren Arbeitszeitkonten gebildet. Zeitkontenmodelle geben Arbeitnehmern auf individuelle Zeitinteressen ausgerichtete Arbeitsformen.

Zentrale Ausgleichsstelle (ZAS)

Eine Art Holding innerhalb der eidgenössischen Sozialversicherungen AHV/IV/EO. Sie konsolidiert die bei den Ausgleichskassen dezentralisierten Aktivitäten, wie die zentrale Buchhaltung, Anwendung der freiwilligen Versicherung für Auslandschweizer, ist Verbindungsstelle bei der Anwendung der von der Schweiz abgeschlossenen Sozialversicherungsabkommen und betreut die Versicherten der Eidgenössischen Ausgleichskasse.

Zentrales Personalmanagement

Darunter versteht man die Bündelung wichtiger Aufgaben und Eckpfeiler der Personalarbeit wie a) Personalbedarfsermittlung (Planung des zukünftigen Personalbedarfs) b) Personalbeschaffung c) Personaleinsatz (Personaleinsatzplanung inkl. Personalkostenplanung) d) Personalentwicklung e) Personalfreisetzung f) Veränderungsplanung zur Realisierung des Personalbedarfs.

Zentrum für berufliche Abklärung

Das Zentrum für berufliche Abklärung, Arbeitserprobung und Arbeitstraining schliesst eine Lücke in der Rehabilitationskette von hirnverletzten Menschen. Dieses Zentrum versteht sich als Bindeglied zwischen der stationären medizinischen Rehabilitation und der beruflichen sowie sozialen Wiedereingliederung. Weiterführende und hilfreiche Informationen findet man im Internet unter folgender Webadresse:

www.zba.ch

Zeugnisanalyse

Der Zeugnisanalyse kommt eine recht hohe Bedeutung zu. Es sind zu beachten: a) Professionalität der Sprache und Vollständigkeit b) Einbindung in ein Gesamtbild c) Darstellung d) Widerspruchsfreie Übereinstimmung von Aussagen e) Struktur f) Klare Aussagen zur Arbeitsqualität, (Kernpunkt eines Zeugnisses) g) Wird ein Austrittsgrund genannt? h) Sind die Leistungs-, Tätigkeits- und Verhaltensaussagen konkret, relativ detailliert und nachvollziehbar? i) Vermittelt das Zeugnis insgesamt ein objektives und ausgewogenes Bild? Zu diesem Thema finden Sie im Kapitel „Arbeitshilfen und Vorlagen" eine Checkliste mit den wichtigsten Anforderungen an Arbeitszeugnisse.

Zeugniscodes

Darunter werden Aussagen verstanden, die oberflächlich betrachtet durchaus in Ordnung sind, für Fachleute oder Kenner jedoch eine verschlüsselte, mehrfache Bedeutung haben. Beispiel: "Herr R. Mustermann bemühte sich, die Arbeit zu unserer Zufriedenheit auszuführen". Die tatsächliche Aussage: Es blieb beim Bemühen, die Leistungen waren ungenügend. Heute besteht die Tendenz von solchen codierten Zeugnissen wegzukommen und klare, unverschlüsselte Zeugnisse zu verfassen, die dem Grundsatz von Wohlwollen, Fairness und Wahrheit entsprechen.

Zeugnisinterpretation

Einer der Schwierigkeiten der Zeugnisinterpretation entsteht durch wohlwollende Arbeitgeber, die durchschnittlichen Mitarbeitern gute Zeugnisse ausstellen. Dies wirkt sich nachteilig für beurteilende Arbeitgeber und ebenfalls nachher die falsch platzierten Arbeitnehmer aus. Es hat sich leider eingebürgert, dass keine schlechten Zeugnisse mehr geschrieben werden. Grund ist die gesetzliche Auflage, dass Arbeitszeugnisse das berufliche Fortkommen nicht behindern und sich durch Wahrheit, Vollständigkeit und Klarheit auszeichnen sollen. Zusätzlich wird die verlässliche Interpretation von Zeugnissen erschwert, da Arbeitszeugnisse aus ganz verschiedenen Unternehmenskulturen stammen, die untereinander von vornherein nicht vergleichbar sind. Unbekannt bleibt auch, welche Anforderungen an die Fach-, Methoden- und Sozialkompetenz die jeweiligen Unternehmen an ihre Mitarbeiter gestellt haben – somit können auch keine Rückschlüsse auf den Erfüllungsgrad in den spezifischen Kriterien gezogen werden. Bei der Interpretation von Zeugnissen ist besonders auf Lücken zu achten.

Zeugnispflicht

Gemäss Art. 330a des Obligationenrechtes hat der Arbeitnehmer jederzeit Anspruch auf ein Zeugnis, welches zum Beispiel eine → Arbeitsbestätigung, ein → Zwischenzeugnis oder ein → Vollzeugnis sein kann.

Zu diesem Thema finden Sie im Kapitel „Arbeitshilfen und Vorlagen" ein Formular zur Zeugniserstellung.

Zeugnissprache

Formulierungen und Aussagen in qualifizierten Arbeitszeugnissen müssen klare und konkrete Aussagen enthalten. Das von Gesetzes wegen verlangte Gebot des Wohlwollens hat oft dazu geführt, dass Arbeitszeugnisse für ungenügende Leistungen häufig verschwommen, wenig aussagefähig oder mehrdeutig formuliert wurden. Zur Vermeidung von Konflikten und zwecks Fairness für das den Mitarbeiter einstellende nächste Unternehmen solle sich jeder Zeugnisaussteller um ein Arbeitszeugnis bemühen, welches systematisch gegliedert, klar, nachvollziehbar und sprachlich sorgfältig und präzise formuliert ist. Bewertungen und Fakten sind deutlich zu trennen. Dies ist aber auch aus Imagegründen von Bedeutung, denn Arbeitszeugnisse sind oft auch Visitenkarten des ausstellenden Unternehmens. Eine aktuelle Untersuchung belegt, dass knapp 95% aller Zeugnisse "Gefälligkeitscharakter" haben und stereotype Inhalte verunmöglichen, eine seriöse Beurteilung vorzunehmen. Nur 15% aller Arbeitszeugnisse haben dieser Untersuchung zufolge einen mehr oder weniger deutlichen Vermerk über die Fachkompetenz, gar nur 8% über die Methodenkompetenz, und knapp 5% beschreiben die Sozialkompetenz eingehend.

Zielgruppenselektion

Marketingorientierte Auswahl der in Frage kommenden Leistungsbezieher, um bei geplanten Kommunikationsmassnahmen überflüssige Kontakte zu vermeiden. Bei der Personalgewinnung kann ein wichtiges Selektionskriterium die Professionalität im IT-Bereich oder bei einer Startup-Firma das Naturell und die Mentalität der angesprochenen Zielgruppen sein, was sich in der Wahl der geeigneten Suchplattform oder Mediums niederschlagen muss (Zum Beispiel die Anzeige für die Suche nach sehr qualifizierten IT-Spezialisten in einer gehobenen und anspruchsvollen IT-Zeitschrift bei der richtigen Zielgruppe schalten).

Zielvereinbarung

Ein Aspekt der → Erfolgskontrolle und ein Führungsinstrument ist die Vereinbarung von Zielvorgaben für die einzelnen Mitarbeiter. Nur wenn Zielvorgaben eindeutig und klar definiert und mit einem zeitlichen Rahmen vorgegeben werden, ist eine objektive Erfolgskontrolle der Leistung möglich. Zielvereinbarungen sollten folgende Voraussetzungen erfüllen: a) eindeutige Zieldefinition b) Messfaktoren für die Zielerreichung c) Beeinflussbarkeit durch den jeweiligen Mitarbeiter d) herausfordernde, aber realistische Zielvorgaben e) Zielakzeptanz der Mitarbeiter. Man unterscheidet zudem folgende Zielarten: a) fachliche Ziele, b) auf die Zusammenarbeit bezogene Ziele und c) individuelle Qualifizierungsziele.

Zu diesem Thema finden Sie im Kapitel „Arbeitshilfen und Vorlagen" das Muster eines Massnahmenplans zur Zielerreichungen.

Zielvereinbarungsgespräch

Das Zielvereinbarungsgespräch ist ein modernes und wichtiges Führungsinstrument. Es bezieht Mitarbeitende aktiv in das Unternehmensgeschehen ein und beteiligt sie direkt am Zielfindungsprozess. Der Mitarbeiter bekommt so Frei- und Gestaltungsräume, um die Ziele des Unternehmens umzusetzen, was eine starke Motivationswirkung zur Folge hat. Ziele orientieren sich an den Unternehmens- und Abteilungszielen, die der Mitarbeiter mit dem Vorgesetzten zusammen auf seine persönliche Arbeitssituation "herunterbricht". So partizipiert der einzelne Mitarbeiter aktiv an der mittel- und langfristigen Entwicklung des Unternehmens, was nebst Motivationssteigerung und Erhöhung der Eigeninitiative auch einen erheblichen Einfluss auf die Leistungsqualität hat.

Für die Formulierung bzw. Festlegung wirksamer Ziele gibt es die einfache und praxisbewährte sogenannte SMART-Regel: S = Spezifische Ziele sind messbare Vorgaben für das Handeln. M = Mit Etappenschritten das Gesamtziel in Teilziele aufteilen. A = Auswirkungen auf andere Lebensbereiche berücksichtigen R = Richtig formulierte Ziele sind positiv, aktiv und in der Ich-Form T = Termingebunden: Wünsche und Ziele mit verpflichtenden Terminen.

Zürcher Skala

Das Obligationenrecht legt eine Lohnfortzahlungspflicht bei unverschuldetem Arbeitsausfall infolge von Krankheit, Mutterschaft oder Unfall von drei Wochen im ersten Dienstjahr und danach von einer angemessenen längeren Zeit fest. Aus der langjährigen Gerichtspraxis haben sich drei regional unterschiedliche Staffelungen dieser Lohnfortzahlungsdauer ergeben. Die Zürcher Skala ist nebst der Berner und Basler Skala eine dieser drei Staffelungen.

Zusatzbeitrag

Dieser Begriff wird mehrheitlich im Zusammenhang mit der beruflichen Vorsorge und der Pensionskasse verwendet. Darunter versteht man einen Zusatzbeitrag von 0,4% zur Finanzierung der Überbrückungs- und Zusatzrente, berechnet auf dem →versicherten Verdienst.

Zweifaktorentheorie

Nach der heftig umstrittenen Zweifaktorentheorie von Herzberg bestehen in der Arbeitspsychologie zwei Dimensionen der Arbeitszufriedenheit und Leistungsbereitschaft a) → *Motivatoren,* die die Arbeitszufriedenheit direkt erhöhen (z.B. Anerkennung, Leistungserfolg, Arbeitsinhalt, Verantwortung, Aufstieg und Entfaltungsmöglichkeiten (Selbstverwirklichung) b) → *Hygienefaktoren,* die Unzufriedenheit verhindern können, (z.B. Gehalt, Beziehungen mit Vorgesetzten, Untergebenen und Kollegen, Arbeitsbedingungen, Arbeitsplatzsicherheit, Status und Ansehen). Ihr Fehlen löst Arbeitsunzufriedenheit aus. Ihr Vorhandensein kann jedoch keine Arbeitszufriedenheit bewirken.

Zwischenbescheid

Dauern Entscheidungen bei Einstellungsentscheiden mehrere Wochen oder gar Monate – was zum Beispiel bei wichtigen Führungspositionen der Fall sein kann -, sollten Kandidaten/Bewerbern in der engeren Auswahl einen schriftlichen oder telefonischen Zwischenbescheid erhalten. Dabei kann der Bewerber über den aktuellen Stand des Entscheidungsprozesses informiert werden verbunden mit einer Begründung für die Wartezeit. Ein um Verständnis bittender Zwischenbescheid kann einen allfälligen Eindruck einer ineffizienten Bewerbungsbearbeitung oder mangelnden Interessens entgegenwirken. Damit wird das Risiko reduziert, dass ein Bewerber sich aus diesen Missverständnissen heraus für einen anderen Arbeitgeber entscheidet.

Zwischenzeugnis

Der Arbeitnehmer hat jederzeit das Recht, ein Zwischenzeugnis zu verlangen. Dieses unterscheidet sich vom qualifizierenden Zeugnis nur dadurch, dass nicht die Dauer, sondern nur der Beginn des Angestelltenverhältnisses genannt und auf die Tatsache hingewiesen wird, dass der Arbeitnehmer in ungekündigtem Verhältnis steht. Grund für ein Zwischenzeugnis kann ein Vorgesetztenwechsel oder eine Versetzung sein.

Rechtsinformation: Für ein Zwischenzeugnis muss der Arbeitnehmer keine Begründung vorlegen und es muss jederzeit, auf seinen Wunsch hin ausgestellt werden.

HR-Know-how-Quellen

Nachfolgend haben wir zu den verschiedensten Medien, Informationsträgern und Know-how-Angeboten Wissensquellen zusammengetragen, die Ihnen einen möglichst breiten Überblick über das HR-Wissen im deutschsprachigen Raum und in der Schweiz geben sollen.

Bücher

AMAZON.DE
Dieser bekannte Online-Buchhändler bietet eine riesige Auswahl an Büchern auch zum Personalwesen. Diese sind in der Rubrik Business/Karriere unter Personal dann nochmals nach spezifischen HR-Themen gegliedert.
www.amazon.ch

BUCH-ZUSAMMENFASSUNGEN
Der Onlinedienst getabstract.ch bietet sogenannte Buch-Abstracts. Dies sind 10-15seitige Buch-Zusammenfassungen besonders lesbarer Bücher. Diese können online als PDF-Dokumente im Abonnement oder einzeln bezogen werden. Es besteht eine Rubrik speziell für Personal-Fachbücher.
www.getabstract.ch

ORELL FÜSSLI BUCHHANDLUNG ZÜRICH
Diese Buchhandlung ist die grösste der Schweiz mit einer sehr grossen Auswahl im Wirtschafts- und Managementbereich und im Personalwesen überhaupt. Buchhandlungen an anderen Orten der Schweiz ersehen Sie aus den Website-Empfehlungen unter Online-Buchhandlungen.
Adresse: Füsslistrasse 4, 8022 Zürich, Telefon: 0848 849 848 Website: www.books.ch

HRMBOOKS.CH
Diese etablierte Online-Buchhandlung ist auf das Personalwesen spezialisiert und bietet redaktionell geprüfte und auf Schweizer Verhältnisse ausgerichtete HR-Fachinformationen in guter Qualität an.
www.hrmbooks.ch

ONLINE-BUCHHANDLUNGEN
Grosse Buchhandlungen haben immer auch umfassende und professionelle Websites und Online-Buchshops mit einer grossen Auswahl an Fachinformationen zum Personalwesen. Die grössten und bekanntesten Schweizer Buchhandlungen haben wir nachfolgend recherchiert. Die Adressen und Öffnungszeiten finden Sie immer auch auf den Webseiten.

www.books.ch	Orell Füssli Buchhandlung Zürich
www.buchhaus.ch	Lüthy, Balmer, Stocker-Buchandlungen
www.buch.ch	Online-Anbieter
www.stauffacher.ch	Stauffacher Buchhandlung Bern
www.thalia.ch	Thalia-Buchhandlungen
www.buchzentrum.ch	Führender Buch-Grossist

ENGLISCHSPRACHIGE HR-FACHBÜCHER

bei sehr speziellen oder internationalem Bedarf an HR-Fachinformationen sind zuweilen englischsprachige Bücher gefragt. Die grösste Auswahl und ausführlichste Informationen dazu findet man bei Amazon.ch im Bereich "Englischsprachige Bücher".

www.amazon.ch

E-BOOKS

Ciando.de ist ein Anbieter von E-Books, die im PDF-Format downgeloadet werden können. Die Vorteile: Sofortiger Zugriff auf die Bücher, direkten Zugang und Auswahl zu einzelnen Kapiteln der Bücher und Preisersparnis bei gewissen Titeln.

www.ciando.com

Seminare und Kongresse

ONLINE-SEMINAR-DATENBANK
Seminare.ch ist eine Schweizer Seminar-Datenbank mit grosser Auswahl auch zu Infoveranstaltungen, Studiengängen, Lehrgängen und E-Learning-Angeboten. Angebote findet man über die Suchfunktion oder die Rubrik „Management".
www.seminare.ch

ZENTRUM FÜR UNTERNEHMENSFÜHRUNG
ZFU ist ein grosser und bekannter Seminaranbieter, der auch zum Human Resource Management aktuelle und interessante Seminare im Programm hat. Auf dessen Website gibt es für das HRM eine eigene Website.
www.zfu.ch

SEMINARE VON HR SWISS
Die Dachorganisation HR Swiss führt ebenfalls regelmässig Seminare zu einem breiten Spektrum von Themen durch.
www.hrswiss.ch

VEREIN SCHWEIZER KURSE FÜR PERSONALMANAGEMENT
Der VSKP ist der führende Kursveranstalter der Deutschschweiz auf dem Gebiet des Human Resource Managements. Weiterführende Informationen findet man im Internet unter folgender Webadresse:
www.vskp.ch

ARBEITSRECHTS-SEMINARE
Gregor Ruh vom Büro für Arbeitsrecht ist ein bekannter Arbeitsrechts-Experte, der Publikationen und einen Lehrgangsordner zum Thema herausgibt, aber auch Seminare anbietet.
Büro für Arbeitsrecht - Gregor Ruh - Bälliz 64 - 3601 Thun - Telefon 033 227 20 40
Website: www.arbeitsrecht.ch

HR-KONGRESSE UND TAGUNGEN
Eine aktuelle Auswahl von interessanten HR- Kongressen und –Tagungen, Seminaren und Veranstaltungen findet man in der Rubrik *Agenda* der HR-Zeitschrift Persorama.
www.persorama.ch

ManagerSeminare

ManagerSeminare bietet Know-how zum Thema Führungskräfte- und Mitarbeiterqualifizierung sowie Seminare, Trainer, Fachliteratur und Artikel zum Thema Weiterbildung. Im Weiterbildungsforum kann man Kontakt zu Fachleuten aufnehmen.

www.managerseminare.de

NZZ Weiterbildung

Die Datenbank der NZZ für die Weiterbildung von Kader und Fachspezialisten. Man findet hier Fachausbildungen im hohen Bildungssegment sowie Weiterbildungen zu eidgenössisch diplomierten Abschlüssen.

http://nzz.seminare.ch/

Internationale HR-Veranstaltungen

Die internationale Online-Stellenbörse Stepstone bietet auf ihrer Website eine umfangreiche Auflistung internationaler HR-Veranstaltungen zu den verschiedensten Themen auf.

www.stepstone.ch

Verbände und Vereine

HR Swiss

Die HR Swiss - Schweizerische Gesellschaft für Human Resource Management ist die Dachorganisation der Personal- und Ausbildungsfachleute aus Wirtschaft und Verwaltung. Ihre zwölf Mitglieder sind ausschliesslich regionale Gesellschaften und Fachgesellschaften, welche ihrerseits gegen 4'000 Personal- und Ausbildungsfachleute zusammenfassen.

www.sgp.ch

Verband der Personaldienstleister der Schweiz

Der VPDS ist der Verband der Personaldienstleister der Schweiz. Der Verband vertritt mehr als 150 Unternehmungen in den Sektionen Personalberatung, Personalverleih und Outplacement.

Stettbachstrasse 10 - CH-8600 Dübendorf - Telefon: 044 388 95 40 Web: www.vpds.ch

Verband der Personal- und Ausbildungsfachleute

Der Verband der Personal- und Ausbildungsfachleute VPA setzt sich für die berufliche Kompetenz von Personal- und Ausbildungsfachleuten ein.

www.vpa.ch

Gesellschaft für Personalführung

Die deutsche Gesellschaft für Personalführung e.V. bietet Ihnen auf dieser Plattform als Fachorganisation alle Informationen rund um das Thema Personalmanagement unter einem Dach mit vielen Foren und Informationsangeboten.

www.dgfp.de

Society For Human Resource Management

Englischsprachige Website des amerikanischen HR-Verbandes mit reichhaltigem Angebot.

www.shrm.org

Trägerverein für höhere Fachprüfungen in Human Resources

Gemäss dem Berufsbildungsgesetz regeln die zuständigen Organisationen der Arbeitswelt die Zulassungsbedingungen, Lerninhalte, Qualifikationsverfahren, Ausweise und Titel. Fünf Organisationen bilden zur Durchführung

der Prüfungen im Bereich Human Resources einen Trägerverein. Die Website ist sehr informativ und übersichtlich.
www.hrpruefungen.ch

AUSBILDUNG-WEITERBILDUNG
Dieser Verband bietet umfangreiche Informationen zu Aus- und Weiterbildungen an, darunter auch zum Human Resource Management.
www.ausbildung-weiterbildung.ch

INSTITUT FÜR FÜHRUNG UND PERSONALMANAGEMENT
Das Institut der Universität St. Gallen widmet sich der strategischen Entwicklung, der humanen Ausrichtung und der ökonomischen Fundierung von Führung, Board- und HR-Management.
www.ifpm.unisg.ch

SCHWEIZERISCHER ARBEITGEBER-VERBAND
Der Schweizerische Arbeitgeberverband ist der Dachverband von gegen 80 regionalen und branchenweiten Arbeitgeberorganisationen. Für HR-Fachleute sind die News, Arbeitsrechts-Arbeitsmarkt- und Berufsbildungs-Informationen von besonderem Interesse.
Schweizerischer Arbeitgeberverband - Hegibachstrasse 47 - 8032 Zürich
Tel. 044 421 17 17 - Fax 044 421 17 18 - Website: www.arbeitgeber.ch

PERSONALDIENSTLEISTER-VERZEICHNIS
pspindex.ch verschafft einen Überblick über das vielseitige Angebot von HR-Dienstleistungen in der Schweiz und erleichtert die Suche nach der richtigen Personaldienstleistung. pspindex.ch liefert eine fundierte Übersicht der führenden Anbieter und vermittelt einen Einblick in ihre spezifischen Beratungs- und Produkteschwerpunkte.
www.pspindex.ch

SCHWEIZERISCHER VERBAND FÜR BERUFSBERATUNG
Der Schweizerische Verband für Berufsberatung (SVB) ist die Dachorganisation für Fachleute, Fachverbände und Organisationen, die im Bereich Schul-, Berufs- und Laufbahnberatung tätig sind. Der SVB arbeitet als private Organisation mit teilweise gesetzlich geregelten Aufgaben. Seine Hauptaufgaben sind: a) Fördern der Berufs- und Laufbahnberatung b) Unterstützen der Berufsberatungsstellen und Berufsberater durch eigene Informationsmedien und mehr.
www.svb-asosp.ch

Schweizerischer Verband f. Betriebsausbildung

Der SVBA ist ein Dachverband, der Institutionen, Organisationen und Verbände umfasst, welche Aus- und Weiterbildungsaktivitäten in enger Zusammenarbeit mit den Betrieben erbringen.

www.betriebsausbildung.ch

Schweizerischer Verband für Weiterbildung

Der Schweizerische Verband für Weiterbildung (SVEB) ist der Dachverband der allgemeinen und beruflichen Weiterbildungsorganisationen der Schweiz. Vertreten sind private und staatliche Schulen, Verbände, kantonale Weiterbildungsverantwortliche, innerbetriebliche Weiterbildungsabteilungen und Personalverantwortliche, aber auch Einzelpersonen, die in der Weiterbildung tätig sind.

www.alice.ch

Websites und Online-Services

HR-Linkverzeichnis

Eine grosse Auswahl von praktischen Links zu Schweizer HR-Themen, auch mit Formularsammlungen und Merkblättern.

www.now.ch

HR Today Newsletter

Der HR Today - NEWSLETTER ist ein kostenloser Informationsdienst und berichtet wöchentlich über Neuigkeiten im Bereich des Personalmanagements und über den Arbeitsmarkt. Zudem berichtet er über Angebote und Neuerungen auf dem HR-Portal.

www.hrtoday.ch

Online-Stellenbörsen

Eine Auswahl der bekanntesten Stellenbörsen im In- und Ausland und Stellensuchmaschinen gibt dieses Verzeichnis.

www.stellenlinks.ch

HR-Artikel-Sammlung

MW Online bietet eine Zusammenfassung aller wichtigen Veröffentlichungen rund um die Themen Human Resource Management, allgemeines Management und bietet Rubriken wie eine Ideenfabrik, Online-Coaching, einen wöchentlichen Newsletter sowie diverse Fachforen.

www.mwonline.de

HRM-Netzwerk

hrm.de ist ein Netzwerk für Personalfachleute mit breitem und aktuellem Angebot, in gewissen Dingen aber auf Deutschland ausgerichtet.

www.hrm.de

Institut für Organisation und Personal

Das Institut für Organisation und Personal (IOP) ist ein wissenschaftlich unabhängiges Institut der Universität Bern, das sowohl national als auch international ausgerichtet ist. Schwerpunkte bilden die Fachgebiete Organisation und Personal als wichtige Komponenten der Unternehmensführung.

Universität Bern - Institut für Organisation und Personal (IOP) - Engehaldenstrasse 4 - 3012 Bern – Telefon: 031 631 80 69 Website: www.iop.unibe.ch/

HR-ARTIKEL-ARCHIV

ALPHA Know-how bietet eine breite Auswahl an Informationen zu HR-Themen der Arbeitswelt und des Managements in redaktionell guter Qualität. Die Rubriken werden laufend erweitert und ergänzt und enthalten auch zahlreiche Beiträge zu aktuellen Arbeitsrechtsfragen.

www.alpha.ch

LINKSAMMLUNG ZUM HRM

Eine yahoo-ähnliche Linksammlung rund um das Personalwesen mit guter Rubrikengliederung.

www.mylinea.com/personet/

HR PEDIA

HR-Pedia ist eine deutschsprachige Enzyklopädie für Personalwesen, die weltweit von Freiwilligen auf der ganzen Welt aufgebaut wird. Ihre Inhalte dürfen dauerhaft frei kopiert und verbreitet werden.

www.hrpedia.de

COMPETENCE CENTER

Auf diesem Portal sind allein zum Personalmanagement mehrere hundert Beiträge und Wissenspools in guter Qualität, auf aktuellem Stand und grosser Auswahl zu finden.

www.competence-site.de/personalmanagement.nsf/

HR-BEITRÄGE

Es gibt Stellen-Onlinebörsen, die interessante Artikelsammlungen rund um das Human Resource Management bieten. Untenstehend zwei Beispiele.

www.monster.ch
www.jobwinner.ch

HRM.DE

HRM.de ist ein Online-Netzwerk für Personaler und ein Wissenspool für das Human Resource Management. Das Portal bietet Artikel aus der Fachpresse, Studien, MP3s von Vorträgen sowie Checklisten oder Formulare.

www.hrm.de

PERWISS.DE

Diese Plattform bietet eine interessante und vielseitige Know-how- und Toolsammlung zu Kennzahlen, Studien, Veranstaltungen und mehr mit einem kostenlosen Newsletter. Interessant ist auch der Qualitätscheck für die eigene Personalarbeit im Unternehmensvergleich.

www.perwiss.de

HR-Artikelsammlung

Die international aktive Jobbörse Monster.de bietet als Zusatzleistung in ihrem Personal-Journal interessante und aktuelle Fachartikel zu den Themen Arbeitsrecht, Personalentwicklung, Personalführung, Planung und Strategie, Rekrutierung und Vergütung an.

http://hr.monster.de/

News-Rubrik von google.ch

Die Suchmaschine Google verfügt ja auch über einen speziellen Newsteil, der die wichtigen News von mehreren hundert Internetpubikationen und Nachrichtenquellen scannt. Hier kann die Suche nach besonderen Themen und Anliegen zu HR-Fragen einfach, schnell und ergiebig sein.

http://news.google.ch

HR-Fachzeitschriften

Schweizer Personalvorsorge
Fachzeitschrift zum entsprechenden Thema mit einem breiten Angebot an Artikeln und aktuellen Fragestellungen.

www.schweizerpersonalvorsorge.ch

HR Today
Personalmagazine gibt es leider nicht allzu viele. In der Schweiz ist es das Persorama, das Organ der Schweizerischen Gesellschaft für Personalfragen und das praxisorientierte, modern aufgemachte und redaktionell gepflegte Magazin HR-Today. Im Onlinebereich sind Plattformen wie hrgate.ch oder das in Deutschland beheimatete Personalmagazin.com erwähnenswert. Unter HR-Services kann in einer Datenbank auch nach Dienstleistern gesucht werden.

www.hrtoday.ch

PERSORAMA
Das Magazin der Schweizerischen Gesellschaft für Human Resources Management von HR Swiss mit aktuellen Schwerpunktthemen und interessanten Beiträgen zum Schweizer Human Resource Management.

www.persorama.ch

PERSONALFÜHRUNG
Die Personalführung ist die Fachzeitschrift für das Personalmanagement und informiert umfassend über alle Fragen rund um die Arbeitswelt - von Führung, Kooperation und Kommunikation bis hin zu arbeitsmarkt- und sozialpolitischen Themen.

www1.dgfp.com

PERSONAL-MAGAZIN
Ein praxisorientiertes, aktuelles HR-Magazin aus Deutschland mit breitem redaktionellem Angebot und einem kostenlosen Newsletter und Archiv.

www.personal-magazin.de

PERSONAL
Personal ist ein deutsches Fachmagazin mit den Schwerpunktthemen Personalentwicklung, Personalführung, Personalmanagement, Personalmarketing, Entgeltpolitik und Personal und Recht.

www.fachverlag.de/personal

PERSONALMANAGER
Der Personalmanager ist eine österreichische Fachzeitschrift zum Personalwesen mit A-Z-Artikelsammlung und Themenrubriken. Es können auch einzelne Ausgaben der Fachzeitschrift bestellt werden.
www.personal-manager.at

ZEITUNGSBEILAGEN UND ZEITUNGSRUBRIKEN
Grössere Zeitungen und Wirtschafts-Magazine haben redaktionell sehr gut betreute und vor allem auch aktuelle Beilagen, Specials, Dossiers und Zeitungsbünde zum Personalwesen im besonderen und zu Arbeitswelt, Karriere und Aus- und Weiterbildung im allgemeinen. Interessant sind hier jeweils Beiträge oder Interviews mit Fachleuten, die Analyse wichtiger Trends oder aktuelle Meldungen zum Arbeitsmarkt und anderen HR-Bereichen. Beachten Sie, dass die nachfolgenden Webadressen jeweils neue Bezeichnungen erhalten können. Wir fügen deshalb immer auch die Bezeichnung des Bundes oder der Beilage hinzu.

Cash
Hauptrubrik *Karriere*
www.cash.ch/daily

Bilanz
Sonderteil *Dossiers* zu Themen wie Ausbildung, Lohn und Karriere
www.bilanz.ch/dossier

Sonntagszeitung
Hauptrubrik Specials, Special-Bezeichnung *Beruf und Karriere*
www.sonntagszeitung.ch/specials-extras

20 Minuten
Hauptrubrik *Weiterbildung*
www.20min.ch/weiterbildung

Tages Anzeiger
Hauptrubrik *Geld*, Teil *Arbeit*
www.tagesanzeiger.ch

News.ch
Hauptteil Wirtschaft, Unterrubrik *Arbeitsmarkt*
www.news.ch/arbeitsmarkt

Beobachter
Hauptrubrik Arbeit, Soziales, Vorsorge und Arbeitsrecht
www.beobachter.ch

HR-Fachzeitschriften

Frankfurter Allgemeine Zeitung
Bund *Beruf und Chance*, Teil *Personalprofi*
www.faz.net

Stuttgarter Zeitung
Bund Wirtschaft, Teil *Beruf und Karriere*
www.stuttgarter-zeitung.de

Zeit
Bund Wirtschaft, Rubrik *Karriere*
www.zeit.de/themen/wirtschaft

Focus
Hauptrubrik *Jobs*
www.focus.de/jobs

Financial Times
Hauptrubrik *Management und Karriere*
www.financialtimes.de/

Süddeutsche Zeitung
Hauptrubrik *Karriere*
www.sueddeutsche.de/jobkarriere

Manager Magazin
Hauptrubrik *Köpfe und Karriere,* Teil Karriere-Special
www.manager-magazin.de/koepfe

Handelsblatt
Hauptrubrik Karriere, diverse Unterrubriken MBA-Special, Arbeit+Geld
www.handelsblatt.com

Wirtschaftswoche
Hauptrubrik Karriere, Unterrubriken Trends, Bewerbung, Erfolg, Gehalt
www.wiwo.de/karriere/trends/

Stern
Hauptrubrik *Wirtschaft & Karriere*, Unterrubrik *Arbeit & Karriere*
www.stern.de/wirtschaft/arbeit-karriere

Fachmessen

PERSONAL SWISS
Fachmesse für das Personalwesen mit Praxisforen und aktuellen Themen wie Software, Personalberatung, Personaldienstleistungen und mehr. Weiterführende und hilfreiche Informationen findet man im Internet unter folgender Webadresse:
www.personal-swiss.ch

OSTSCHWEIZER PERSONALTAG
Personalfachtagung in der Ostschweiz mit dem Ziel, Personalfachleute, Human Resource Spezialisten und Personalverantwortliche zusammen zu führen und aktuelle sowie grundlegende Fragen zu thematisieren.
www.personaltag.ch

SWISS PROFESSIONAL LEARNING
Eine Fachmesse speziell für Personalentwickler und die Themenbereiche Training und E-Learning.
www.professional-learning.ch

ZUKUNFT PERSONAL
Fachmesse mit Praxis- und Messeforen zu Themen wie Neuerungen im Arbeitsrecht, Führungskräfteentwicklung, Softwarelösungen und viele weitere Themen.
www.zukunft-personal.de

MESSE PERSONAL UND WEITERBILDUNG
Fachmesse, organisiert von der deutschen Gesellschaft für Personalführung zum Thema Personal und Weiterbildung.
www1.dgfp.com/kongress/

Arbeitshilfen und Vorlagen

Die nachfolgenden Mustervorlagen geben Ihnen zu wichtigen und zentralen Fachbegriffen Arbeitshilfen zur Hand, mit denen Sie Aufgaben einfacher und mit Zeitersparnis umsetzen können. Die entsprechenden Fachbegriffe enthalten stets Hinweise auf solche Mustervorlagen und Arbeitshilfen und sind auch auf der CD-ROM enthalten. Es handelt sich um:

- Formular Anforderungsprofil
- Interview-Notizblatt für Spontaneindrücke
- Fragearten für Interviews
- Qualitätsbeurteilung einer Stellenplattform
- Muster eines Kennzahlenmodells
- Wichtiges zu Kündigungen in Kürze
- Mustervorlage einer einfachen Kurzbeurteilung
- Überprüfung motivierender Führung im Alltag
- Übersicht von Testmöglichkeiten und – bereichen
- Kurzformular für die Erfassung von Referenzen
- Qualitätsprüfung von Stellenanzeigen
- Muster eines Vorgesetzten-Beurteilungsbogens
- Konkrete Möglichkeiten der Work-Life-Balance
- Muster Massnahmenplan zu Zielerreichungen
- Formular zur Zeugniserstellung
- Formular Anforderungen an Zeugnisse
- Wichtiges zu Arbeitszeugnissen

Arbeitshilfen und Vorlagen

Formular Anforderungsprofil

Grundkenntnisse und Fähigkeiten

Unerlässliche Grundausbildung	
Unerlässliche Zusatzausbildung	
Erwünschte Ausbildung	
Erfahrung als	

Skalierung: ++ sehr wichtig / + wichtig / 0 ziemlich wichtig / - weniger wichtig / -- nicht wichtig

	++	+	0	-	--
Fachliche Anforderungen					
Sachkenntnis					
Sprachkenntnisse					
Persönliche Anforderungen					
Verhalten im Umgang mit Mitarbeitern, Kollegen, Vorgesetzten, Kunden					
Teamfähigkeit					
Kooperationsbereitschaft					
Vielseitigkeit					
Belastbarkeit					
Schnelligkeit					
Flexibilität					
Kreativität					

Physische + geistige Fähigkeiten	++	+	0	-	- -
Belastbarkeit					
Auffassungsgabe					
Rechenfertigkeit					
Mündliche Gewandtheit					
Überblick					
Vernetzt denkend					
Organisationsgabe					
Lernfähigkeit, Lernbereitschaft					
Arbeitsverhalten					
Schnelligkeit und Beweglichkeit					
Präzision					
Kooperationsbereitschaft					
Anpassungsfähigkeit					
Selbständigkeit					
Konzentrationsfähigkeit					
Eigeninitiativ					
Sorgfalt					
Sozialverhalten					
Kontaktfähigkeit					
Äussere Erscheinung, Auftreten					
Umgangsformen, Takt					
Bemerkungen:					

Interview-Notizblatt

Abteilung/Stelle: _____

Vorname/Nachname: _____

Datum/Uhrzeit Interview: _____ / _____

Persönlicher Eindruck	
+	**−**
Stichwort Haupteindruck:	
Fachliche Qualifikation	
+	**−**
Stichwort Haupteindruck:	
Produkt- und Branchenerfahrung	
+	**−**
Stichwort Haupteindruck:	
Aus- und Weiterbildungsaktivitäten	
+	**−**
Stichwort Haupteindruck:	
Sonstiges (Lohnerwartung, Karriereziele, Führungsqualitäten usw.)	
+	**−**
Stichwort Haupteindruck:	

Fragearten für Interviews	
Alternativfragen	Alternativfragen geben in der Frage schon die Antwortmöglichkeiten vor und engen diese somit stark und meistens auf zwei Alternativen ein. z.B.: Ist Ihnen ein Arbeitsumfeld mit viel Hektik und hohen Telefonfrequenzen lieber als eine ruhige Umgebung, z.B. in einer Buchhaltungsabteilung einer öffentlichen Institution?".
Reflexionsfragen	Das Prinzip der Reflexion ist einfach: Sie gibt Gedanken und Gefühle des Befragten mit eigenen Worten wieder, um herauszufinden, ob man ihn richtig verstanden hat. Dies können bereits geäusserte Sachverhalte oder gezeigte Reaktionen sein.
Indirekte Frage	Fragen, die nicht direkt auf die Information zusteuern, die man gewinnen möchte, sondern indirekt an das Ziel herangehen. Man sollte indirekte Fragen aber nicht in zu versteckter, manipulativer Weise stellen, da sie sonst dem Grundsatz fairer und transparenter Interviewführung widersprechen.
Motivierende Frage	Motivierende Fragen erzeugen immer eine positive Stimmung und regen den Gesprächspartner dazu an, aus sich herauszugehen. So können Sie z. B. die Schilderung des Werdeganges und der Qualifikationen des Kandidaten mit der Frage abschliessen: *"Was halten Sie als ausgewiesener Fachmann von meiner Meinung zur künftigen Branchenentwicklung auf Ihrem Gebiet?"*.
Rhetorische Frage	Solche Fragen setzen Meinungsgleichheit voraus und erwarten im Grunde keine Antwort. Sie können zur Belebung des Gesprächs beitragen. In ihrer beliebtesten Form wird sie gerne mit *Wer* eingeleitet: *"Wer will die Vorteile einer systematischen Finanzplanung abstreiten?*
Hypothetische Fragen	Fragen, die nicht auf reales Verhalten abzielen, sondern den Kandidaten in eine Wunschvorstellungs- oder *Was wäre, wenn*-Situation bringen. Eine Frageart, die mit Bedacht eingesetzt werden soll, da sie sonst sehr manipulativ werden kann.

Auswahlfragen	Diese Frageform enthält mehrere Themenalternativen. Sie ist zwar eine einschränkende Frage, gibt aber dennoch die Möglichkeit, Prioritäten, Wertvorstellungen oder bewusste Alternativen zu erkennen.
Situative Fragen	Fragen, die konkrete Situationen, Verhaltensweisen und Erlebnisse des Kandidaten betreffen und so die Chance auf konkrete, authentische Informationen erhöhen. Sie geben meistens ein klareres Bild ab, als allgemein gehaltene, pauschale Meinungen.
Kontroll- und Bestätigungsfragen	Dieser Fragetyp wird dann eingesetzt, wenn der Wahrheitsgehalt der Aussagen des Gesprächspartners bezweifelt wird oder überprüft werden soll, ob der Gesprächspartner überhaupt noch zuhört. Zum Überprüfen des Wahrheitsgehaltes ist es am einfachsten, die gleiche Frage zu einem späteren Zeitpunkt sinngemäss erneut zu stellen.
Skalenfragen	Eine sehr gute Frageform, um genaue, eindeutige Stellungnahmen und Informationen zu bekommen, da der Kandidat hier Farbe bekennen muss und kein "Ja, vielleicht" und "Dann eventuell" möglich ist.
Überblicksfragen	Es kann hilfreich sein, ein Thema aus einer distanzierteren und allgemeineren Warte aus zu beurteilen. Wenn Sie das Thema Berufsziele des Kandidaten ansprechen, können Sie die Frage stellen: "Worum geht es bei Ihren Berufszielen grundsätzlich betrachtet?". Diese Technik eignet sich besonders, wenn ein Interview festgefahren ist. Während man bei den Fragen "Was genau?", "Wie genau?" usw. über die Details einer Fragestellung nachdenkt, geht man mit der Frage "Worum geht es dabei eigentlich?" auf eine allgemeinere Überblicksebene und setzt ein Thema mit anderen Themen in Beziehung.

Qualitätsbeurteilung Stellenplattform			
Bei der Wahl eines Stellenportals gilt es einige Punkte zu beachten, um Dienstleistungsvielfalt und -niveau, Kosten und optimale Nutzungsmöglichkeiten richtig einzuschätzen und eine gute Wahl zu treffen.	gut	mittel	schlecht
Wie aktuell und hoch ist die Zahl der Stellenangebote?			
Wie bedienerfreundlich ist die Aufgabe von Inseraten?			
Sind die Anzeigen im Erscheinungsbild der Firma (Logo, Schrift)?			
Wird ein E-Mail-Abonnement angeboten?			
Können die Zugriffe auf die Inserate gemessen werden?			
Bietet die Plattform redaktionelle Dienstleistungen?			
Wie gut ist der Hilfeteil und der Datenschutz?			
Sind Such-, Filter- und Profilfunktionen detailliert und gut?			
Wie hilfsbereit und kompetent ist der Support?			
Steckt ein bekannter Name mit Professionalität dahinter?			
Wie fällt eine Test-Recherche mit Ihren Angaben aus?			
Wie transparent und detailliert sind Mediendaten?			
Statistiken (Seitenaufrufe, Anzahl Bewerber, Verweildauer)?			
In welchen Branchen/Berufen liegt das Schwergewicht?			
Wie effizient und rationell ist das Bewerbermanagement?			
Werden Gestaltungsvorlagen zur Verfügung gestellt?			
Wie steht es um die Anzahl und Qualität von Treffern?			
Wie viele Treffer in welcher Qualität liefert Ihre Stelle?			
Wie strukturiert und durchdacht ist die Bewerber-Datenbank			
Wie intuitiv und bedienerfreundlich ist die Navigation?			
Wie detailliert und aussagekräftig sind die Bewerberprofile			

Muster-Kennzahlenmodell

Zweck und Ziel des Kennzahlfeldes

Steuerungsinstrument zur und Kontrolle der Kostenentwicklung und Sicherstellung des Leistungsprinzips	Erhaltung und permanente Sicherstellung und Steigerung der Produktivität mit Fokus auf Optimierungen	Verbesserung und Weiterentwicklung des Know-hows und der Qualifikation inkl. Erfolgskontrolle	Bindung von Führungs- und Fachkräften in Schlüsselpositionen mit Ziel, ein attraktiver Arbeitgeber zu sein

Themenbereiche und selektierte Kennzahlen

Personalkosten	Leistung und Produktivität	Personalentwicklung	Mitarbeiterbindung
Personalkosten pro Mitarbeiter	Produktivität der Belegschaft	Ausbildungsquote	Krankheitsquote
Anteil variabler und fixer Gehälter	Personalaufwandquote	Qualifikationsstruktur	Absenzenquote
Durchschnitts-Kosten je Überstunde	Leistungsgrad nach Abteilungen	Anz. jährlicher PE-Massnahmen pro MA	Fluktuationsquote
HR-Aufwandkosten pro Mitarbeiter	Überstundenquote	Kosten jährlicher Weiterbildung pro MA	Durchschnittliche Betriebszugehörigkeit
Vergütung und Lohnnebenleistungen	Umsatz pro Mitarbeiter	Anteile und Entwicklung von Lernmethoden	Analyse und Anteile der Austrittsgründe

Zuständigkeiten, Erhebungsmethoden und Datenmaterial

HR-Leitung	HR-Leitung	HR-Leitung	HR-Leitung
Lohnbuchhaltung	Abteilungsleiter	PE-Leiter	HR-Abteilung
Datenerhebung	Datenerhebung	Datenerhebung	Datenerhebung
Datenmaterial	Datenmaterial	Datenmaterial	Datenmaterial

Wichtiges zu Kündigungen in Kürze

Das Kündigungsgespräch und die Vorbereitung

- Ist der Charakter, die anzunehmende Reaktionsweise bekannt?
- Ist die Kündigungsbegründung schriftlich vorbereitet?
- Ist der Gesprächsablauf grob bekannt?
- Steht der Ort und die Dauer des Gespräches fest?
- Ist man auf die Gegenargumente und kritische Fragen vorbereitet?
- Besteht Klarheit zu Kündigungsfrist, Kündigungstermin und Sperrfristen?
- Besteht eine Art Aufgabenplan in Bezug auf zu Erledigendes für die Restzeit?

Organisatorisches und Finanzielles

- Ist die Argumentation mit GL, Personalabteilung usw. abgesprochen?
- Ist die Informationsvermittlung an verbleibende Mitarbeitenden geregelt?
- Wie wird die Kündigung intern begründet (Aushang, MA-Zeitschrift)?
- Steht das Timing und das Wer und Wo zu allen wichtigen Punkten fest?
- Informationen zu Abfindungen, Sonderzahlungen, Boni, Steuerlichem
- Pensionskasse: Freizügigkeit, Transfer, Adressen, Termine
- Freistellungstermin, Restferienguthaben und Restlaufzeit
- Administrative Punkte (Materialabgaben, Schlüssel, Ausweise usw.)
- Ist bekannt mit welchem Leistungs- und Arbeitsverhalten zu rechnen ist?
- Findet ein Austrittsgespräch statt und wenn ja, steht der Termin fest?
- Referenzgeber und Referenzaussagen bestimmen und klären
- Termine, Inhalte, Art und Weise des Arbeitszeugnisses

Unterstützungs- und Hilfsangebote

- Aufträge oder Überbrückungsarbeiten im Freelancer-Status möglich?
- Organisation der verbleibenden Arbeiten und der Arbeitsweise
- Zeitregelung und Unterstützungsangebote für Stellensuche
- Experten-Adressen für psychische oder soziale Hilfestellung
- Stehen die Unterstützungshilfen fest (Newplacement, Berater usw.)?
- Sind Angehörige allenfalls in Unterstützungsangebote einbezogen?
- Soll/kann ein Betreuer aus der Personalabteilung bestimmt werden?

Mustervorlage Kurzbeurteilung

Name MitarbeiterIn:
Beurteilender Vorgesetzter:
Abteilung:
Datum:

A = hervorragend, **B** = sehr gut, **C** = gut, **D** = zufriedenstellend, **E** = ungenügend, **F** = schwach bis unbrauchbar

Kriterium	Beurteilung
Leistung	
Arbeitsqualität	A
Leistungsmenge	A
Arbeitstempo	C
Produktivität	B
Genauigkeit	B
Ausschussquote	B
Qualitätsbewusstsein	B
Verhalten	
Teamakzeptanz und -integration	A
Kritikfähigkeit	D
Hilfsbereitschaft	B
Zuverlässigkeit	B
Lernbereitschaft und Lernfähigkeit	E
Kommunikationsfähigkeiten	C
Innovationsfähigkeiten	A
Zusammenfassende Gesamtbeurteilung/Begründung zu Leistung	
Zusammenfassende Gesamtbeurteilung/Begründung zu Verhalten	

Überprüfung motivierender Führung	mache ich schon	häufiger machen	mache ich nicht
War mein kürzliches Lob wirklich anspornend und konkret?			
Habe ich mich bei dieser Kritik fair verhalten?			
Kenne ich die Stärken meiner Mitarbeiter, gehe ich darauf ein?			
Hätte ich diesen Fehler nicht konstruktiver kritisieren können?			
Wann habe ich das letzte Mal ein Talent wertgeschätzt?			
Weiss mein Team, was ich von ihm halte und ob ich es schätze?			
Gebe ich meinen Mitarbeitern den notwendigen Freiraum?			
Wissen sie und zeige ich ihnen, dass ich Vertrauen habe?			
Weiss ich von meinen Mitarbeitern wie man mich als Chef sieht?			
Kenne ich die individuellen Grundwerte meiner Mitarbeiter?			
Stehe ich für Fehler meiner Mitarbeiter immer und überall ein?			
Beziehe ich Talente und Stärken so oft wie möglich ein?			
Gebe und frage ich oft genug nach Feedback?			
Wie angstfrei und ungehemmt können meine MA Kritik üben?			
Fördere ich das Selbstvertrauen oft und klar genug?			
Pflege ich das Wir-Gefühl des Teams konsequent genug?			
Wann habe ich das letzte Mal im Team einen Erfolg gefeiert?			
Wann fragte ich das letzte Mal nach Gesundheit und Privatem?			
Wann hatte ich das letzte Mal eine offene Teamaussprache?			

Übersicht von Testmöglichkeiten und -bereichen	prüfen	anwenden	ungeeignet
Testarten und ihre Bewertung			
Konzentrationstests			
Gedächtnistests			
Schulleistungstests			
Mathematiktests			
Sprachtests			
Lesetests			
Tests zum logischen Problemlösen			
Lerntests			
Kreativitätstests			
Tests zur räumlichen Vorstellungskraft			
Tests zum mechanisch-technischen Verständnis			
Tests zur Allgemeinbildung			
Fachwissen-Tests			
Tests zu psycho-motorischen Fähigkeiten			
Tests zur Erhebung körperlicher Leistungen			
Motivationstests			
Interessenstests			
Tests zu Sozial- u. Kommunikationskompetenzen			
Tests zu Führungsverhalten			
Tests zur Erhebung von Werten / Einstellungen			
Tests zur Bewältigung von Stresssituationen			
Tests zu emotionalen Kompetenzen			
Spezielle Tests für bestimmte Berufe			

Kurzformular Erfassung von Referenzen

Datum:	
Datum der Bewerbung:	Stellenbezeichnung:
Name des Bewerbers:	
Telefon:	E-Mail:
Abteilung:	Vorgesetzter:
Fachbereich:	Zieldatum Stellenbesetzung:

Eindruck der Bewerbungsunterlagen:

Eindruck Vorstellungsgespräch:

Name Referenzgeber:

Firma:	Adresse / Tel.

Abzuklärende Punkte u. Fragen	Bemerkungen, Notizen
☐ Leistungen	
☐ Stärken und Schwächen	
☐ Fragen zum Tätigkeitsbereich	
☐ Verhalten im Team gegenüber Chef	
☐ Initiative	
☐ Fachliche Qualifikation	
☐ Verantwortungsbewusstsein	
☐ Arbeitstechnik	
☐ Zuverlässigkeit und Genauigkeit	
☐ Intelligenz, Motivation	
☐ Besondere Erfahrungsbereiche	
☐ Fremdsprachenkenntnisse	

Gesamteindruck aus Gespräch:

Qualitätsprüfung von Stellenanzeigen	Ist OK	prüfen	verbessern	unsicher
Ist die Rubrik der Publikation richtig gewählt				
Ist die Berufsbezeichnung verständlich und üblich				
Ist die Sprache aussagekräftig und prägnant				
Ist die Struktur klar und lesefreundlich				
Wird das Unternehmen charakteristisch vorgestellt				
Erfahrung, Fachwissen, Sozialkompetenz enthalten				
Wird Post- und/oder E-Mail-Bewerbung gewünscht				
Wird gesagt, was die Bewerbung umfassen soll				
Werden die Tätigkeiten präzise und konkret genannt				
Ist Ansprechperson mit Direktwahl/E-Mail genannt				
Ist Webadresse mit Mehrinformationen vorhanden				
Wird auch etwas zur Sozialkompetenz gesagt				
Sind die Anforderungen weder zu hoch noch zu tief				
Wurde Anzeige mit evtl. Stelleninhaber besprochen				
Was könnte welche Bewerber von Reaktion abhalten				
Was macht Sie als Arbeitgeber attraktiv				
Was macht die Stelle einzigartig und interessant				
Ist die Sprache der Stelle und Funktion angepasst				
Wurde die Anzeige korrektur- und zweitgelesen				

Muster eines Vorgesetzten-Beurteilungsbogens

Ich werde von meinem Vorgesetzten regelmässig gut, verständlich und gründlich informiert.

1	2	3	4	5	6

Mein Vorgesetzter gewährt mir den Freiraum, das Vertrauen und die Instrumente, um selbständig arbeiten zu können.

1	2	3	4	5	6

Mein Vorgesetzter anerkennt mein Wissen und meine Fähigkeiten und ich kann mich meinen Fähigkeiten und Neigungen gemäss entfalten.

1	2	3	4	5	6

Mein Vorgesetzter verteilt die anfallende Arbeit unter den Mitarbeitern gerecht und gleichmässig.

1	2	3	4	5	6

Mein Vorgesetzter übergibt mir auch Verantwortung und gewährt mir Kompetenzen und Handlungs- und Entscheidungsspielraum.

1	2	3	4	5	6

Mein Vorgesetzter teilt mir regelmässig mit, mit welchen Leistungen und welchem Verhalten er wie zufrieden oder nicht zufrieden ist.

1	2	3	4	5	6

Ich weiss, nach welchen Kriterien und Massstäben ich beurteilt werde und welche Prioritäten weshalb gesetzt werden.

1	2	3	4	5	6

Mein Vorgesetzter gewährt mir den notwendigen Freiraum, das Vertrauen und die Instrumente, um selbständig arbeiten zu können.

1	2	3	4	5	6

Über die Ziele bin ich mir im Klaren, ich verstehe sie, bin der Erreichung gewachsen und fühle mich von Ihnen herausgefordert.

1	2	3	4	5	6

Neue Ideen und Verbesserungsvorschläge werden von meinem Vorgesetzten jederzeit mit Interesse angehört und aufgenommen.

1	2	3	4	5	6

Habe ich das Bedürfnis nach einem Gespräch, nimmt sich mein Vorgesetzter stets Zeit, hört mir zu und hilft mir wann immer möglich.

1	2	3	4	5	6

Ich fühle mich von meinem Vorgesetzten bei der Erreichung meiner Ziele auf konstruktive und respektvolle Weise unterstützt.

1	2	3	4	5	6

Mein Vorgesetzter lässt persönliche und sachliche Kritik zu und setzt sich mit ihr auseinander.

1	2	3	4	5	6

Mein Vorgesetzter setzt sich stets für die Arbeitsbedingungen und Arbeitshilfsmittel ein, die die Zielerreichung und Arbeit erleichtern.

Arbeitshilfen und Vorlagen

1	2	3	4	5	6

Mein Vorgesetzter beteiligt mich an Entscheidungen, die meinen Arbeitsbereich betreffen und/oder ist an meiner Meinung interessiert.

1	2	3	4	5	6

Ich kann auch mit persönlichen Problemen zu meinem Vorgesetzten gehen und er geht auch auf private Anliegen und Fragen ein.

1	2	3	4	5	6

Mein Vorgesetzter vertritt meine Anliegen und Belange auch nach oben, sofern diese von beiden als relevant betrachtet werden.

1	2	3	4	5	6

Ich fühle mich von meinem Vorgesetzten in meiner Weiterentwicklung gefördert und in meinen beruflichen Zielerreichungen unterstützt.

1	2	3	4	5	6

Mein Vorgesetzter ist jemand, der mir auch Rückendeckung gegen oben geben kann, wenn ich diese einmal benötige.

1	2	3	4	5	6

Mein Vorgesetzter ist bereit seine Meinung zu ändern, wenn ich entsprechend gute und überzeugende Argumente habe.

1	2	3	4	5	6

Mein Vorgesetzter bemüht sich jederzeit, die unternehmerischen Zusammenhänge und Hintergründe meiner Arbeit aufzuzeigen.

1	2	3	4	5	6

In Konfliktsituationen reagiert mein Vorgesetzter angemessen und trägt konstruktiv zur Konfliktlösung bei.

1	2	3	4	5	6

Mein Vorgesetzter behandelt jedermann unabhängig von seinem Status, seiner Qualifikation und seinem Alter gleich und bevorzugt niemanden.

1	2	3	4	5	6

Für meine fachlichen Fragen nimmt sich mein Vorgesetzter die notwendige Zeit und geht immer gebührend darauf ein.

1	2	3	4	5	6

Mein Vorgesetzter ist auch bereit, einmal "selbst Hand anzulegen", wenn eine hektische oder stressbelastende Phase dies erfordert.

1	2	3	4	5	6

Ich fühle mich von meinem Vorgesetzten fachlich und menschlich respektiert und ernstgenommen.

1	2	3	4	5	6

Konkrete Möglichkeiten der Work-Life-Balance	ist vorhanden	verbessern	fehlt, angehen
Einrichtung von Betriebs-Kindergärten			
Vermittlung von Kinderhütediensten			
Gute Einkaufsservices und –konditionen			
Mithilfe und Zeitermöglichung für Behördengänge			
Finanzielle Beteiligungen an Kinderhütediensten			
Vaterschaftsurlaub			
Vorsorgeuntersuchungen			
Vermittlung von externer Unterstützung bei Problemen			
Sonderurlaub bei Weiterbildung oder Burnout			
Mentoring			
Neuorientierungs-Coaching			
Eltern-Hotline			
Karriereplanung und Laufbahnberatung			
Trauerbegleitung			
Externe Pädagogik-Beratung und Erziehungs-Support			
Beratung für persönlichkeitsentwickelnde Massnahmen			
Erziehungsurlaub			
Unterstützungsangebote für alleinerziehende Mütter/Väter			
Raucher-Entwöhnungskurse oder –therapien			
Car-Sharing von Firmenautos über das Wochenende			
Ausleihen von Notebooks und anderem für private Zwecke			

Massnahmenplan Zielerreichungen

Name MitarbeiterIn: Maria Loosli
Beurteilender Vorgesetzter: Martin Felmer
Datum: 12.12.20XY

Gesetztes bzw. getroffenes Ziel
Reduzierung Reparatur-Aufwandzeit um 20%

Nichterreichungsgrund, bzw. möglicher Nichterreichungsgrund
Mangelhafte und oft fehlerhafte Tourenplanung mit häufigen Ausfallzeiten

Massnahme(n)
Bessere Tourensoftware, Optimierung der Planung, Notebook-Anschaffung

Wer: R. Kasternam   Wann: 1. Quartal 20XY   Budget CHF 6000.-

---

Gesetztes bzw. getroffenes Ziel
Reduzierung Service-Wartezeiten von 2 Tagen auf 1 Tag

Nichterreichungsgrund, bzw. möglicher Nichterreichungsgrund
Komplizierte Administration, Mängel Arbeitstechnik und Planung

Massnahme(n)
Straffung Administration, Arbeitstechnik-Kurs, Neuüberarbeitung Planstruktur

Wer: M. Felmer   Wann: 1. Quartal 20XY   Budget CHF 4000.-

Gesetztes bzw. getroffenes Ziel
Vermeidung von Lieferschäden von heute 7% auf 3%

Nichterreichungsgrund, bzw. möglicher Nichterreichungsgrund
Packmöglichkeiten, Qualität des Packmaterials, Variationsbreite

Massnahme(n)
Bessere Packqualitäten und –varianten einkaufen, Packmaschine evaluieren, strengere Stichproben-Qualitätskontrollen einführen.

Wer: R. Kasternam   Wann: 1. Quartal 20XY   Budget noch offen

---

Gesetztes bzw. getroffenes Ziel
Beantwortung aller Kunden-E-Mails innerhalb von 6 Stunden

Nichterreichungsgrund, bzw. möglicher Nichterreichungsgrund
Unklare Abläufe, veraltete Mailsoftware, schlechte Ausbildung, keine Kontrollen

Massnahme(n)
Reorganisation, Neu mit Call Center Unterstellung, neuer Mail-Client

Wer: S. Meichner   Wann: 2. Quartal 20XY   Budget CHF 3000.-

Formular zur Zeugniserstellung

Name, Vorname	
Abteilung:	
Datum:	
Abteilung/Funktion:	
Eintrittsdatum:	Austrittsdatum:
Austrittsgrund:	

Zeugnisart

Der/die (austretende) Mitarbeiter(in) wünscht:

❏ Zeugnis	❏ Probezeitzeugnis
❏ Arbeitsbestätigung	❏ Zwischenzeugnis

Umschreibung und Beurteilung der Fähigkeiten und Leistungen

Spezifische Fachkenntnisse

○ ungenügend	○ durchschnittlich	○ sehr gut
○ knapp genügend	○ überdurchschnittlich	○ umfassend
○ genügend	○ gut	○ hervorragend

Auffassungsvermögen

○ schwerfällig	○ schnell	○ sehr schnell
○ langsam	○ vollständig	○ immer vollständig

Urteilsvermögen

○ schlecht	○ durchschnittlich	○ sehr gut
○ mässig	○ gut entwickelt	○ brillant
○ souverän		

Analytische und kombinatorische Fähigkeiten

○ ungenügend	○ durchschnittlich	○ sehr gut
○ ausreichend	○ gut	○ hochentwickelt

Vorstellungs- und Abstraktionsvermögen

○ nicht entwickelt	○ vorhanden	○ überdurchschnittlich
○ wenig entwickelt	○ durchschnittlich	○ hervorragend

Formensinn, ästhetisches Empfinden		
○ kaum vorhanden		○ guter Geschmack
○ eigenwilliger Geschmack		○ gut entwickelt
○ durchschnittlich		○ ausserordentlich
Handwerkliches Geschick		
○ ungenügend	○ durchschnittlich	○ überdurchschnittlich
○ vorhanden	○ entwickelt	○ herausragend
Körperliche Konstitution		
○ kränklich	○ durchschnittlich	○ stark
○ schwach	○ gut	○ sehr kräftig
Belastbarkeit		
○ kaum belastbar	○ wenig empfindlich	
○ empfindlich	○ stark belastbar	
○ belastbar	○ emotional belastbar	
Selbständigkeit		
○ unselbständig	○ ziemlich selbständig	○ selbständig
Zuverlässigkeit		
○ nachlässig	○ unzuverlässig	○ absolut zuverlässig
○ pflichtbewusst	○ meist zuverlässig	○ sehr zuverlässig
Einstellung zur Arbeit		
○ bedächtig	○ bequem	○ engagiert
○ lustlos	○ pflichtgemäss	○ über Pflichtenheft
○ desinteressiert	○ interessiert	○ sehr interessiert
○ unbeteiligt	○ einsatzfreudig	○ sehr positiv
Quantitative Leistung		
○ unzureichend	○ befriedigend	○ gut
○ knapp ausreichend	○ durchschnittlich	○ hervorragend
Qualitative Leistung		
○ unzureichend	○ befriedigend	○ sehr gut
○ knapp ausreichend	○ durchschnittlich	○ hervorragend

Verhalten gegenüber Kunden und Lieferanten		
○ abweisend	○ korrekt	○ zuvorkommend
○ unhöflich	○ freundlich	○ hilfsbereit, herzlich
Verhalten gegenüber Mitarbeitern		
○ streitsüchtig	○ verträglich	○ aufrichtig
○ störend	○ zurückhaltend	○ freundlich
○ abweisend	○ misstrauisch	○ hilfsbereit
Verhalten gegenüber Vorgesetzten		
○ renitent	○ abwartend	○ vorbildlich
○ widerspenstig	○ höflich	○ zuvorkommend
○ anmassend	○ aufrichtig	○ herzlich
○ anbiedernd		
Führungseigenschaften		
○ Natürliche Autorität	○ Charisma	
○ Motivationsfähigkeit	○ Durchsetzungsvermögen	
○ Kommunikationsfähigkeit	○ Teamfähigkeit	
○ Didaktisches Geschick	○ Delegationsfähigkeit	
○ Strategisches Denken	○ Entscheidungsstärke	

Ergänzungen, Gewichtungen und Präzisierungen:

Austrittsgrund:

Könnte/möchte der austretende Mitarbeiter zu einem späteren Zeitpunkt wieder im Betrieb beschäftigt werden?

Temporär:	Teilzeit:

Mit dem austretenden Mitarbeiter gesprochen am:

Datum:	Unterschrift:

Wichtiges zu Arbeitszeugnissen

Anrecht auf ein Zeugnis
Gemäss OR Art. 330a kann der Arbeitnehmer jederzeit ein Zeugnis verlangen, das sich über die Dauer des Arbeitsverhältnisses sowie über seine Leistung und sein Verhalten ausspricht.

Begründung
Der Wunsch nach einem Zwischenzeugnis muss nicht begründet werden.

Anforderungen
Ein Arbeitszeugnis muss wahr sein und objektiv feststellbare Angaben müssen den Tatsachen entsprechen. Das Zeugnis muss dem Mitarbeiter das berufliche Fortkommen ermöglichen.

Klagerecht Arbeitnehmer
Erhält der Arbeitnehmer zwar ein Zeugnis, mit dessen Inhalt er aber nicht einverstanden ist, so kann er eine Berichtigungsklage einreichen.

Haftpflicht Zeugnisaussteller
Der Verfasser eines Zeugnisses kann gegenüber dem Arbeitnehmer schadenersatzpflichtig werden, wenn diesem durch ein falsches Zeugnis oder falsche Referenzauskünfte Schaden entsteht!

Vollständigkeit und Klarheit
Ein Zeugnis muss vollständig und klar verfasst sein. Zur Vollständigkeit gehört zum Beispiel die Beschreibung der Tätigkeit oder Aussagen zu Leistungen.

Anspruch auf Verjährung
Eigentlich sieht die Rechtslehre eine Verjährungsfrist von zehn Jahren vor. In der Gerichtspraxis geht man allerdings eher von einer fünfjährigen Verjährungsfrist aus.

Zeugnisaussagen
Ein Arbeitszeugnis muss wahr sein und objektiv feststellbare Angaben müssen den Tatsachen entsprechen. Das Zeugnis muss dem Mitarbeiter das berufliche Fortkommen ermöglichen.

Unterschrift
Das Zeugnis soll in der Regel von der Personalstelle und vom direkten Vorgesetzten unterschrieben werden. In kleineren Betrieben unterzeichnet der Inhaber.

Lehrlingszeugnisse
Lehrlinge haben einen im Gesetz verankerten Anspruch auf ein Zeugnis, das sich insbesondere zum erlernten Beruf und Dauer der Lehre äussert.

Das PRAXIUM-Verlagsprogramm

Mehr Informationen und das aktuelle Programm mit Zusatzinformationen und ausführlichen Inhaltsangaben finden Sie im Internet auf unserer Verlags-Website unter:

www.praxium.ch

Portrait und Leistungen des PRAXIUM-Verlags

PRAXIUM ist ein auf das Human Resource Management und Leadership spezialisierter Fachverlag.

Nicht akademische Theorien und Modelle, sondern praktisch umsetzbare, sofort anzuwendende Fachinformationen für Berufspraktiker stehen im Mittelpunkt.

Aus der Praxis für die Praxis
Der PRAXIUM-Verlag achtet konsequent auf die Umsetzbarkeit, den Praxisbezug und die Verständlichkeit der Fachinformationen seiner Werke. Der moderne Leser will sich heutzutage schnell und bequem informieren: Deshalb nimmt die Relevanz und die Kompaktheit der Informationen einen hohen Stellenwert ein.

Qualität und Aktualität
Von der Sortimentsplanung über die Autorenwahl bis zur Lektorierung fokussieren wir konsequent die Qualität und Verlässlichkeit der Informationen. Auch die Aktualität ist uns wichtig - PRAXIUM-Werke werden daher oft in kleinen Auflagen produziert und je nach Thema im Jahresrhythmus aufgelegt und erweitert.

Immer mit Arbeitshilfen und Vorlagen
Die Palette von Arbeitshilfen und Vorlagen macht einen überdurchschnittlich hohen Anteil der Bücher aus. Es sind dies oft:

- Tabellarische Kurzübersichten
- Fallbeispiele und Entscheidungshilfen
- Bewertungen und Erfolgskontrollen
- Checklisten und Mustertexte
- Formulare und Fallbeispiele
- Analysehilfen und Musterkonzepte
- Schritt-für-Schritt-Anleitungen
- Planungshilfen und Handlungsanleitungen

CD-ROM – mit allen Buch-Vorlagen und Analysetools
Bis auf wenige Ausnahmen enthalten alle Werke aus dem PRAXIUM-Verlag CD-ROM's. Darauf befinden sich immer alle Vorlagen und Arbeitshilfen aus dem Buch. Diese können dadurch einfach übernommen, verteilt, individuell angepasst oder nach betrieblichen Bedürfnissen erweitert werden. Oft kommen auch Excel-Tools mit Planungs-, Analyse-, Berechnungs- und Administrationshilfen dazu. Dies ist ein hoher Mehr- und Nutzwert der PRAXIUM-Werke.

Ihr Feedback freut uns
Haben wir mit dem vorliegenden Buch eingehalten, was wir hier zusichern? Ihr Feedback, Ihre Kritik, Ihre Meinung und Ihre Anregungen sind uns wichtig.

Sie erreichen uns via mail@praxium.ch oder unter www.praxium.ch. Hier finden Sie auch stets das aktuelle Verlagsprogramm. Für den Kauf des vorliegenden Buches möchten wir Ihnen bei dieser Gelegenheit bestens danken.

Arbeitshandbuch für die Zeugniserstellung

Speziell für für Schweizer Betriebe entwickelt mit zahlreichen von A-Z ausformulierten und rechtssicheren Musterzeugnissen, Textbausteinen und Formularen - alle auch auf CD-ROM enthalten.

Für Personalleiter, Personalzuständige, Geschäftsführer und Vorgesetzte wirft das Erstellen von Zeugnissen oft viele Fragen auf: Rechtliche Unklarheiten, Fragen zur Formulierung und zum korrekten Aufbau, Handhabung von Codierungen, problematische Formulierungen, um nur einige Beispiele zu nennen. In solchen und mehr Situationen steht Ihnen dieser Praxis-Ratgeber zur Seite.

Dieses Arbeitshandbuch gibt praktische Hilfestellung
zum stil- und rechtssicheren Verfassen von Zeugnissen. Im Mittelpunkt stehen Musterzeugnisse, Beispieltexte, Formulierungshilfen und Textbausteine in den unterschiedlichsten Varianten für viele Berufsgruppen, Leistungsstufen, Hierarchieebenen, Tätigkeiten und Branchen. Zur Sprache kommen besonders auch Formulierungshilfen zu problematischen Leistungs- und Verhaltensbeurteilungen für viele Situationen.

Zahlreiche Mustervorlagen und Hilfsmittel
wie tabellarische Übersichten, Formulare, Checklisten, Zusammenfassungen, Schnellanleitungen auf einen Blick, wichtige Merkpunkte und mehr verstärken die Praxisausrichtung und machen das Buch auch zu einem jederzeit nutzbaren Nachschlagewerk und Ratgeber. Administrative Hilfsmittel und Vorlagen erleichtern Ihnen die Zeugniserstellung zusätzlich.

Auf der CD-ROM befinden sich sämtliche Musterzeugnisse, Textbausteine und Formulierungshilfen für die effiziente und komfortable Zeugniserstellung und individuelle Anpassung am PC.

Dieses Werk liegt mittlerweile in der dritten, erweiterten und aktualisierten Auflage vor und hat sich als in mehreren tausend Exemplaren verkauftes Standartwerk für Zeugnisfragen etabliert.

Autor:	Martin Tschumi
ISBN:	3-9522712-0-9
Umfang:	303 Seiten, gebunden
Preis	CHF 69.- / € 46.-
Mehrinformationen:	Auf www.praxium.ch unter Verlagsprogramm
Bezug:	Über Ihren Buchhändler oder auf www.hrmbooks.ch

Das PRAXIUM-Verlagsprogramm

Erfolgreiches Coaching für das Personalwesen

Coaching und seine Erfolgsfaktoren in Führung, Kommunikation und Verhalten mit Instrumenten, Methoden und konkreten Handlungsanleitungen, Vorgehensweisen, Fallbeispielen und Mustergesprächen.

Coaching aus der Praxis für die Praxis: verstehen, umsetzen, anwenden

Coaching ist Hilfe zur Selbsthilfe auf eine sehr konstruktive und aktive Weise und respektiert die Individualität, Würde und Lernfähigkeit von Mitarbeitern in konsequenter Weise. Deshalb verdient Coaching die Beachtung, welche es hat – aber es setzt auch das notwendige Wissen voraus, um den entsprechenden Erfolg erzielen zu können.

Fokus auf Praxisrelevanz und Umsetzung

Dieses Wissen vermittelt das vorliegende Buch – stets mit Fokus auf die relevanten Anforderungen in der Führungspraxis. Voraussetzungen und Prinzipien und Vorgehen und Abläufe kommen genau so zur Sprache wie die vielfältigen Methoden und Tools und was in der Kommunikation zu berücksichtigen ist, um als Coaching-Führungskraft erfolgreich zu sein. Auf spezifische und häufige Coaching-Situationen in der Betriebspraxis wird in gesonderten Kapiteln eingegangen.

Mit vielen Mustergesprächen und Fallbeispielen

Von A-Z ausformulierte Mustergespräche für typische Coaching-Situationen vermitteln mehr Sicherheit in der Kommunikation und im Gesprächsaufbau und zeigen, worauf es ankommt. Fallbeispiele veranschaulichen Anforderungen und konkrete Einsatzmöglichkeiten des Coachings und zeigen praxisnah Vorgehensweisen und Lösungswege auf. Die Mustergespräche und Fallbeispiele tragen zusätzlich zur Verständlichkeit und erfolgreichen Umsetzung bei.

Mustervorlagen und Tools – alle auch auf CD-ROM

Zur erfolgreichen Umsetzung des Coachings finden Sie auch Checklisten, Schritt-für-Schritt-Anleitungen, Übersichtstafeln, Zusammenzüge und Handlungsanregungen, welche allesamt die Umsetzung und Coaching-Anwendung in der Praxis erleichtern. Diese Vorlagen sind zur komfortablen Nutzung und Anpassung an persönliche und betriebliche Bedürfnisse alle auch auf CD-ROM enthalten.

Autorin:	Manuela Fischer
ISBN:	978-3-9523246-8-4
Umfang:	280 Seiten, gebunden
Preis:	CHF 59.- / € 39.-
Mehrinformationen:	Auf www.praxium.ch unter Verlagsprogramm
Bezug:	Über Ihren Buchhändler oder auf www.hrmbooks.ch

Kennzahlen-Handbuch für das Personalwesen

Die wichtigsten Kennzahlen für die HR-Praxis mit Hintergrundinformationen und Umsetzungshilfen, Interpretations- und Massnahmenvorschläge. Wichtige Kennziffern sind auf Exceldateien berechenbar und Reporting und Berichtswesen-Vorlagen auf CD-ROM.

Personal-Kennzahlen – ein erfolgsrelevantes Steuerungsinstrument

Wie steht es um die Produktivität unserer Mitarbeiter? Wie gross ist die Führungsspanne unserer Personalverantwortlichen? Wo haben wir unsere Bildungsziele erreicht und wo verfehlt? Gibt es in der Fluktuation Unterschiede zwischen den Abteilungen? Liefern unsere Kennzahlen für den demografischen Wandel – Stichwort Altersstruktur – genügend gute Entscheidungsgrundlagen? Fragen über Fragen, welche sich Personalleiter und Geschäftsführer oft stellen. Dieses Buch gibt Antworten.

Praxisnah und ganzheitlich

Dieses Buch hilft Ihnen, ein Kennzahlensystem aufzubauen oder ein bestehendes zu optimieren. Und gibt Instrumente, Methoden, Analyse- und Entscheidungshilfen in die Hand und beschreibt die wirklich praxisrelevanten HR-Kennzahlen. Kennzahlenselektion, Analysen, Interpretationen, Massnahmen, Reporting, Datenquellen und vieles mehr wird thematisiert. Eine grosse Auswahl an Kennzahlen-Kurzportraits erlaubt zudem die Zusammenstellung eines individuellen „HR-Kennzahlen-Menüs".

Mit vielen Arbeitshilfen und Vorlagen

Viele Übersichtstafeln, Entscheidungshilfen, Analysewerkzeuge, Textbausteine, Fallbeispiele und Vorlagen garantieren eine schnelle Umsetzung in der Praxis. Diese Arbeitshilfen tragen auch wesentlich zum Verständnis bei und veranschaulichen Zusammenhänge. Beispiele: Muster eines Kennzahlen-Cockpits, Fallbeispiel einer Kennzahlen-Einführung, Beispiel eines Kennzahlenblatts, Entscheidungshilfe zur Aufnahme von Kennzahlen und viele mehr.

Mit CD-ROM

Die CD-ROM bietet attraktive Mehrleistungen wie alle Arbeitshilfen und Vorlagen aus dem Buch, ein HR-Kennzahlensheet, zahlreiche Exceldateien und ausgestaltete Reporting-Mustervorlagen.

Autoren:	Roger Hafner / André Polanski
ISBN:	978-3-9523246-5-3
Umfang:	235 Seiten, gebunden
Preis:	CHF 69.- / € 46.-
Mehrinformationen:	Auf www.praxium.ch unter Verlagsprogramm
Bezug:	Über Ihren Buchhändler oder auf www.hrmbooks.ch

Formulare und Mustervorlagen für die erfolgreiche Personalpraxis

Über 200 Arbeitsblätter zu praxisrelevanten Personalthemen von Zeugnissen über Stellenbeschreibungen und Mitarbeiterbefragungen bis zur Personalgewinnung

Seinen Führungsstil auf Motivationswirkung hin überprüfen - die Zeugniserstellung mit einem Formular optimieren und vereinfachen – Mitarbeiterbefragung durchführen – die Einführung eines neuen Mitarbeiters organisieren – ein Leistungs- oder Zielvereinbarungsgespräch vorbereiten – E-Learning-Angebote auf Qualität prüfen – die Lohnentwicklung analysieren – gezielte Fragen zur Eruierung des Weiterbildungsbedarfs... . Dies sind nur einige Beispiele wichtiger Aufgaben im Personalalltag. Zur effizienten und zeitsparenden Erledigung von über 250 Personalaufgaben dieser Art verhilft Ihnen dieser Ratgeber.

Thematische Vielfalt

Besondere Beachtung wird in diesem Handbuch einer breiten und praxisrelevanten Themenpalette geschenkt. Die Arbeitsblätter und Formulare stammen aus den Bereichen Personalbeschaffung, Arbeitszeugnisse, Mitarbeitereinführung, Stellenbeschreibungen, betriebliche Aus- und Weiterbildung, Mitarbeiterbefragungen und Mitarbeiterbeurteilungen, Mitarbeiterführung und Personaladministration.

Einige Beispiele aus den über 200 Vorlagen

Formular zur strukturierten Schritt-für-Schritt-Erstellung von Zeugnissen. Formular für die Beurteilung von Mitarbeiterleistungen. A-Z-Einführungsprogramm für neue Mitarbeiter. Fragebögen und Auswertungsblätter für Mitarbeitergespräche. Personalentwicklungs-Planungsraster mit Beispielen. Merkblatt für erfolgreiches und effizientes Lernen. Stellenbeschreibungen in unterschiedlichen Darstellungen. Formular und Fragebogen zur Gehaltsfestlegung und zu Lohnveränderungen. Klar strukturiertes und ausführliches Zielvereinbarungs-Formular. Muster eines Massnahmenplan zur Ermöglichung von Zielerreichungen. Mustervorlage für Mitarbeiter-Motivations-Checkups.

Alle Vorlagen auch auf CD-ROM

Alle Formulare und Arbeitsblätter können auf der beiliegenden CD-ROM in Wordvorlagen einfach und schnell angepasst und auf die individuellen Bedürfnisse ausgerichtet werden.

Autor:	Martin Tschumi
ISBN:	978-3-9522958-7-8
Umfang:	258 Seiten, gebunden
Preis	CHF 69.- / € 46.-
Mehrinformationen:	Auf www.praxium.ch unter Verlagsprogramm
Bezug:	Über Ihren Buchhändler oder auf www.hrmbooks.ch

Leitfaden für erfolgreiche Mitarbeitergespräche und Mitarbeiterbeurteilungen

Von A-Z ausformulierte Mitarbeiter-Mustergespräche aus der Personalpraxis mit Formularen auch zur Mitarbeiterbeurteilung – inkl. CD-ROM.

Mit diesem neuen, für Schweizer Verhältnisse verfassten Buch können Sie Mitarbeitergespräche schnell vorbereiten und auch in heiklen Situationen mit mehr Sicherheit argumentieren. Das Buch umfasst Mitarbeitergespräche UND die Mitarbeiterbeurteilung zugleich mit CD-ROM und weist folgende überzeugende Vorzüge auf:

- Moderne zeitgemässe Themen wie Projektgratulation, Internetmissbrauch, Burnout usw.
- Zahlreiche Motivationsgespräche wie Dankeschön-Gespräche für Vorschlag, besonderen Einsatz, Diplomabschlüsse usw. mit konkreten Anerkennungs- und Motivationsideen.
- Heikle Konfliktgespräche wie Vorgesetztenprobleme, Kündigungen, sexuelle Belästigung, fehlende Führungsqualitäten, innere Kündigung, Alkoholismus und mehr kommen zur Sprache.
- Dutzende von Gesprächstipps mit konkreten Beispielen: Die besten Fragen, gehemmte Mitarbeiter aktivieren, Vielredner stoppen und neueste Erkenntnisse zu Konfliktgesprächen.
- Viele Formulierungsideen für deutliche, klare, harte, unmissverständliche Standpunkte.
- Kündigungsgespräche und Kündigungsandrohungen aus mehreren Gründen (Leistung, Führungsmängel, Fehlverhalten, wirtschaftliche Gründe usw.) werden ebenfalls angegangen.
- Arbeitsrechtliche Informationen (Datenschutz, Kündigung, Freistellung, Kündigungsandrohung, Arbeitszeiten usw.) geben zusätzliche Gesprächs- und Rechtssicherheit.
- Über 25 sofort einsetzbare Formulare für die Mitarbeiterbeurteilung und Mitarbeitergespräche. Sämtliche Formulare, Gespräche und Gesprächsbausteine sind auch auf CD-ROM enthalten.

Autor:	Marco De Micheli
ISBN:	978-3-9522712-5-4
Umfang:	332 Seiten, gebunden
Preis	CHF 69.-/€ 46.-
Mehrinformationen:	Auf www.praxium.ch unter Verlagsprogramm
Bezug:	Über Ihren Buchhändler oder auf www.hrmbooks.ch

Das PRAXIUM-Verlagsprogramm

Ratgeber zum Schweizer Arbeitsrecht

Wichtige Fragen und Antworten in kompakter Form, arbeitsrechtliche Schwerpunktthemen, Vertragsvorlagen, Checklisten, Übersichtstafeln und ein Fachglossar für mehr Rechtssicherheit

Die wichtigsten Fragen und Antworten zum Arbeitsrecht

Ob Lohnfortsetzungszahlung, Unsicherheiten zur Gratifikation oder Kündigung – die wichtigsten Fragen aus dem betrieblichen Alltag werden kompakt, verständlich und klar beantwortet. Hinzu kommen wichtige Gesetzeshinweise und Fallbeispiele aus der Gerichtspraxis vertiefen wichtige Problempunkte.

Interessante Fallbeispiele aus der Gerichtspraxis

Welches sind die Fallstricke, worauf muss man achten, um arbeitsrechtliche Probleme und Konflikte zu vermeiden, welche gravierenden Fehler werden immer wieder gemacht und kommen oft teuer zu stehen? Diese für die Betriebspraxis relevanten Fallbeispiele schildern konkrete Arbeitsrechtsprobleme, von denen man vieles für die eigene Praxis übernehmen kann. Zugleich lernt man, arbeitsrechtliche Hintergründe und Zusammenhänge besser zu verstehen und beurteilen zu können.

Arbeitsrechts-Glossar und Übersichtstafeln

Was versteht man unter der Berner Skala, was ist individuelles Arbeitsrecht, was kann und darf eine Konkurrenzklausel umfassen? Das Arbeitsrechts-Glossar macht Sie mit den wichtigsten Begriffen vertraut und trägt damit zusätzlich zu mehr Rechtssicherheit und Verständlichkeit bei. Kompakte auf eine Seite reduzierte Übersichtstafeln vermitteln für sofortige Klarheit das Wichtigste in Kürze. Beispiele dieser Übersichtstafeln: Ferien, Kündigungsfristen, Personenfreizügigkeit, Pausen, Lohnfortzahlungen, Teilzeitarbeit und mehr.

Inklusive kommentierte Vertragsvorlagen – auch auf CD-ROM

Je klarer Verträge die Zusammenarbeit regeln, desto weniger Unsicherheiten und Konflikte entstehen. Die kommentierte Sammlung der wichtigsten Verträge zeigt an konkreten Beispielen, worauf zu achten ist. Auf der CD-ROM befinden sich alle Fragen, das gesamte Glossar und sämtliche Musterverträge zur einfachen individuellen Bearbeitung am PC. Das Buch ist mittlerweile in einer aktualisierten und stark erweiterten Neuauflage erschienen.

Autor:	Jörg Roth
ISBN:	978-3-9522958-6-1
Umfang:	280 Seiten, gebunden
Preis:	CHF 59.- / € 39.-
Mehrinformationen:	Auf www.praxium.ch unter Verlagsprogramm
Bezug:	Über Ihren Buchhändler oder auf www.hrmbooks.ch

Erfolgreich in der ersten Chefposition

Das Brevier für den ersten oder neuen Führungsjob mit praxisrelevanten Grundsätzen, konkreten Fallbeispielen und vielen interaktiven Arbeitshilfen für einen erfolgreichen Start in der ersten Führungsposition.

Führungs-Know-how mit Fokus auf das Wesentliche

Dieser Ratgeber bringt sachlich und kompetent auf den Punkt, was "neue Chefs" für einen erfolgreichen Karrierestart wissen müssen. Er stellt praxisnah, kompakt und auf das Wesentliche konzentriert das Instrumentarium modernen Leaderships zur Verfügung. Führungspersönlichkeit, Führungsgrundsätze, Mitarbeitermotivation, Mitarbeiterbeurteilung, Arbeitstechniken und Kommunikation sind einige der behandelten Themen. Ebenso sind auch die Entwicklung von Selbstkompetenz, aktuelle Aspekte der Work-Life-Balance und die eigene Persönlichkeit im Führungs- und Lebensumfeld ein Thema.

Inklusive Arbeitshilfen und Formulare

Zahlreiche interaktive Arbeitshilfen wie Selbst-Checks, Erfolgskontrollen, Analysehilfen, Checklisten, Mustervorlagen und Schnellübersichten helfen Ihnen als angehendem Chef, das Know-how schnell und einfach in der eigenen Führungspraxis anwenden zu können. Ein spezielles Set von Starthilfen begleitet Sie konkret und handlungsorientiert während der ersten 100 Tage im neuen Führungsjob. Beispiele und Themen der Arbeitshilfen:

- Antritts-Musterrede für den ersten Aufttritt vor dem Team
- Muster eines Vorgesetzten-Beurteilungsbogens
- Erfolgsfaktoren bei Veränderungsprozessen
- Kongruenz persönlicher Werte mit Führungsverhalten
- Persönlichkeitsmerkmale erfolgreicher Führungskräfte
- Überprüfung motivierender Führung im Alltag
- Anregungen für den ersten Auftritt vor dem Team
- Eigenbeurteilung und –analyse nach 100 Führungstagen
- Commitment mit Führungsgrundsätzen der ersten 100 Tage
- Ein Tag im Leben einer erfolgreichen Führungskraft
- Wichtige Sozialkompetenzen von Leadern
- Konkrete Möglichkeiten der Mitarbeiterförderung
- Wichtige Faktoren motivierender Mitarbeiterführung

Autor:	Andreas Ebneter
ISBN:	978-3-9523246-3-9
Umfang:	348 Seiten, gebunden
Preis:	CHF 57.- / € 36.-
Mehrinformationen:	Auf www.praxium.ch unter Verlagsprogramm
Bezug:	Über Ihren Buchhändler oder auf www.hrmbooks.ch

Das PRAXIUM-Verlagsprogramm

Sozialversicherungs-Ratgeber für die betriebliche Praxis

Für Schweizer KMU-Betriebe und die Personalpraxis wesentliche Informationen mit Checklisten, Fallbeispielen und Mustervorlagen in verständlicher und kompakter Form für mehr Durchblick, Rechtssicherheit und Kostenoptimierung. Sozialversicherungen werfen aufgrund ihrer Komplexität und bedeutsamen finanziellen Tragweiten oft viele Fragen auf und bewirken Unsicherheiten, werden aber für die Personalarbeit immer wichtiger. Das Buch bringt die Thematik auf verständliche Weise näher und konzentriert sich dabei auf die für die Praxis relevanten Fakten und Kenntnisse.

Fokus auf die Praxisrelevanz

Der Autor behandelt alle für das Ziel dieses Buches relevanten Bereiche der Sozialversicherungen in verständlicher Form und stets mit dem Fokus auf das für die Praxis Wesentliche und Wissenswerte. Zahlreiche Übersichtstafeln komprimieren wichtige Informationen auf einen Blick. Zahlreiche Fall- und Berechnungsbeispiele mit konkreten Vorfällen und Fragestellungen aus der Personalpraxis kommen hinzu.

Autor: Thomas Belk, ISBN: 978-3-9523246-2-2, Umfang: 280 Seiten, gebunden, Preis: CHF 69.- / € 46.- Zu beziehen bei Ihrem Buchhändler oder online bei www.hrmbooks.ch

Handbuch zum Personalmanagement

Modernes Personalmanagement ist die aktive Gestaltung der Beziehung zu Mitarbeitenden eines Unternehmens. Dieses Buch ist ein Ideen- und Praxisratgeber mit Konzentration auf das Wesentliche. Von der Personalplanung über die Personalentwicklung und das Arbeitsrecht bis zu Lohn- und Austrittsfragen wird ein breites Spektrum relevanter Personalthemen behandelt.

Der Fokus auf Praxisbedürfnisse mit vielen Arbeitshilfsmitteln wie Checklisten und Vorlagen ermöglicht eine sofortige Umsetzung in der Betriebspraxis. Eine reichhaltige Sammlung von Excel-Tools auf der CD-ROM gestatten, das Buch zudem auf und mit mehreren Medienplattformen kombiniert zu nutzen. Personalplanung, -gewinnung, –führung und –entwicklung sowie Arbeitszeugnisse, Arbeitsrecht, Salärwesen, Mitarbeiterkommunikation, Sozialversicherungen, Kündigungs-Management und HR-Kennziffern sind die Themen.

Mustervorlagen, Übersichtstafeln und Handlungsanleitungen

Salärberechnungs-Vorlagen, arbeitsrechtliche Fallbeispiele und Rechtsprechungen, Musterarbeitszeugnisse, Stellenbeschreibungen, wichtige HR-Kennziffern, Stolpersteine bei Kündigungsfragen, Beurteilung von Führungsqualitäten sind nur einige wenige Beispiele von Dutzenden von Tools und Arbeitshilfen.

Autor: Martin Tschumi, ISBN: 978-3-9522958-0-9, Umfang: 364 Seiten, gebunden, Preis: CHF 69.- / € 46.- Zu beziehen bei Ihrem Buchhändler oder online bei www.hrmbooks.ch

HRM Office: Tools für das Personalwesen

Der Werkzeugkoffer für erfolgreiche Personalarbeit. Mustervorlagen, Planungshilfen, Analyseinstrumente und Berechnungen im Buch und auf CD-ROM.

Von Planungen über Berechnungen bis zu Analysen

Kernstück des Buches bildet die CD-ROM mit zahlreichen Analyse-, Planungs- und Verwaltungstools zu wichtigen Personalaufgaben wie Planungen, Berechnungen, Kontrollen und Analysen, Stellenbeschreibungen, Arbeitszeugnissen und Musterbriefe, auf die Mithilfe der Software MS Excel und MS Word direkt zugegriffen werden kann.

Mustervorlagen, Fallbeispiele, Handlungsanleitungen

Personal-Kennziffern, Lohnberechnungstools, Kandidatenvergleiche, Mitarbeiterbefragungen, Absenzenanalysen, Anforderungsprofile, Überstundenerfassungen, Personalbedarfsplanung und Lohnerhöhungsberechnungen sind einige Beispiele.

Autor: Arthur Schneider, ISBN: 978-3-9522712-9-2, Umfang: 252 Seiten, gebunden, Preis: CHF 69.- / € 46.- Zu beziehen bei Ihrem Buchhändler oder online bei www.hrmbooks.ch

---

Handbuch für eine aktive und systematische Mitarbeiterkommunikation

Grundsätze, Erfolgsvoraussetzungen, Instrumente und Praxistipps für eine professionelle interne Unternehmenskommunikation mit Berücksichtigung neuer und klassischer Medien und vielen Fallbeispielen und Arbeitshilfen für eine erfolgreiche Umsetzung.

Mitarbeiterkommunikation in der Unternehmenspraxis

Zahlreiche Fallbeispiele vereinfachen die Umsetzung und veranschaulichen die praktischen Zusammenhänge und Prioritäten. Zur Sprache kommen auch das E-Mail-Management, Mitarbeiterportale und weitere elektronische Medien. Aber auch die klassischen Kommunikations- und Informationsinstrumente wie z.B. Mitarbeiterzeitschriften, Mitarbeitergespräche, Newsletter, Teamsitzungen, Informationsveranstaltungen, Präsentationen, Mitarbeiterevents und mehr werden ausführlich behandelt.

Autor: Louis Gfeller, ISBN: 978-3-9523246-0-8, 312 Seiten, gebunden
Preis: CHF 69.- / € 46.- Zu beziehen bei Ihrem Buchhändler oder online bei www.hrmbooks.ch

Das PRAXIUM-Verlagsprogramm

Die 600 wichtigsten Fragen und Antworten zum Personalmanagement

Das FAQ zum HRM: Vom Arbeitsrecht über die Sozialversicherungen bis zu Zeugnissen praxisrelevante und hilfreiche Fragen und Antworten rund um das Schweizer Personalmanagement. Die 600 Fragen und Antworten fassen das Wichtigste rund um das Personalmanagement auf kompakte und lesefreundliche Weise zusammen, verhelfen zu neuen Erkenntnissen, fokussieren wichtige Aspekte eines Themas und geben Orientierungshilfen zu neuen Trends. Der Anhang mit über 40 Arbeitsblättern rundet das Buch ab. Das Themenspektrum:

Arbeitspsychologie	Mitarbeiterführung	Sozialversicherungen
Arbeitszeugnisse	Lohnwesen	Coaching
Mitarbeiterbeurteilung	HR-Kennziffern	Personalgewinnung
Arbeitsrecht	Arbeitszeitmodelle	Austritt/Kündigungen

Autor: Roland Krismer, ISBN:978-3-9522958-4-7, Umfang: 333 Seiten, gebunden, Preis: CHF 69.- / € 46.- Zu beziehen bei Ihrem Buchhändler oder online bei www.hrmbooks.ch.

Nachhaltige und wirksame Mitarbeitermotivation

Motivations- und Führungsprinzipien und konkrete Motivationsideen inklusive Mitarbeitergespräche und Kommunikations- und Verhaltensregeln zur Motivationssteigerung von Mitarbeitern. Konkrete Anregungen, unkonventionelle Ideen, Anleitungen zu motivierendem Führungsverhalten und praxiserprobte Handlungsgrundsätze und Erfahrungswerte aus der Unternehmenspraxis zeichnen dieses Buch aus.

In vielen sofort umsetzbaren Fallbeispielen erhält man Anregungen, erfährt Neues aus der Motivationsforschung und kann Ideen in die Führungs- und Personalpraxis übernehmen, eigene Situationen prüfen, sein Verhalten hinterfragen und vieles mehr. Übersichtstafeln zeigen auf einen Blick, worauf es ankommt und was für die Motivationspraxis besonders wichtig ist.

Ganzheitlich und gut umsetzbar

Die Motivation wird ganzheitlich auf Persönlichkeits-, Führungs-, Arbeitsinhalts- und Unternehmensebene behandelt, was erheblich zur Verständlichkeit und Praxisnähe beiträgt. In "Merkpunkten für die Praxis" kann man kompaktes Know-how sofort nutzen und erfährt auf einen Blick das Wesentliche. Zahlreiche Vorlagen aus dem Buch wie Formulare, Merkblätter, Check-, Prüfungs- und Umsetzungslisten sowie Übersichtstafeln auf CD-ROM erhöhen den Nutzwert zusätzlich und vereinfachen die Umsetzung in die betriebliche Praxis.

Autor: Marco De Micheli, ISBN:978-3-9522958-3-0, Umfang: 368 Seiten, gebunden, Preis CHF 69.- / € 39.- Zu beziehen bei Ihrem Buchhändler oder online bei www.hrmbooks.ch

Systematische Mitarbeiterbeurteilungen und Zielvereinbarungen

In diesem Buch werden die für die Beurteilungspraxis relevanten Themen fokussiert: Methoden, Planung, Durchführung, Beurteilungskriterien, -raster, -formulierungen, Auswertungen und Beurteilungs-Mustergespräche. Ein ausführlicher Fragen- und Antworten-Katalog führt schnell zu den wesentlichen Kernthemen und häufigen Fragen aus der Praxis.

Zahlreiche Arbeitshilfen und Beurteilungsbögen

Das Schwergewicht liegt auf Vorlagen, Praxiserfahrungen und Musterbeispielen, um Beurteilungssysteme individuell optimieren und übernehmen zu können. Vor allem die in Zielsetzung, Darstellung und Ausführlichkeit unterschiedlichen Varianten von Beurteilungsbögen und Bewertungsverfahren leisten wertvolle Hilfe für die schnelle Übernahme in die Praxis.

Zahlreiche Excel-Tools und Dutzende von Vorlagen aus dem Buch auf CD-ROM erhöhen den Nutzwert zusätzlich und vereinfachen die Umsetzung. Beurteilungs-Auswertungen mit Grafiken, Mitarbeiterbeurteilungs-Tools und Anforderungsprofilen sind einige Beispiele.

Autor: Robert Müller, ISBN: 978-3-9522958-2-3, Umfang: 304 Seiten, gebunden, Preis: CHF 69.- / € 46.- Zu beziehen bei Ihrem Buchhändler oder online bei www.hrmbooks.ch

---

Mustergespräche für Mitarbeiterbeurteilungen und Zielvereinbarungen

Dieser Praxisleitfaden bietet von A-Z ausformulierte Beurteilungsgespräche. Die Beurteilungsgespräche, Zielvereinbarungen und Qualifikationen geben Sicherheit in der Gesprächsführung und garantieren nebst einem systematischen Gesprächsaufbau auch eine ganzheitliche Leistungsbeurteilung. Vom einfachen Gespräch wegen Leistungsmängeln über konkrete Zielvereinbarungen bis zu umfassenden Leistungs- und Verhaltensbeurteilungen reicht die thematische Bandbreite.

Der Gesprächsaufbau, hilfreiche Formulierungsbeispiele, gewinnbringende Fragestellungen, die adäquate Anwendung bewährter Beurteilungskriterien und die Gewinnung wichtiger Informationen und Beurteilungsgrundlagen sind einige konkrete Nutzenstiftungen des vorliegenden Buches.

Autor: Robert Müller, ISBN: 978-39523246-1-5, Umfang: 260 Seiten, gebunden, Preis: CHF 59.- / € 39.- Zu beziehen bei Ihrem Buchhändler oder online bei www.hrmbooks.ch

Das PRAXIUM-Verlagsprogramm

Emotionale Intelligenz im Führungsalltag

Mitarbeitende und sich selbst emotional intelligent und kompetent führen. Mit Übungen und Anleitungen aus der Unternehmens- und Lebenspraxis und Fallbeispielen aus dem beruflichen und privaten Alltag.

Die wesentlichen Aspekte der emotionalen Intelligenz

Intellektuelle und berufliche Fähigkeiten sind dann wirksam, wenn Menschen auch über emotionale Intelligenz verfügen. Personen mit einer hohen Sozialkompetenz arbeiten effizienter, sie sind motivierter und öfters erfolgreiche Führungskräfte. Das Buch unterstützt die Leser, sich intensiv mit den fünf wesentlichen Aspekten der Emotionalen Intelligenz auseinanderzusetzen:

- Selbst-Wahrnehmung: Wie erkenne ich mich selbst?
- Selbst-Management: Wie führe ich mich selbst?
- Selbst-Motivation: Wie motiviere ich mich selbst?
- Empathie: Wie kann ich besser auf andere eingehen?
- Sinn, Werte, Vision: Was spornt mich an? Wofür will ich mich einsetzen?

Autorin: Helena Neuhaus, ISBN: 3-9522958-9-2, 244 Seiten, gebunden, Preis € 39.-/CHF 59.- Zu beziehen bei Ihrem Buchhändler oder online bei www.hrmbooks.ch

Bewerber-Mustergespräche für erfolgreiche Interviews

Interviews sind ein zentrales Instrument der Personalauswahl. Es geht darum, von Kandidaten einen persönlichen Eindruck und wichtige Informationen zu gewinnen und deren Kompetenzen realistisch einschätzen zu können.

Bewerber-Mustergespräche für erfolgreiche Interviews

Dabei assistiert Sie dieser Praxisleitfaden mit von A-Z ausformulierten Muster-Bewerbergesprächen. Sie geben zu vielen Interviewarten und Gesprächsphasen Anregungen für geschickte und adäquate Formulierungen und Gesprächsführungen. Die zahlreichen Bewerbergespräche geben somit mehr Sicherheit beim Interviewaufbau und dialogfördernde Fragen und Reaktionsmöglichkeiten auf Bewerberfragen und -antworten.

Zahlreiche Arbeitshilfsmittel und Formulare sind bei der Organisation, der Administration und bei der Entscheidungsfindung behilflich – und auch auf CD-ROM enthalten. Beispiele: Interview-Vorbereitungsblätter, Terminplan, Bewertungsbogen für Kandidatenbeurteilung, tabellarische Muster-Stellenbeschreibung und mehr.

Autor: Manfred Hablützel , ISBN:978-3-9522958-8-5, 232 Seiten, gebunden, Preis CHF 59.- / € 39.- Zu beziehen bei Ihrem Buchhändler oder online bei www.hrmbooks.ch

Das PRAXIUM-Verlagsprogramm

Mit den besten Interviewfragen die besten Mitarbeiter gewinnen

Ein Kompass für professionelle Interviews und sicherere Einstellungsentscheidungen – inkl. CD-ROM mit allen Interviewfragen zur individuellen Selektion, und zum Einsatz in Ihren Interviews und mit allen Formularen.

Zahlreiche Themenfelder

Alle Fragen werden kommentiert und bieten konkrete Interpretationshilfen. Beispiele der Themen: Verhältnis zum vorherigen Arbeitgeber, Lohnerwartungen, Motivation, Selbstbewusstsein, Belastbarkeit, Leistungsvermögen und mehr. Auch rund um das Thema Kandidateninterviews bietet das Buch erfolgserprobtes Praxiswissen zu Interviewtechniken, Verhaltensweisen von Kandidaten, Tipps zum Umgang mit schwierigen Kandidaten und die verschiedenen Arten, Zwecke und Ziele von Interviewfragen.

Beispiele der Formulare und Arbeitsblätter: Dossier-Beurteilung als Interview-Grundlage, Beurteilungsformular zu Persönlichkeitsfaktoren, Grobvergleich von Kandidaten, Muster zur Begründung einer Einstellungsentscheidung, Formular zur systematischen Auswertung eines Vorstellungsgespräches und mehr.

Autor: Arthur Schneider, ISBN: 978-3-9522712-7-8, 210 Seiten, gebunden, Preis CHF 59.- / € 39.- Zu beziehen bei Ihrem Buchhändler oder online bei www.hrmbooks.ch

---

Mit den besten Stellenanzeigen die besten Mitarbeiter gewinnen

In diesem Buch erfahren Sie, wie eine Stellenanzeige strukturiert ist, welche Funktionen sie erfüllt, welches die wichtigsten Informationen sind und wie man die richtigen Bewerbergruppen anspricht. Mit den fertig formulierten Textbausteinen können Sie ein Stelleninserat stil- und sprachsicher verfassen.

Alle Arbeitshilfen auch auf CD-ROM – inkl. Excel-Tools

Diverse Exceltools zur Planung, Analyse und Verwaltung von Anzeigen helfen Zeit sparen und Fehler vermeiden: Einige Beispiele: Mediaplan für Personalsuche, Berechnung von Stellenanzeigenkosten, Budgetierung von Rekrutierungskosten und ein Formular zur Aufgabe von Stellenanzeigen. Alle Formulare, Arbeitshilfen und Textbausteine des Buches sind ebenfalls auf der CD-ROM enthalten.

Autor: Thomas Widmer, ISBN 978-3-9522958-5-4, 236 Seiten, gebunden, Preis: CHF 48.- / € 32.- Zu beziehen bei Ihrem Buchhändler oder online bei www.hrmbooks.ch

Das PRAXIUM-Verlagsprogramm

Fachlexikon für das Human Resource Management

Welche Arbeitszeitmodelle gibt es? Was ist bei Kündigungsfristen zu beachten? Was umfasst das Gesundheitsmanagement alles? Was versteht man genau unter Diversity Management? Worauf ist beim „Googeln" über Bewerber zu achten? Wie andere Managementbereiche ist auch der HRM-Fachjargon einem starken und stetigen Wandel unterworfen.

Inklusive Praxisbeispiele, Merkpunkte und Know-how-Quellen

Über die Definition der Fachbegriffe hinaus wird oft auch Praxiswissen in Kürze vermittelt. Dies können Kriterien, Abläufe, Vorgehensweisen, Auszüge aus Studien, Fallbeispiele, Merkpunkte usw. sein. Zu wichtigen Themen findet man Arbeitshilfen, Vorlagen und Websitequellen, die das Gesagte vertiefen.

Zu den verschiedensten Medien, Informationsträgern und Informationsbedürfnissen sind im Anhang Know-how-Angebote und Wissensquellen mit einem breiten Überblick über das HR-Wissen enthalten. Für die Individualisierung und Erweiterung befindet sich das Glossar von A-Z auch auf CD-ROM. Hinzu kommen sämtliche Arbeitshilfen und Mustervorlagen.

Autor: Manfred Keller, ISBN: 978-3-9523246-7-7, 232 Seiten, gebunden, Preis CHF 59.- / € 36.00 Zu beziehen bei Ihrem Buchhändler oder online bei www.hrmbooks.ch

---

Praxisratgeber zur Personalentwicklung

Wen sollen wir wo und wie weiterbilden? Was macht einen wirklich guten Trainer aus? Wie stellen wir sicher, dass Gelerntes in der Praxis auch angewendet wird? Dieses Buch beantwortet diese und viele Fragen mehr.

Das gesamte praxisrelevante Themenspektrum

Von der Bedarfsermittlung über die Umsetzung bis zur Erfolgskontrolle werden praxisrelevante Themen behandelt. Die Vielfalt und Kombination der Lernmethoden, wirkungsvolle Wissensvermittlung, Qualitätsbeurteilung von Seminaranbietern, das E-Learning und Schulungskonzepte sind einige Beispiele.

Vom Muster einer Weiterbildungs-Vereinbarung über Konzepte und Planungsbeispiele zu Personalentwicklungs-Massnahmen bis hin zu Qualitätsprüfungshilfen für die Evaluation von Schulungsanbietern enthält das Buch zahlreiche sofort umsetzbare Vorlagen und Ideen für die erfolgreiche Praxisanwendung. Auf der CD-ROM sind sämtliche Vorlagen aus dem Buch, ein Musterkonzept zur Personalentwicklung, Excel-Tools zur PE-Planung und Analyse und eine fertig gestaltete Powerpoint-Präsentation enthalten.

Autor: Martin Tschumi, ISBN: 978-3-9522958-1-6, 284 Seiten, gebunden, Preis CHF 69.- / € 46.- Zu beziehen Buchhandel oder online über www.hrmbooks.ch

Musterbriefe und Musterreglemente für das Personalwesen

Inklusive CD-ROM mit sämtlichen Musterbriefen, Reglementen und Mitteilungen, Textbausteinen und Formulierungshilfen für die effiziente Brieferstellung, das sichere und zeitgemässe Formulieren und die individuelle Anpassung der Schriftstücke am PC.

Eine Auswahl der Briefthemen:
Korrespondenz mit Bewerbern, Briefe und Mitteilungen zur Mitarbeitereinführung, persönliche Mitarbeiter-Korrespondenz (Kondolenzbriefe, Jubiläum, Geburtstag, Mitarbeiterbegrüssung, Genesungswünsche und mehr), Anerkennungs- und Beförderungsbriefe, rechtssichere Kündigungsbriefe, Ermahnungsbriefe zu häufigen und heiklen Situationen, interne Betriebsmitteilungen und Reglemente (Administratives, Qualifikation, Bekanntmachungen, Reorganisation, Arbeitszeiten, personelle Veränderungen und mehr).

Sämtliche Musterbriefe, Reglemente, Mitteilungen, Textbausteine und Formulierungshilfen sind für die effiziente Brieferstellung und individuelle Anpassung am PC auch auf CD-ROM enthalten.
Autor: Martin Tschumi, ISBN: 978-3-9522712-2-3, 284 Seiten, gebunden, Preis CHF 69.- /€ 46.- Zu beziehen bei Ihrem Buchhändler oder online bei www.hrmbooks.ch

Mit wirksamen Zielvereinbarungen zu nachhaltigen Erfolgen

Grundsätze, Erfolgsfaktoren und Methoden von Zielvereinbarungen im Führungsalltag mit vielen Musterformulierungen, Praxisbeispielen und Checklisten für eine nachhaltige und professionelle Anwendung in der beruflichen Praxis.

Zielvereinbarungen sind ein äusserst wirksames, leistungsorientiertes und motivationsförderndes Führungsinstrument. Dem Leser wird anhand von praktischen Beispielen fundiertes und leicht umsetzbares Handwerkszeug an die Hand gegeben, wie die für den Mitarbeiter richtigen Ziele gefunden und erfolgsversprechend formuliert werden können. In der Praxis übliche Problemfelder werden aufgegriffen und für den Leser nachvollziehbare Lösungen beschrieben.

Zahlreiche Arbeitshilfen wie Formulare, Vorbereitungs- und Evaluations-Checklisten, Musterformulierungen und weitere Arbeitsmaterialien unterstützen den Leser bei der praktischen Umsetzung und machen das Buch zusätzlich zu einem kompetenten Nachschlage-Ratgeber.

Autor: Thomas Richter, ISBN: 978-3-9523246-9-1, Umfang: 210 Seiten, gebunden, Preis: CHF 59.- / € 36.- Zu beziehen bei Ihrem Buchhändler oder online bei www.hrmbooks.ch

Erfolgreiche Personalauswahl und Personalgewinnung

Gezielte und systematische Personalrekrutierung mit vielen Mustervorlagen und Handlungsanleitungen und Excel-Tools und allen Vorlagen auch auf CD-ROM. Von der attraktiven Stellenanzeige über Bewerbungsmanagement und Kandidateninterviews bis zum Einstellungsentscheid werden alle praxisrelevanten Phasen der Personalrekrutierung behandelt, wie z.b. Datenschutz, Referenzeinholung, Interviewtechniken und die Chancen der Online-Rekrutierung.

Mustervorlagen, Übersichtstafeln und Handlungsanleitungen

Welches sind die besten Interviewfragen, wie sichtet man Bewerbungsdossiers ganzheitlich, wie erstellt man aussagekräftige Anforderungsprofile, wie gelingt die Mitarbeitereinführung, wie hilft ein Stellensuchplan, wie gewinnt man mehr Sicherheit bei Einstellungsentscheidungen, Qualitätskontrolle einer Stellenanzeige, Beurteilung von Jobbörsen – dies sind nur einige wenige Beispiele der behandelten Themen und Fragen.

Autor: Norbert Maier, ISBN: 978-3952-3246-4-6, 320 Seiten, gebunden, Preis CHF 69.- / € 46.- Zu beziehen bei Ihrem Buchhändler oder über www.hrmbooks.ch

---

Stellenbeschreibungen für die Personalpraxis

Muster-Stellenbeschreibungen in unterschiedlichen Detaillierungsgraden und Darstellungen mit wichtigen Grundlageninformationen und Formulierungshilfen für den korrekten und professionellen Einsatz in der Betriebspraxis.

Der Hauptnutzen dieses Buches besteht in der grossen Auswahl von sofort übernehmbaren Stellenbeschreibungs-Mustervorlagen. Berücksichtigt werden unterschiedliche Darstellungen und Aufbereitungsarten sowie verschiedene Berufe, Branchen, Funktionen und Betriebsgrössen. Hinzu kommt eine grosse Auswahl an Detaillierungsgraden und Strukturierungs- und Gliederungsmöglichkeiten.

Zahlreiche Hintergrundinformationen

Über die Stellenbeschreibungen hinaus erhält der Leser auch Unterstützung in Fragen der Organisation und Koordination, der Verwendungszwecke, effizienter Abläufe, Hilfestellung für das Verfassen, die Administration und viele Aufgaben mehr. Dies mit dem Ziel, das Erstellen, die Aktualität, die Akzeptanz und den Nutzwert von Stellenbeschreibungen sicherzustellen und im Unternehmen als Führungsinstrument zu integrieren. Sämtliche Muster-Stellenbeschreibungen, Vorlagen und Arbeitshilfen auf CD-ROM vereinfachen den Einsatz.

Autor: Sandra Hofstetter, ISBN:978-3-9523246-6-0, Umfang: 200 Seiten, gebunden, Preis: CHF 48.- / € 39.- Zu beziehen bei Ihrem Buchhändler oder über www.hrmbooks.ch